FRIEDRICH NIETZSCHE

Zur Genealogie der Moral

Klassiker Auslegen

Herausgegeben von
Otfried Höffe
Band 29

Otfried Höffe ist o. Professor für Philosophie
an der Universität Tübingen.

Friedrich Nietzsche

Zur Genealogie der Moral

Herausgegeben
von Otfried Höffe

Akademie Verlag

Titelbild: Friedrich Nietzsche, © ullstein bild

ISBN 3-05-003026-7

© Akademie Verlag GmbH, Berlin 2004

Das eingesetzte Papier ist alterungsbeständig nach DIN/ISO 9706.

Alle Rechte, insbesondere die der Übersetzung in andere Sprachen, vorbehalten. Kein Teil dieses Buches darf ohne schriftliche Genehmigung des Verlages in irgendeiner Form – durch Photokopie, Mikroverfilmung oder irgendein anderes Verfahren – reproduziert oder in eine von Maschinen, insbesondere von Datenverarbeitungsmaschinen, verwendbare Sprache übertragen oder übersetzt werden.
All rights reserved (including those of translation into other languages). No part of this book may be reproduced in any form – by photoprinting, microfilm, or any other means – nor transmitted or translated into a machine language without written permission from the publishers.

Gesamtgestaltung: K. Groß, J. Metze, Chamäleon Design Agentur, Berlin
Satz: Sabine Gerhardt, Berlin
Druck und Bindung: Druckhaus „Thomas Müntzer" GmbH, Bad Langensalza

Printed in the Federal Republic of Germany

Inhalt

Zitierweise und Siglen VII

1.
Einführung in Nietzsches „Genealogie der Moral"
Otfried Höffe 1

2.
Vorrede
Annemarie Pieper 15

3.
Exposition von These und Gegenthese:
Die bisherige „englische" und Nietzsches Genealogie der Moral (I 1–5)
Jean-Claude Wolf 31

4.
Lightning and Flash, Agent and Deed (I 6–17)
Robert Pippin 47

5.
„Ein Thier heranzüchten, das versprechen darf" (II 1–3)
Otfried Höffe 65

6.
„Schuld", „schlechtes Gewissen" und Verwandtes (II 4–7)
Volker Gerhardt 81

7.
Nietzsches Straftheorie (II 8–15)
Jean-Christophe Merle 97

8.
Moral und Mensch (II 16–25)
Richard Schacht 115

**9.
Die asketischen Ideale der Künstler und der Philosophen
(III 1–10)**
François Guéry 133

**10.
Die Bedeutung des Priesters für das asketische Ideal.
Nietzsches ‚Theorie' der Kultur Europas (III 11–22)**
Werner Stegmaier 149

**11.
Der Wille zur Wahrheit (III 23–28)**
Charles Larmore 163

Auswahlbibliographie 177

Personenregister 181

Sachregister 183

Hinweise zu den Autoren 185

Zitierweise und Siglen

Zitiert wird nach der Kritischen Studienausgabe (KSA). Verweise auf die *Genealogie der Moral* verzeichnen die Abhandlung in römischer und den Abschnitt in arabischer Ziffer, gefolgt von der Seitenzahl des 5. Bandes der KSA, also z. B. II 16: 321 = 2. Abhandlung, Abschnitt 16, KSA Band 5, Seite 321. Falls aus dem Kontext ersichtlich ist, um welchen Abschnitt es sich handelt, wird nur die Seitenzahl angeführt. Bei wichtigen Stellen werden zudem die Zeilen genannt. Verweise auf andere Werke Nietzsches enthalten die Sigle des Werks, evtl. gefolgt von einem Abschnitt oder Paragraphen, und den Band und die Seitenzahl der KSA, also z. B. JGB 20: 5, 35 = *Jenseits von Gut und Böse*, Abschnitt 20, KSA Band 5, Seite 35. Verweise auf den Nachlaß enthalten nur den Band der KSA und die dortige Nummer, also z. B. N 13, 23[2] = Nachlaß, KSA Band 13, Nummer 23[2]. Im englischsprachigen Beitrag von Robert Pippin werden Zitate aus der *Genealogie der Moral* zusätzlich zur KSA durch Verweise auf die englischsprachige Übersetzung von Walter Kaufmann, New York 1967, nachgewiesen.

AC	Antichrist
GT	Die Geburt der Tragödie aus dem Geiste der Musik
FW	Fröhliche Wissenschaft
EH	Ecce Homo
GD	Götzen-Dämmerung
JGB	Jenseits von Gut und Böse
M	Morgenröte
MA	Menschliches, Allzumenschliches
SE	Schopenhauer als Erzieher
UB	Unzeitgemäße Betrachtungen
Za	Also sprach Zarathustra

Otfried Höffe

Einführung in Nietzsches „Genealogie der Moral"

1.1 Moralkritik

Die klassische Moralphilosophie des Abendlandes läßt sich in zwei Modellen bündeln: in Aristoteles' Ethik des gelungen-glücklichen Lebens und in Kants Ethik des kategorischen Imperativs. Dort, im Rahmen einer Strebenstheorie, herrscht das Prinzip *eudaimonia*: Glück, hier, im Rahmen einer Willenstheorie, das Prinzip Autonomie: Selbstgesetzgebung. Ein drittes, zwar wirkungsmächtiges, aber nicht klassisches Modell bündelt sich in einem Werk des Philologen, Schriftstellers und vor allem Philosophen, des intellektuellen ‚Artisten, Schamanen und Verführers' Friedrich Nietzsche:

Ein Moralist, der von sich sagen durfte: „Sie reden Alle von mir" (Za: 4, 212); ein Moraltheoretiker und Sprachkünstler, der mit seinem dionysischen Gift viele Generationen intellektueller und künstlerischer Jugend in den Bann schlägt (ich bin „mehr Dynamit als Mensch": 15, 187; „ein Dynamit des Geistes": JGB 208: 5, 137); ein Theoretiker der Moderne, auf den sich so bedeutende Denker wie Heidegger, Jaspers und Löwith, Camus und Foucault berufen; ein Erkenntnis- und Gesellschaftskritiker, der Freud beeindruckt und den die Frankfurter Schule bis hin zu Habermas' „Erkenntnis und Interesse" hochschätzt; ein Philosoph, der als Anti-Philosoph wenigstens einmal „Kritiker und Skeptiker und Dogmatiker und Historiker und überdies Dichter und Sammler und Reisender", vor allem aber „freier Geist" sein will (JGB 211: 5, 144) und trotzdem von Analytischen Philosophen (Danto), überdies Pragmatisten (Rorty), Dekonstruktivisten (Derrida, Deleuze), Postmodernen (Vattimo) Denkern und feministischen Philosophinnen studiert wird (Irigaray) – dieser wirkungsmächtige Autor führt in der „Streitschrift" *Zur Genealogie der Moral* die abendländische Moralkritik zu einem Höhepunkt. Zugleich schafft er eine Wende ihrer Moralphilosophie, die sich aber nicht weitflächig durchsetzt. Zweifellos hat sein Modell der Moralphilosophie auch heute noch Anhänger. Deren Zahl und intellektueller Rang hat sich aber dramatisch verändert. Nietzsche wird zwar noch immer intensiv gelesen. In einer Umfrage von *The Philosophers' Magazine* (Nr. 16, 2001, 11–12) nach den größten Werken der westlichen Philosophie taucht er sogar mit *Jenseits von Gut und Böse* unter den ersten zehn auf, Hegel dagegen (mit der *Phänomenologie des Geistes*), Heidegger (mit *Sein und Zeit*) und Hobbes (mit *Leviathan*) gehören nur zu den weiteren vierzig Werken, unter denen Nietzsche aber ein zweites Mal, mit *Zarathustra*, steht. Über Aufmerksamkeit, auch Wertschätzung braucht sich Nietzsche also nicht zu beklagen. Außerhalb eines ausgedehnten Kirchspiels von Nietzsche-Forschern und Nietzsche-Liebhabern inspiriert er aber kaum noch die akademische Moralphilosophie. Deren Debatten kreisen vornehmlich um Aristoteles und Kant, einige noch um Kant oder Utilitarismus. An Nietzsche studiert man eher, wie Moraltheorie nicht (mehr) betrieben werden darf; Alasdair MacIntyre läßt einem Grundbegriff wie dem „Übermenschen" nur in einem philosophischen Bestiarium Platz. Dieser kooperative Kommentar fragt unter anderem, ob eine so deutliche Geringschätzung philosophisch berechtigt ist: Muß man die Faszination, die lange Zeit von Nietzsches Schriften ausging, für eine Krankheit halten, die heute – zum Glück – nichts Ansteckendes mehr hat? Gehört der Autor tatsächlich in so etwas wie eine philosophische Psychiatrie, am liebsten in deren geschlossene Abteilung, aus der keine Botschaften nach außen dringen dürfen? Kann die Moralphilosophie von Nietzsche tatsächlich nichts mehr lernen?

Zunächst zu Nietzsches methodischem Leitmotiv, der Moralkritik. Die Kritik ist hier nicht im ursprünglichen, judikativen Sinn gemeint, als richterliches Abwägen, wie man es vor allem aus Kants drei Kritiken kennt. Es ist die *„Lust am Neinsagen"*, wie es in *Jenseits von Gut und Böse* heißt (§ 210: 5, 143), die die Moral einer Gesellschaft, sogar Epoche als gar nicht so moralisch zu entlarven sucht.

Generell hinterfragt eine Moralkritik die herrschende Moral auf einen verborgenen Zweck und erschüttert damit die Unmittelbarkeit ihrer Geltung. Der Zweck könnte die Moral allerdings auch rechtfertigen, indem er einen legitimierenden Grund zutage fördert. Bei Aristoteles ist es die Eudaimonie, bei Kant die Autonomie. Nietzsche sucht dagegen einen kompromittierenden Grund. Ausdrücklich nennt er seine *Genealogie* eine „Streitschrift". In Abwandlung seines berühmten Aphorismus über Wahrheit und Irrtum (N 11, 34[253]) kann man sagen: „Moral ist die Art von Unmoral, ohne welche eine bestimmte Art von lebendigen Wesen nicht leben könnte." Nietzsche selber: „Moral ist Nothlüge, damit wir von ihr (sc. der Bestie in uns) nicht zerrissen werden. Ohne die Irrthümer, welche in den Annahmen der Moral liegen, wäre der Mensch Thier geblieben" (MA I 40: 2, 64).

Nietzsches Parteilichkeit geht freilich nicht so weit, daß er den „Wert" des Gegners kleinredet. Bei aller Kritik am Christentum erkennt er dessen drei geniale Leitungen an: Es verleiht dem Menschen einen „absoluten Werth, im Gegensatz zu seiner Kleinheit und Zufälligkeit im Strome des Werdens und Vergehens"; es gibt dem Leid und dem Übel einen „Sinn" und macht sie dadurch erträglich; im Schöpfungsglauben versteht sie die Welt als von Geist durchwirkt, deshalb sowohl erkennbar als auch wertvoll (N 12, 5[71]). Nicht durchwegs, aber im Prinzip macht Nietzsche seinen Gegner stark, und lädt sich damit eine große Argumentationslast auf. Wenn er sie schultern kann, ist freilich auch die gewonnene Einsicht groß.

Neu ist das dritte Modell, die Moralkritik, nicht. Im Gegenteil ist ein wichtiges Muster seit der Antike bekannt: der Hinweis auf einen Zweck, der den von der Moral selbst vorgeschriebenen Zwecken widerspricht. Die Sophisten betonen beispielsweise das Selbstinteresse der Herrschenden (Thrasymachos in Platons *Staat* I 338 f.). In der Neuzeit entwickeln beispielsweise Hobbes und La Rochefoucauld das Muster fort, wenn sie eine anscheinend selbstlose Regung wie Mitleid als verstecktes Selbstinteresse demaskieren. Hobbes führt das Mitleid auf ein selbstisches Interesse, auf die Furcht vor dem eigenen zukünftigen Leiden, zurück (*De homine*, Kap. 12; vgl. *Leviathan*, Kap. 6). Und nach La Rochefoucauld ist das Mitleid „oft ein Gefühl unserer eigenen Leiden in den Leiden anderer" und die „Dienste, die wir ihnen leisten, sind genau genommen Wohltaten, die wir uns selber im voraus erweisen" (*Maximen*, Nr. 264). Vier höchst unterschiedliche Geister stimmen nach der „Vorrede" (Abschn. 5) der *Genealogie* in einem überein, „in der Geringschätzung des Mitleidens": „Plato, Spinoza, La Rochefoucauld und Kant". (Bei Platon könnte er an die Dichter-Kritik denken: daß die Erziehung nicht auf Homer und die Tragiker zurückgreifen solle, da das Mitleid, das sie erwecken, die Jugend verderbe: *Politeia* 387e und 605c ff. Spinoza sagt: „Mitleid in einem Menschen, der nach der Leitung der Vernunft lebt, ist an sich schlecht und nutzlos." (*Ethica* IV, prop. 50) Und Kant hält die tätige Teilnehmung am Schicksal anderer für eine Pflicht; nur mit dem Schmerz eines anderen mitzuleiden, dem ich doch nicht abhelfen kann, führt dazu, daß „ihrer zwei" leiden, obwohl das Übel eigentlich nur einen trifft: *Tugendlehre*, §§ 34–35.)

Nietzsche folgt dem Muster der antiken und neuzeitlichen Moralkritik. Ihm geht es um die Desillusionierung überlieferter Illusionen. Mit dem Nachweis eines falschen Bewußtseins will er Aufklärung leisten. Dabei folgt er durchaus Kants berühmter Bestimmung: „Aufklärung ist der Ausgang des Menschen aus seiner selbstverschuldeten Unmündigkeit" (AA). Sowohl deren Diagnose als auch deren Therapie fallen aber bei Kant – würde Nietzsche sagen – noch relativ einfach aus. Die Aufgabe sei zwar anspruchsvoll, da nichts weniger als eine „wahre Reform der Denkungsart" zustande kommen soll, statt immer wieder neuen Vorurteilen zu erliegen. In der *Beantwortung der Frage: Was ist Aufklärung?* (1783) sieht Kant die Ursachen der Unmündigkeit aber lediglich in „Faulheit und Feigheit", und als Therapie genügt die Freiheit, „von seiner Vernunft in allen Stücken *öffentlichen* Gebrauch zu machen" (AA). Ein Jahrhundert später stellt Nietzsche in der *Genealogie*, auf ein einziges Themenfeld, die Moral, eingeschränkt, eine andere radikalere Diagnose und ihretwegen schlägt er eine andere, radikalere Therapie vor.

1.2 Genealogie

Zum Zweck der radikaleren Diagnose folgt Nietzsche einer radikaleren Methode, der „Genealogie" genannten Entstehungsgeschichte der Moral. Die neue Methode enthält aber auch ein Moment der Bescheidenheit. Das Projekt „Genealogie" verzichtet auf eine Begründung der Moral und gibt sich statt dessen mit deren Naturgeschichte zufrieden. Eine zweite Bescheidenheit: Nietzsche erzählt keine lineare Geschichte entlang eines roten Fadens, sondern konfrontiert uns eher mit einem Komplex geschichtlicher Fragen und Verfahren. Dabei fragt sich, wie neutral er vorgeht, oder auch: ob er letztlich ein theoretisches oder ein praktisches Interesse verfolgt. Am Ende der Ersten Abhandlung fordert Nietzsche in einer Anmerkung die philosophischen Fakultäten auf, moralhistorische Studien zu fördern. Hier oder auch bei seinen etymologischen Vermutungen (das lateinische *bonus* bedeute „den Krieger", das deutsche Wort „Gut" den Mann „göttlichen Geschlechts": I 5: 264) erscheint er als neutraler Beobachter, der bloß nachzeichnen will, wie sich das grundlegende Verständnis der Moral denn so entwickelt hat. Relativ neutral ist auch das Kriterium der Vorrede (§ 6: 253), die Moral dürfe nicht verhindern, daß „eine an sich mögliche *höchste Mächtigkeit und Pracht* des Typus Mensch" erreicht werde. Denn ob Krieger, Feldherr oder Staatsmann, ob Gelehrter, Künstler oder Philosoph, ob Wohltäter oder Heiliger – keine dieser Figu-

1 Einführung in Nietzsches „Genealogie der Moral" 5

ren wird positiv oder negativ ausgezeichnet. Worin die Vollendung des Menschseins liegt, bleibt offen. Andererseits läßt er sich von einer den Gegenstand disqualifizierenden Vermutung leiten. In deutlicher Parteilichkeit fragt Nietzsche nach der Herkunft „unserer moralischen Vorurtheile" (Vorrede 2: 248), womit er zeigt, daß er weder Verteidiger noch Richter sein will. Wie schon der Untertitel ankündigt, sucht Nietzsche den Streit. Gegenüber der herrschenden Moral tritt er als Ankläger auf. Wie ein großer Ankläger übt er die Rolle mit doppeltem, sowohl fachlichem als auch rhetorischem Glanz aus.

Rhetorisch brillant sind die vielen Haken und Ösen im Text, die den Leser bewußt festhalten oder ins Stolpern bringen, damit er genauer lese, nachfrage, sich selber Gedanken mache. Nietzsche ist Meister der Provokation, allerdings einer doppelbödigen Provokation. Er hält beispielsweise die Moral des Juden- und Christentums für eine Sklavenmoral, Christus aber für „den edelsten Menschen" (MA I 475: 2, 310). Und fachlich brillant ist er, weil er nach den kompromittierenden Ursachen mit Unerbittlichkeit forscht. Und wie bei wahrer Brillanz werden beide Seiten untrennbar miteinander verwoben:

Beispielsweise konfrontiert uns Nietzsche mit Thesen, die zum Nachdenken und Umdenken provozieren. Der Anfang der Vorrede „Wir sind uns unbekannt" könnte konventionell sein, erinnert er doch an die Delphische Aufforderung „Erkenne dich selbst" und an das Sokratische Fragen. Nicht mehr so konventionell ist, daß „wir Erkennenden" uns unbekannt sind, dessen Wendung ins Existentielle „wir selbst uns selbst" und dessen Begründung. Nicht zufällig oder vorläufig, sondern „notwendig" sind wir uns fremd, denn „für uns sind wir keine ‚Erkennenden'". Wir suchen nämlich „etwas ‚heimzubringen'", sprich: wir wollen Gegenstände, einschließlich dem Gegenstand „wir selbst" erkennen, womit wir aber vielem, was wir sind, namentlich dem „Leben" und den „sogenannten ‚Erlebnisse[n]'" – nicht auf die Spur kommen. Auf diese Weise drängt uns Nietzsche andere Fragen auf; besser: er macht uns neugierig auf sie.

Oder: Nietzsche spielt mit seinem moralphilosophischen Gegner und untergräbt dadurch dessen Autorität. Gegen Kant spricht er von einem „neue[n], unmoralische[n], mindestens immoralistische[n] ‚Apriori'" (Vorrede 3: 249). Freilich geht die spielerische Auseinandersetzung in die sachliche über. Statt wie Kant nach Begriff, Kriterium und Prinzip der Moral zu fragen, relativiert Nietzsche eine doppelte Voraussetzung: daß Moral in der Alternative von Gut und Böse bestehen müsse und daher nicht hinterfragt werden könne. Tatsächlich gibt es aber zwei Rückfragen: „unter welchen Bedingungen erfand sich der Mensch jene Werthurtheile gut und böse? und welchen Werth haben sie selbst?" (249 f.) Oder bei seinem philosophischen Hauptgegner, Platon, parodiert er wohl im Abschnitt I 14 dessen berühmtestes Gleichnis, das Höhlengleichnis: Bei Nietzsche steigt man nicht hinauf, sondern hinab; das Ziel ist nicht die Idee des Guten, es sind Ideale, freilich nur vorgebliche Ideale; denn in Wahrheit wird gelogen und „umgelogen"; Schwäche soll zum Verdienst werden; es herrschen Rache und Haß.

Ebenfalls zweifach: sachlich und methodisch brillant ist die Einleitungsfrage der Zweiten Abhandlung. Der erste Teilsatz provoziert mit zwei „narzißtischen Kränkungen", mit dem Subjekt „Thier", das den Stolz des Menschen trifft, und dem Prädikat „heranzüchten", das an die Züchtung der Haustiere oder eben an Darwins „Zuchtwahl" erinnert. Der nächste Teilsatz verbindet Tradition: das viel erörterte Thema des Versprechens, mit Innovation: der neuen Frage nach der Erlaubtheit von Versprechen. Und im Licht des provokativen „heranzüchten" erhält die Innovation die genealogische Einfärbung: Das Versprechen-dürfen muß man lernen – gegen Widerspenstigkeit (deshalb „Zucht"). Hinzu kommt eine anthropologische Perspektive. Zusätzlich zu den lang überlieferten, ein wenig abgegriffenen Bestimmungen der Anthropologie, vielleicht sogar an ihre Stelle tritt eine neue: Der Mensch ist das Tier, das versprechen darf, zum Versprechendürfen freilich „heranzuzüchten" ist. (Eine weitere anthropologische Bestimmung folgt in Abschnitt II 8: der Mensch „als das Wesen, welches Werthe misst": 306.)

1.3 Zur Entwicklung

Nietzsche übt in der *Genealogie* (1887) nicht zum ersten Mal Moralkritik. Er beginnt zwar als Philologe; schon im Alter von 24 Jahren, im Jahr 1868, wird er als außerordentlicher Professor für klassische Philologie nach Basel berufen und verfaßt dort *Die Geburt der Tragödie aus dem Geiste der Musik* (1872). Bald darauf „entdeckt" er sein Lebensthema, die Moralkritik. Nach Ansätzen in früheren Texten, besonders deutlich etwa in der mittleren der „Fünf Vorreden": „3. Der griechische Staat" (1872), findet die Moralkritik ihre erste klare Gestalt in der Schrift *Menschliches, Allzumenschliches. Ein Buch für freie Geister* (1878–1880). Mit dieser zweibändigen Sammlung von geschliffenen Miniatur-Essays, von Aphorismen, und deren Fortsetzung: *Morgenröthe. Gedanken über die moralischen Vorurteile* (1881) und *Die fröhliche Wissenschaft* (1882) reiht sich Nietzsche in jene große Tradition der europäischen Moralistik ein, die ihre Einsichten über den nichtidealen, sondern realen Menschen und dessen versteckte Triebfedern in einer geistreichen und zugleich künstlerisch durchgeformten Weise vorstellt. Nach antiken Vorläufern (z. B. Theophrast, Seneca und Plutarch) erreicht dieses Genre im 16. (Montaigne) und 17. Jahrhundert (Gracián, La Rochefoucauld, La Bruyère, auch Pascal) einen Höhepunkt und wird später in Deutschland von Lichtenberg und Schopenhauer gepflegt.

Nietzsche verweist übrigens in der „Vorrede" (§ 8) der *Genealogie* auf eine Schwierigkeit von Aphorismen. Weil die sprachlich mit leichter Hand geschrieben werden, nimmt man sie sachlich ‚nicht schwer genug': „Ein Aphorismus, rechtschaffen geprägt und ausgegossen, ist damit, dass er abgelesen ist, noch nicht ‚entziffert'". Für die deshalb erforderliche Kunst der Auslegung bietet die dritte Abhandlung der *Genealogie* ein Muster.

Nietzsches weitere Schrift zur Moralkritik *Jenseits von Gut und Böse. Vorspiel einer Philosophie der Zukunft* (1886) ist schon mehr eine Abhandlung. Der ihr „zur Ergänzung und Verdeutlichung beigegeben[e]" nächste Text, die *Genealogie die Moral* bedeutet vielleicht sogar den literarisch-philosophischen Höhepunkt in Nietzsches Werk.

Rein literarisch mag man *Also sprach Zarathustra* (1883–1885) vorziehen. Das „Buch für Alle und Keinen" ist aber eine philosophische Dichtung, die *Genealogie* dagegen eine veritable Abhandlung, bestehend aus drei Teil-Abhandlungen und der ihr vorausgehenden „Vorrede". Der Autor zeigt sich hier nicht bloß als genialer Komponist einer pathosgeladenen Streitschrift, die für sprachliche Rhythmen, Melodien und einen spannungsvollen Aufbau hochsensibel ist. Nietzsche befindet sich auch auf einem Höhepunkt seiner Argumentationskunst.

In seinen eigenen Worten: „Die drei Abhandlungen, aus denen diese Genealogie besteht, sind vielleicht in Hinsicht auf Ausdruck, Absicht und Kunst der Überraschung, das Unheimlichste, was bisher geschrieben worden ist [...] Jedes Mal ein Anfang, der irre führen *soll*, kühl, wissenschaftlich [...] Allmählich mehr Unruhe; vereinzeltes Wetterleuchten [...] bis endlich [...] Alles mit ungeheurer Spannung vorwärts treibt. Am Schluss jedes Mal [...] eine *neue* Wahrheit" (EH: 6, 352). In knapp drei Wochen, zwischen dem 10. Juni und 3. Juli 1887, niedergeschrieben, zeugt der Text, auch wenn er Gedanken früherer Schriften aufgreift und fortbildet, von Nietzsches außergewöhnlicher Produktivität.

1.4 Themen und Thesen

In großer Souveränität skizziert Nietzsche zunächst, in der „Vorrede", die Methode und einige Hauptgedanken. Inhaltlich plädiert er mit „Plato, Spinoza, La Rochefoucauld und Kant" für eine „Geringschätzung des Mitleidens" (§ 5). Und methodisch kritisiert er am Beispiel seines Freundes Paul Rée die englische (genauer: britische, weil vor allem von schottischen Philosophen vertretene) Art einer oberflächlichen, überdies ins „Blaue" spekulierenden Entstehungsgeschichte der Moral. Ihr stellt er „die ganze lange, schwer zu entziffernde Hieroglyphenschrift der menschlichen Moral-Vergangenheit" entgegen (§ 7).

Nietzsche streut in die dann folgenden drei Abhandlungen eine Fülle von Hinweisen zu seiner genealogischen Methode ein. Besonders wichtig ist eine Passage aus der Mitte der Mitte: aus der Mitte vom Mittelstück (II 12) der mittleren Abhandlung. Für die „Entwicklung" eines (gesellschaftlichen) Brauchs gelte dasselbe wie für ein Organ. Der Annahme eines linearen Fortschrittes „auf ein Ziel hin" stellt Nietzsche eine „fortgesetzte Zeichen-Kette von immer neuen Interpretationen und Zurechtmachungen" entgegen: „die Aufeinanderfolge von mehr oder minder tiefgehenden, mehr oder minder von einander unabhängigen an ihm [dem Ding: Organ oder Brauch] sich abspielenden Überwältigungsprozessen, hinzugerechnet die dagegen jedes Mal aufgewendeten Widerstände, die versuchten Form-Verwandlungen zum Zweck der Vertheidigung und Reaktion ... Die Form ist flüssig, der „Sinn" ist es aber noch mehr" (314 f.).

Gemäß dieser Methode ist der Text trotz klarer Grundgliederung und klaren Thesen komplex strukturiert. Weder bauen die drei Abhandlungen noch die einzelnen Abschnitte innerhalb von ihnen linear aufeinander auf; die einzelnen Abschnitte sind mit früheren und späteren vielfach verwoben. Nietzsche nennt sie „Drei entscheidende Vorarbeiten eines Psychologen für eine Umwerthung aller Werthe." Und er, der Pfarrerssohn, ergänzt: „Dies Buch enthält die erste Psychologie des Priesters" (Nach Nietzsches Autobiographie *Ecce homo*, 6, 353).

Die Erste Abhandlung stellt eine Alternative vor, die Nietzsches kompromittierende Moralkritik als nicht schlechthin kompromittierend erweist. Die Entlarvung der einen Moral, der von „Gut und Böse", geschieht zugunsten einer anderen, der von „Gut und Schlecht". Die Diskreditierung der ersten Art ist mitleidlos scharf. Die Moral der Nächstenliebe wird als Moral der „Mißgeratenen, Verstimmten, Schlechtweggekommenen", als eine „Herden-" und „Sklavenmoral" diagnostiziert, die dem Ressentiment der Schwachen und zugleich dem Machtwillen derjenigen entspringe, die diese Moral predigen, die der Priester. Ihr stellt Nietzsche entgegen die „Herrenmoral" der „aristokratischen Werthgleichung" von gut mit vornehm, mächtig, schön und gottgeliebt (I 7: 267).

Ein Jahr nach der *Genealogie* faßt Nietzsche den Gegensatz pointiert zusammen: „In der engeren Sphäre der sogenannten moralischen Werthe ist kein größerer Gegensatz aufzufinden, als der einer *Herren-Moral* und der Moral der *christlichen* Werthbegriffe; letztere, auf einem durch und durch morbiden Boden gewachsen (– die Evangelien führen uns genau dieselben physiologischen Typen vor, welche die Romane Dostoiewsky's schildern), die Herren-Moral (,römisch', ,heidnisch', ,klassisch', ,Renaissance') umgekehrt als die Zeichensprache der Wohlgerathenheit, des *aufsteigenden* Lebens, des Willens zur Macht als Princip des Lebens. Die Herren-Moral *bejaht* ebenso instinktiv wie die christliche *verneint* (,Gott', ,Jenseits', ,Entselbstung' lauter Negationen). Die erstere giebt aus ihrer Fülle an die Dinge ab – sie verklärt, sie verschönt, sie *vernünftigt* die Welt –, die letztere verarmt, verblasst, verhässlicht den Werth der Dinge, sie *verneint* die Welt. ,Welt' ein christliches Schimpfwort" (*Der Fall Wagner*, Epilog: 6, 50 f.). Die *Genealogie* spitzt den Gegensatz zu auf den Kampf: „Rom gegen Judäa, Judäa gegen Rom" (I 16: 286). Der Pfarrersohn nimmt sich zwei herrschsüchtige und herrschgewaltige Feldherren und Staatsmänner zum Vorbild: für die Antike Alkibiades (450–404 v. Chr.) und für die Neuzeit Napoleon (vgl. *Genealogie* I 16).

Diese Zusammenfassung sagt deutlich genug, daß mit der anderen Moral, der von Gut und Schlecht, eine höherstehende Moral entwickelt werden soll. Und weil sie im moralischen Sinn höherstehe, erweist sich Nietzsches Moralkritik als moralisch inspiriert, als ein moralisches Ereignis. Seine kompromittierende Moralkritik ist also nicht rundum destruktiv. Die moralische Entlarvung der herrschenden Moral soll den Weg für eine moralisch bessere Moral und eine ebenso moralisch bessere Lebensweise freigeben. Durchgeführt im Namen der „wahren" Moral, verfolgt Nietzsches Moralkritik einen moralisch-praktischen Zweck. Sie ist ein moralisches Unternehmen, das, vorausgesetzt es überzeugt, das Leben der Menschen von Grund auf ändert: Es erhebt einen existentiellen, die Lebensweise radikal verändernden Anspruch.

Nietzsche richtet sich gegen die angeblich seit Platon herrschende und vom Christentum mit einer geradezu überwältigenden Macht ausgestattete „grandiose Dummheit", den Sinn des Lebens in jenseitigen Werten und Wahrheiten zu suchen. Sie verwirft aber auch den schlichten Gegensatz zum Platonismus/Christentum, jenen „Europäer-Buddhismus" (Vorrede 5), der als Nihilismus alle Verbindlichkeiten leugnet. (In *Jenseits von Gut und*

Böse sagt er von sich aber auch: „vielleicht" bin ich „ein neuentdecktes Russisches Nihilin". – JGB 208: 5, 137) An beider Stelle und zugleich im Gegensatz zu „meinem grossen Lehrer Schopenhauer" (Vorrede 5: 251), zu dessen pessimistischer Lebensphilosophie, tritt die Selbstbejahung und Steigerung des Lebens. (Und ihretwegen setzt Nietzsche, vor allem freilich mit dem *Zarathustra*, bei zahllosen Schriftstellern und Künstlern nicht nur Europas ein hohes Maß an Kreativität frei und wird nach Gottfried Benn – aber mit der bei ihm fehlenden Einschränkung: für einige Generationen – „das größte Ausstrahlungsphänomen der Geistesgeschichte")

Nietzsche nennt sein neues Moralprinzip „Wille zur Macht". In der *Genealogie* spielt es zwar noch keine zentrale, aber doch schon eine unübersehbare Rolle. Nietzsche spricht vom „Instinkt der Freiheit" (II 18: 326) und dem „stärksten, lebensbejahendsten Trieb" (III 18: 383). Zudem verweist er auf ein neues Werk mit dem Willen zur Macht als Titelbegriff, und im Untertitel erscheint ein zweites Leitmotiv von Nietzsches Moralkritik, die Umwertung aller Werte. Das Werk selbst, *„Der Wille zur Macht. Versuch einer Umwerthung aller Werthe"* (III 27: 409) wird zwar nie erscheinen, jedoch schreibt Nietzsche dazu zahllose Fragmente und Aphorismen.

Mit dem vielfachen mißverstandenen Begriff „Wille zur Macht" will Nietzsche für die Psychologie ein Pendant zum Kraftbegriff der Physik schaffen. Wie die Kraft die materielle und äußere Welt beherrsche, so der Wille zur Macht alles Leben und dessen innere Welt. Der Wille zur Macht, heißt es andernorts, ist „Princip des Lebens" (*Der Fall Wagner*, 6: 51), das seinerseits Kraft bzw. Energie ist. Die Welt ist ein dynamisches, ansonsten aber sinn-loses Spiel von Wachstum, Steigerung, Überwältigung und Kampf. „Es giebt nichts am Leben, was Werth hat, außer dem Grade der Macht – gesetzt eben, daß Leben selbst der Wille zur Macht ist. Die Moral behütete die *Schlechtweggekommenen* vor Nihilismus" (N 12, 5[71]). Trotzdem steht der Wille zur Macht nicht etwa, wie man die Alliteration der ‚blonden Bestie' lesen könnte (I 11), für die barbarisch selbstsüchtige Unterdrückung der Schwachen durch die Starken, obwohl die Natur grausam ist; sie bringt Starke und Schwache, Begünstigte und Unbegünstigte hervor.

Nietzsches Moralkritik im Namen der Moral wirft ein methodisches Problem auf: Nach welchem moralischen Gesichtspunkt gilt die eine Moral als überlegen? Braucht es eine dritte Moral, die über den Vorrang der zweiten Moral, der von „Gut und Schlecht", über die erste Moral, der von „Gut und Böse" entscheidet? Mit der Anschlußfrage: Wie rechtfertigt sich die dritte Moral? Und: Droht nicht, da auch die zweite Moral der Rechtfertigung bedarf, ein unendlicher Regreß?

1 Einführung in Nietzsches „Genealogie der Moral"

Der zitierte „Epilog" deutet Nietzsches eigene Antwort an, wenn es von der Herrenmoral und der christlichen Moral heißt: „Diese Gegensatzformen in der Optik der Werthe sind *beide* nothwendig: es sind Arten zu sehen, denen man mit Gründen und Widerlegungen nicht beikommt. Man widerlegt das Christenthum nicht, man widerlegt eine Krankheit des Auges nicht" (6, 51). Man kann aber zeigen – so geht Nietzsches Argument stillschweigend weiter, im „Epilog" auf Wagner bezogen –, daß die eine Wertoptik eine Krankheit, und zwar eine moralische, darstellt. Denn sie baut auf einer inneren Verlogenheit auf: „Wogegen man sich allein zu wehren hat, das ist die Falschheit, die Instinkt-Doppelzüngigkeit, welche diese Gegensätze nicht als Gegensätze empfinden *will* [...] Nach der Herren-Moral, der *vornehmen* Moral hinschielen [...] und dabei die Gegenlehre, die vom ‚Evangelium der Niedrigen', vom *Bedürfniss* der Erlösung im Munde führen!" (ebd.). Ähnlich heißt es in der *Genealogie* (I 14: 281): „Die Schwäche soll zum *Verdienste* umgelogen werden."

Es genügt nicht zu fragen: Ist die christliche Moral eine Ausgeburt von Angst, die durch ein philosophisches Mäntelchen verdeckt wird? Die in systematischer Hinsicht entscheidende Frage an die „Erste Abhandlung" lautet vielmehr: Gelingt es Nietzsche, der christlichen Moral eine „Instinkt-Doppelzüngigkeit" nachzuweisen, von der die Herrenmoral frei ist? Für die Geschichte der Moralphilosophie dürften zwei Fragen hinzukommen. Erstens: Wohin gehört denn die antike, namentlich die Aristotelische Moralphilosophie? Fällt sie eventuell zwischen beide Optionen und zeigt dann, daß Nietzsches Alternative: entweder Gut und Böse oder aber Gut und Schlecht, zu einfach ist? Zweite Frage: Fällt Nietzsches Jenseits von Gut und Böse unter die von Kant kritisierte Moral von Wohl und Wehe bzw. Übel (*Kritik der praktischen Vernunft*, AA V 57 ff.) und hält sie Kants Kritik stand?

Die Zweite Abhandlung – „‚Schuld', ‚schlechtes Gewissen' und Verwandtes" – beginnt mit einer fulminanten Frage: „Ein Thier heranzüchten, das *versprechen darf* – ist das nicht gerade jene paradoxe Aufgabe selbst, welche sich die Natur in Hinsicht auf den Menschen gestellt hat? ist es nicht das eigentliche Problem *vom* Menschen?" (291). Fulminant ist schon die neue anthropologische Bestimmung: der Mensch als *animal promissibile*, als versprechensfähiges Tier. Nietzsche legt freilich den Akzent nicht auf das Können, schon gar nicht auf das „moralistische" Einhalten-Sollen, sondern das genealogische Dürfen. Und dann entfaltet Nietzsche seine Gedanken über Verantwortlichkeit und Gewissen (1–3), über Schuld und Schulden (4–7), über die Rechtsordnung und das Gemeinwesen (8–11), über Ursprung und Zweck der Strafe (12–15), über den Ursprung des schlechten Gewissens (16–19), nicht zuletzt über Schulden gegen die Gottheit (20–25). Wer wissen will, daß Nietzsche auch ein bedeutender Sozial-, Rechts- und Staatsphilosoph ist, lese die Zweite Abhandlung.

Sie endet mit einem Hinweis auf Zarathustra, den altiranischen Weisen, den Nietzsche als Alternative zu den Weisen der drei Hochreligionen Judentum, Christentum und Islam hinstellt. Dem Titel der Schrift zum Trotz befaßt sich Nietzsche nicht bloß mit der Genealogie, also Herkunft der Moral, vielmehr entfaltet er eine Herkunftskritik, die in der Sache Hegels Methode der bestimmten Negation aufnimmt und mindestens am Horizont die bessere Zukunft auftauchen läßt. Das Argumentationsmuster läßt sich durchaus auf einen dialektischen Dreischritt hin pointieren: Auf die unschuldige, vorsittliche Phase der Vornehmen, auf die Herrenmoral, folgt die reflektierte, freilich ressentimentdurchwirkte Sittlichkeit, die Sklavenmoral, die schließlich durch die wieder ressentimentbefreite Übersittlichkeit, die von Zarathustra gelehrte autonome Freiheit, überwunden wird.

Im Mittelpunkt steht aber eine Psychologie des Gewissens, die Nietzsche in *Ecce homo* zusammenfaßt. „dasselbe ist *nicht*, wie wohl geglaubt wird, ‚die Stimme Gottes im Menschen', – es ist der Instinkt der Grausamkeit, der sich rückwärts wendet, nachdem er nicht mehr nach aussen hin sich entladen kann. Die Grausamkeit als einer der ältesten und unwegdenkbarsten Cultur-Untergründe, hier zum ersten Male ans Licht gebracht" (6, 352).

Eine besondere Bedeutung kommt der gewaltsamen Entstehung des Staates zu: Ein primitives Volk wird durch eine „Eroberer- und Herrenrasse" unterworfen, dadurch zur Unterdrückung und gleichzeitigen Verinnerlichung der Instinkte gezwungen. Aus der Verinnerlichung der ursprünglich aktiven Grausamkeit entwickelt sich zunächst eine vormoralische Form, danach, aufgrund einer religiösen Interpretation und einer Moralisierung der Begriffe von Schuld und Pflicht, das „bekannte", im moralischen Sinn schlechte Gewissen.

Die Dritte Abhandlung beginnt mit einem Motto der philosophischen Dichtung *Also sprach Zarathustra* (1883–1885), die Nietzsche im 20. Jahrhundert seinen größten literarischen Erfolg beschert. Nach der „Vorrede" (8: 255 f.) ist das Motto „Unbekümmert, spöttisch, gewaltthätig – so will *uns* die Weisheit" (aus „vom Lesen und Schreiben") als ein Aphorismus zu verstehen, für den die dritte Abhandlung „nur" eine Auslegung vornimmt, „um dergestalt das Lesen als *Kunst* zu üben".

Der Titel „Was bedeuten asketische Ideale?" muß zunächst befremden, denn Askese klingt nach Christentum, das Nietzsche doch überwinden will. Daß diese Überwindung die Askese generell diskreditiere, ist aber ein Mißverständnis, das schon der Anfang von *Zarathustra* zerstreut: Mit 30 Jahren hatte Zarathustra seine Heimat verlassen und zehn Jahre in Einsamkeit gelebt. Die Dritte Abhandlung beginnt mit einer neutralen Einschätzung: Die Askese ist „an sich" weder gut noch schlecht, vielmehr kommt es darauf an, wer sie wofür übt: „bei Philosophen und Gelehrten" bedeuten asketische Ideale „etwas wie Witterung und Instinkt für die günstigsten Vorbedingungen hoher Geistigkeit; [...] bei physiologisch Verunglückten und Verstimmten [...] einen Versuch, sich ‚zu gut' für diese Welt vorzukommen [...]; bei Priestern [...] ihr bestes Werkzeug der Macht [...]; bei Heiligen endlich einen Vorwand zum Winterschlaf" (III 1: 339). (Darf man hier an Zarathustras zehn Jahre Einsamkeit denken?)

Nachdem Nietzsche die Bedeutung asketischer Ideale für verschiedene Menschen thetisch durchbuchstabiert hat, bringt er als „Vertiefung" eine weitere anthropologische und zugleich genealogische These: „*Daß* aber überhaupt das asketische Ideal dem Menschen so viel bedeutet hat, darin drückt sich die Grundtatsache des menschlichen Willens aus, sein *horror vacui* ... eher will er noch *das Nichts* wollen als *nicht* wollen" (ebd.). Diese These, gegen Schopenhauers Ansicht gerichtet, Askese sei Willensverneinung, ist Nietzsche so wichtig, daß er sie am Ende der Dritten Abhandlung wiederholt.

In der Sache folgt der Anfang der Abhandlung anscheinend der Methode, zunächst in die Irre zu führen (vgl. 6, 352, 7). Dann im weiteren Verlauf versteht Nietzsche das Askese-Ideal als Priester-Ideal. (Vgl. die „drei großen Prunkworte ... Armut, Demut, Keuschheit": III 8.) Er hält es – so die Zusammenfassung in *Ecce homo* – für „das *schädliche* Ideal par excellence, ein Wille zum Ende, ein décadence-Ideal" (6, 353). Woher aber kommt seine Macht? „Antwort: *nicht*, weil Gott hinter den Priestern *thätig* ist, was wohl geglaubt wird, sondern faute de mieux, – weil es das einzige Ideal bisher war, weil es keinen Concurrenten hatte", kein „*Gegen-Ideal – bis auf Zarathustra*" (ebd.).

Während nach III 1 das Askese-Ideal bei Philosophen „etwas wie Witterung und Instinkt für die günstigsten Vorbedingungen hoher Geistigkeit" (339) ist, wird letztere in III 6 entlarvt als Ressentiment gegen Sinnlichkeit; der Philosoph will „von einer Tortur loskommen" (349). Das Ressentiment ist freilich schöpferisch; denn Nietzsche bestätigt das Askese-Ideal als „Optimum der Bedingungen höchster und kühnster Geistigkeit" (III 7: 351). Also führt der Anfang doch nicht in die Irre.

Nietzsche erklärt hier die *Genealogie* zu einer nachträglichen Vorarbeit zum *Zarathustra* als dem positiven Gegenentwurf gegen die bisher dominierende Moral.

Ein möglicher Einwand könnte von der Wissenschaft her kommen, von ihrem Ideal objektiver Wahrheit. Dagegen richtet sich schon das Motto der Dritten Abhandlung, die ihrerseits es interpretiert: Der Wille zur Wahrheit ist die letzte, feinste Gestalt des asketischen Ideals. Ihre Überwindung folgt dem Muster der Herrenmoral: „Unbekümmert, spöttisch, gewaltthätig – so will *uns* die Weisheit: sie ist ein Weib, sie liebt immer nur einen Kriegsmann" (5, 339).

Der folgende kooperative Kommentar versammelt elf Originalbeiträge, die zum Teil auf einem Symposium zur *Genealogie der Moral* vorgestellt und diskutiert wurden, das im Juni 2002 in Tübingen stattfand. Ich danke den Referenten und Autoren, meinen Mitarbeitern Rolf Geiger und Matthias Katzer und für die finanzielle Unterstützung erneut der Fritz-Thyssen-Stiftung.

Tübingen, im Juni 2003   *Otfried Höffe*

Annemarie Pieper

Vorrede

2.1 Die genealogische Perspektive

Die *Genealogie* ist Nietzsches ‚Kritik der praktischen Vernunft'. Gegenstand dieser Schrift sind moralische Urteile, die Nietzsche wie schon in der *Morgenröthe* als Vor-Urteile charakterisiert. Was er problematisiert, ist das „Vor", dessen Bedeutung er mit der Frage nach der Herkunft moralischer Urteile ins Zentrum rückt. In der traditionellen Ethik wurde das „Vor" auf zwei verschiedene Weisen ausgelegt:
1. *zeitlich* (Typus Aristoteles). Die Geltungskraft des Ethos hat sich im Zuge der Überlieferung stabilisiert, indem die Wertschätzung bestimmter Handlungsmuster sich über lange Zeiten hinweg in der Gemeinschaft bewährt hat. Die normative Aufladung der tradierten Handlungsmuster hat dazu geführt, daß sie als für das eigene Handeln verbindliche Vorbilder anerkannt und gewohnheitsmäßig befolgt werden;
2. *apriorisch* (Typus Kant). Die moralische Qualität von Handlungen wird geltungslogisch auf das transzendentale Konstrukt eines guten Willens zurückgeführt, der seine Autonomie auf das Freiheitsprinzip als Normen generierende Instanz gründet und die Verbindlichkeit von Handlungen durch die gesetzgebende Kraft der praktischen Vernunft legitimiert.

Beide Versuche, die Herkunft moralischer Urteile im Rückgang auf historische bzw. vernunftimmanente Ursprünge genetisch oder geltungslogisch aufzudecken, werden von Nietzsche verworfen. Dennoch besteht eine gewisse Nähe zwischen diesen beiden Methoden der Ethik und Nietzsches Unternehmen, den Anfang der Moral genealogisch aufzuklären. Mit dem Modell der Aristotelischen Ethik verbindet ihn der Gedanke, daß ein etablierter Moralkodex historische Wurzeln hat, die Wertschätzungen einer

Handlungsgemeinschaft in einer bestimmten Konstellation sozialer und psychischer Faktoren entstanden sind. Ihm geht es jedoch nicht darum, den Prozeß, in dessen Verlauf die im Moralkodex zusammengefaßten moralischen Urteile immer stärker handlungsnormierend wirksam geworden sind, als Legitimationsinstanz für ihre faktische Geltung zu eruieren. Vielmehr interessieren Nietzsche die – psychologischen – Gründe, die die Weichen für die Herausbildung einer bestimmten, nämlich der abendländischen Moral gestellt haben.

Nietzsche ist Moralkritiker, die *Genealogie* ist eine „Streitschrift", und das verbindet sie mit dem Kantischen Ethik-Modell. Nietzsche möchte zeigen, daß die christliche Moral das Produkt einer Fehlentwicklung ist. Anders als Kant verwirft er jedoch die praktische Vernunft als richterliche Instanz in Sachen Moral und setzt an deren Stelle das Prinzip des Willens zur Macht. Nietzsche geht davon aus, daß eine Beschreibung jener anfänglichen Konstellation, die dazu geführt hat, daß bestimmte Verhaltensmuster für moralisch verbindlich erklärt wurden, Auskunft darüber zu geben vermag, warum es zu der Moral gekommen ist, die sich im Abendland faktisch etabliert hat. Kontrastierend dazu entwirft Nietzsche das Gegenbild einer anderen Moral, die aus seiner Sicht die „bessere" gewesen wäre.

Für die Begründung seiner hypothetisch-experimentell eingenommenen genealogischen Perspektive als der historisch angemesseneren kann er jedoch kein übergeordnetes Kriterium anführen, weil es keinen Standort außerhalb aller Perspektiven und entsprechend keine Superperspektive gibt. Konsequenterweise ersetzt er das Konstrukt eines transzendentalen Subjekts durch sein „ich" und beschreibt rückblickend die Prägungen, die dieses „ich" im Verlauf der Herausbildung seiner ethischen Position erlebt und erlitten hat, und wie es diese Prägungen, die sich seinem Verhalten als heteronome Bestimmungen eingeschrieben haben, wieder los geworden ist, so daß es autonom werden konnte, autonom im Sinne Nietzsches verstanden: als Selbstwerdung des „ich" in kritischer Auseinandersetzung mit den Wir-Einflüssen.

Nietzsche bietet also die Interpretation seines intellektuellen Werdeganges als exemplarisches Muster für ein Verständnis von Moral und Ethik an, das immer und unausweichlich biographisch gefärbt ist und damit einen subjektiv-privaten Anstrich hat, eben deshalb aber dazu auffordert, sich von Nietzsche abzuwenden und den eigenen, ganz anderen Zufälligkeiten sich verdankenden Entwicklungsgang zu entziffern. Denn nur so wird man autonom, indem man zurückblickt und am Leitfaden persönlicher Erfahrungen rekonstruiert, wie man die individuelle Person, die man ist, geworden ist, um daraus Konsequenzen für einen anderen Anfang, einen radikalen Neubeginn zu ziehen.

Nietzsche will daher die drei Teile der *Genealogie* nicht als philosophische Abhandlungen verstanden wissen, sondern – wie er in *Ecce Homo* festhält – als „entscheidende Vorarbeiten eines Psychologen für eine Umwerthung aller Werthe" (6, 353). Eine solche Umwertung der Werte, die im Lauf der Persönlichkeitsentwicklung schrittweise erfolgt, kann weder systematisch nach einem allgemeinen Schema hergeleitet werden noch von jemandem stellvertretend für einen anderen vorangetrieben werden. Jeder muß für sich allein die eigene Wertimprägnierung aufarbeiten, die wie im Fall Nietzsches zu einem nicht geringen Teil auch über die Lektüre und Aneignung moralphilosophischer Texte geschehen ist. Nietzsche sieht seine Aufgabe als Psychologe darin, zu irritieren, zu provozieren, zu verstören, um dazu zu zwingen, das selbstverständlich Gewordene und Altvertraute aus einer skeptischen Einstellung neu zu beurteilen. Der Psychologe will den Philosophen dazu motivieren, jedwede Autorität, insbesondere sein Denkinstrument und seine Vernunft, hinsichtlich ihrer Unfehlbarkeit in Frage zu stellen. Nietzsche meint, die *Genealogie* sei „das Unheimlichste, was bisher geschrieben worden ist" (EH: 6, 352). Man wird aus der moralischen Heimat vertrieben wie aus dem Paradies. Der festen Überzeugung, daß alle Werte ihren Ursprung in einem göttlichen Willen haben, wird der Boden entzogen.

Insofern ist der Philosoph als Genealoge einerseits „stets Hesiod" (Deleuze 1985, 6), indem er an den Anfang aller Anfänge zurückgeht und die Entstehungsgeschichte der Götter nacherzählt. „Der Ursprung liegt immer vor dem Fall, vor dem Körper, vor der Welt und vor der Zeit. Er liegt bei den Göttern, und seine Erzählung ist immer eine Theogonie." (Foucault 1998, 334). Dieses Denken des „ersten" Anfangs als Ursprung des wahren Seins und des schlechthin Guten gilt es jedoch zu problematisieren. Daher ist der Philosoph als Genealoge andererseits ein historisch interessierter, skeptischer Psychologe, dem nicht das Allgemeine, sondern das Besondere am Herzen liegt. „Die Genealogie [...] hat die Einmaligkeit der Ereignisse unter Verzicht auf eine monotone Finalität ausfindig zu machen; sie muß den Ereignissen dort auflauern, wo man sie am wenigsten erwartet und wo sie keine Geschichte zu haben scheinen – in den Gefühlen, der Liebe, dem Gewissen, den Instinkten" (Foucault 1998, 331). Der Genealoge erweist sich damit als Anwalt des Zufälligen, Zerstreuten, Differenten, für das weder der Metaphysiker noch der Historiker einen Blick hat, ersterer nicht, weil er auf die apriorischen Strukturen reinen Denkens und Seins fixiert ist, letzterer nicht, weil er die Geschichte als einen kontinuierlichen Zweckzusammenhang deutet. Beiden entgehen „die Zwischenfälle, die winzigen Abweichungen oder auch die totalen Umschwünge, die Irrtümer, die Schätzungsfehler, die falschen Rechnungen, die das entstehen ließen, was existiert und für uns Wert hat" (Foucault 1998, 337). Der Vielfalt der Anfänge und Ursprünge in zufälligen Konstellationen spinnt der Genealoge nach, um eine ganz andere Geschichte über die Herkunft unserer moralischen Urteile zu erzählen. Nietzsche kämpft dabei an zwei Hauptfronten: „gegen jene, die die Werte der Kritik entziehen und sich damit begnügen, die bestehenden Werte zu inventarisieren oder die Dinge im Namen herrschender Werte zu kritisieren – die „philosophischen Arbeiter" wie Kant und Schopenhauer" (Deleuze 1985, 6).

Die *Vorrede* der *Genealogie* besteht aus acht Abschnitten, deren inhaltliche Schwerpunkte kursorisch erläutert werden.

2.2 Der Erkenntnisprozeß

Nietzsche beschreibt zum Auftakt gleichsam den blinden Fleck beim Erkennen. Das Auge sieht nicht sich selbst beim Sehen. Matth. 6,21 zitierend, „wo euer Schatz ist, da ist auch euer Herz" (247), versucht er, per analogiam verständlich zu machen, warum unser Verstand als „Honigsammler des Geistes" auf die „Bienenkörbe [der] Erkenntniss" fixiert ist und alles übrige als nicht bedenkenswert ausblendet, sogar sich selbst. Der Schatz des Verstandes sind die Erkenntnisse; die filtert er aus dem Gesamtkomplex des Erlebens heraus, unter Abstraktion von den Sinnesleistungen, die allenfalls beiläufig zur Kenntnis genommen werden, und ohne sich für die anderen Aspekte des Erlebens oder den Erlebenden selbst zu interessieren. „Wir sind uns unbekannt ..." „Wir bleiben uns eben nothwendig fremd ..." Das uns der Sache nach Nächste liegt außerhalb unseres Erkenntnishorizonts: das erlebende „ich". Erst nachträglich erinnern wir uns, wenn auch nur unzulänglich, daran, daß da noch etwas mehr war, als der Verstand uns weis machen will: daß wir gelebt haben.

Was Nietzsche in der *Genealogie* thematisiert, die Frage der Herkunft unserer moralischen Urteile, hat für ihn eine persönliche Vorgeschichte. In einem werkgeschichtlichen Rückblick erwähnt Nietzsche, daß er die Gedanken der *Genealogie* schon weit über zehn Jahre mit sich herum getragen und zum ersten Mal in *Menschliches, Allzumenschliches* niedergeschrieben hat. Er betont dies, um seinen Thesen durch Verweis auf ihre Kontinuität ein gewisses Gewicht zu geben. Es handelt sich nicht um spontane Einfälle, die man rasch wieder verwirft, sondern um Einsichten, die sich im Lauf der Jahre durchgehalten und verfestigt haben. Für ihn ist dies ein Indiz dafür, daß diese in einem quasi-organischen Wachstum herangereiften Gedanken ihre Wurzel in einem „*Grundwillen* der Erkenntniss" (248) haben, der sich immer gebieterischer zu Wort meldet. Dieser Grundwille ist ein Wille des Grundes in doppelter Hinsicht: Zum einen ist der Grund, der Ursprung alles Erkennens eben ein Wille und kein Verstandesprinzip. Zum anderen zwingt die Frage nach der Herkunft der Erkenntnisse dazu, „zu(m) Grunde zu gehen", in den Grund zurückzugehen und dessen Willensstruktur aufzudecken.

In den Gedanken drücken sich die Erkenntnisse und Wertüberzeugungen („Früchte") eines Individuums aus („Baum"), das sie im Wollen seiner selbst zur Reife gebracht hat und damit seine Fruchtbarkeit (sein Wahres und Gutes) bezeugt. Das Zusammenspiel von Himmel und Erde – Ein Erdreich, Eine Sonne (249) – verweist auf die gelungene Kooperation von Verstand und Wille. Die von Nietzsche auch anderswo verwendete Baum-Metapher (vgl. Zarathustras Rede „Vom Baum am Berge": 4, 51 ff.) signalisiert die gegenstrebige Kraft des Willens, der den Baum in die Höhe treibt, während er gleichzeitig die Wurzeln immer tiefer im Boden verankert, um dem Baum Halt zu geben. Den anderen Individuen stehen Baum und Früchte zum Vergleich und zur Prüfung zur Verfügung, aber den eigenen Selbstwerdungsprozeß können sie nicht ersetzen.

2.3 Die Entstehung von Werturteilen

Nietzsche spinnt den genealogischen Faden in die Anfänge seiner Beschäftigung mit der Moral weiter, indem er seine „Bedenklichkeit" als sein persönliches Apriori identifiziert und dieses auf sein 13. Lebensjahr datiert, ein Alter, in welchem man – wie die Anspielung auf Heraklits spielenden Gott nahelegt – noch nicht festgelegt ist auf Prinzipien und daher empfänglich ist für alle möglichen Kombinationen. Bedenklichkeit ist das Charakteristikum einer skeptischen Einstellung, die den Knaben dazu nötigte, die ihm plausibelste Antwort auf die Frage nach dem Ursprung von Gut und Böse zu finden: „... so gab ich, wie es billig ist, Gott die Ehre und machte ihn zum *Vater* des Bösen" (249). Das Kind verwarf gleichsam sämtliche Theodizeebemühungen der Philosophen und Theologen und deutete völlig unbefangen auf Gott als den Urheber des Bösen. Ein Gott, von dem es heißt, er habe *alles* geschaffen, muß konsequenterweise auch

Grund des Bösen sein. Im Grunde genommen hat damit bereits der 13-jährige Nietzsche Gott als (christlichen) Gott getötet.

Nietzsche beschreibt sein Apriori ähnlich wie Sokrates sein Daimonion als warnende Stimme, die davon abrät, sich den gängigen Vorurteilen zu überlassen, und zu einer skeptischen Einstellung auffordert. Diese Aufforderung ist ebenso kategorisch wie der Kantische Imperativ, aber die Kennzeichnungen „unmoralisch", „immoralistisch", „anti-Kantisch" (249) machen deutlich, daß Nietzsche sein persönliches Apriori als ein ganz anderes Wollen auffaßt, nicht als einen guten Willen, der die Verallgemeinerung der Maximen gebietet, sondern als einen radikal subjektiven, nur sich selbst verpflichteten Willen, der keinen Bestimmungsgrund außerhalb des „ich" anerkennt.

Der 13-Jährige entwickelte seine skeptische Einstellung weiter, und in einem nächsten Schritt hat Nietzsche dann Gott nicht nur als Urheber des Bösen, sondern insgesamt gestrichen, nachdem er außer- und überweltliche Gebilde als spekulative Konstrukte des Verstandes durchschaut hatte: eines Verstandes, der sich aus dem Empirischen zurückgezogen hat, um sich ausschließlich in seinen eigenen, rein geistigen Produkten aufzuhalten. Die Frage nach dem Ursprung des Bösen verwandelte sich nach der Abschaffung Gottes für den skeptischen Denker und psychologischen Beobachter in die neue Frage: „unter welchen Bedingungen erfand sich der Mensch jene Werthurtheile gut und böse? und welchen Werth haben sie selbst?" (249 f.). Der Ursprung des Bösen ist demnach nicht außerhalb des Menschen zu suchen, sondern in ihm selbst. Aber was war der Grund dafür, daß er die Dinge zu bewerten begann und damit die Moral in die Welt brachte? Was bewog ihn am Ende dazu, den Vorgang des Bewertens selber als etwas so Wertvolles zu erachten, daß er sich nicht mehr damit begnügte, die Dinge zu erkennen und hinsichtlich ‚wahr' und ‚falsch' zu beurteilen, sondern ‚gut' und ‚böse' als neue Urteilskategorien einführte?

Diesem ersten Fragenblock schließt Nietzsche einen zweiten an, der sich auf die Folgen der Einführung von Werturteilen bezieht. Hat sich die Lebensqualität seitdem verbessert oder verschlechtert? Geschah dadurch eine Aufwertung oder Abwertung desjenigen, das für Nietzsche Inbegriff des Wertvollen ist: des Lebens? Nietzsche ist diesen Fragen seiner eigenen Auskunft nach historisch, ethnologisch und biographisch nachgegangen. Er stellte eine Reihe von Hypothesen auf, die er so lange testete, wieder verwarf und neu formulierte, bis er eine ihn befriedigende Antwort fand.

Es ist ein autodidaktischer Lernprozeß, den er beschreibt. Nicht der wissenschaftliche Dialog mit anderen Mitgliedern der Scientific Community hat zu einem ihn und die anderen überzeugenden Ergebnis geführt. Ein solches kommunikativ erzeugtes Resultat interessiert Nietzsche nicht. Ihm geht es um die verschwiegene Reise durch eigene (Gegen-) Entwürfe von Welt, die nur dem eigenen Urteil ausgesetzt werden und an deren Ende eine Erkenntnis steht, die den strengen Test der skeptischen Einstellung bestanden hat. Sie trägt den Stempel subjektiver Unbedenklichkeit. Dieses Resultat verdankt sich ganz und gar den eigenen Anstrengungen und macht den Erkennenden glücklich. Es ist *sein* Land, das er aus eigener Kraft, ohne jede Unterstützung entdeckt hat und zur Existenz brachte – für ihn allein.

Rund zwanzig Jahre dauerte bei Nietzsche die Phase der eigenständigen Entwicklung von Hypothesen über den Ursprung der Moral unter Ausschluß der Öffentlichkeit. Erst der 33-Jährige brach gewissermaßen sein Schweigen und machte seine Resultate publik, zuerst in *Menschliches, Allzumenschliches*. Den Anstoß dazu gab ihm das Buch seines früheren Freundes Paul Rée „Der Ursprung der moralischen Empfindungen" (1877). Nietzsche fühlte sich durch dieses Buch herausgefordert, weil es methodisch einen Typus von Genealogie zur Anwendung brachte, den Nietzsche als die „englische Art" verachtete. Rée war naturwissenschaftlich vorgebildet und vertrat einen Empirismus, der eine biologistische bzw. naturalistische Erklärung der Herkunft moralischen Verhaltens anbot, als dessen innere Triebfeder der Altruismus gesehen wurde. Nietzsche charakterisiert solche zielgerichteten, dem Nutzdenken verpflichteten Theorien als „eine umgekehrte und perverse Art von genealogischen Hypothesen" (250), die er gleichwohl „ganz ohne Verdruss und Ungeduld" rezipierte, weil er in der Selbstsicherheit seines eigenen Urteils jeden Satz, den er las, gründlich verneinen konnte und sich damit zugleich selbst bestätigte.

Nietzsche hatte nicht die Absicht, die Réeschen Thesen zu widerlegen. Vielmehr begann er in *Menschliches, Allzumenschliches* seine eigenen „Herkunfts-Hypothesen" zu veröffentlichen, zwar noch ungeschickt, wie er einräumt, und noch ohne eigene Sprache, aber dennoch bereits als Vorstufen zum in der *Genealogie* explizit durchgeführten genealogischen Verfahren erkennbar. Nietzsche verweist auf bestimmte Textstücke in den nach 1877 publizierten Werken, die belegen sollen, daß er nicht erst in der *Genealogie* genealogisch vorgeht, sondern schon lange vorher seinen eigenen Weg dokumentieren kann, der in scharfem Kontrast zu Rées Ansatz steht. Aus *Menschliches, Allzumenschliches* zieht er insbesondere die Aphorismen 45, 92, 96 und 136 heran (I: 2, 67 f., 89 f., 92 f., 130), in denen die Ursprungs- und Herkunftsfrage so expliziert wird, daß der „wirkliche" Anfang – von Gut und Böse, Gerechtigkeit, Sittlichkeit, christlicher Askese – an den

Gegensätzen von Vornehm und Niedrig, Mächtig und Ohnmächtig, Individuum und Masse dingfest gemacht wird.
In „Der Wanderer und sein Schatten" (II 22, 26, 33: 2, 555 ff., 560, 564 ff.) sowie in *Morgenröthe* (112: 3, 112) bezeichnet Nietzsche seine Rekonstruktion von Recht und Strafe als eine Naturgeschichte, die er als Vorgeschichte der Moral verstanden wissen will. Diese Vorgeschichte erzählt nicht mehr von Göttern oder einem ewigen Sein als dem schlechthin Guten und in sich Wertvollen, sondern von banalen, kontingenten Sachverhalten, die bestimmte zwischenmenschliche Beziehungen evoziert haben. „Wenn aber der Genealoge auf die Geschichte horchen will, anstatt der Metaphysik Glauben zu schenken, was erfährt er dann? Daß es hinter allen Dingen „etwas ganz anderes" gibt: nicht ihr wesenhaftes und zeitloses Geheimnis, sondern das Geheimnis, daß sie ohne Wesen sind oder daß ihr Wesen Stück für Stück auf Figuren, die ihm fremd waren, aufgebaut worden ist. Die Vernunft? Sie ist in durchaus „vernünftiger" Weise entstanden – aus dem Zufall. Die Hingabe an die Wahrheit und die Strenge wissenschaftlicher Methoden? Sie sind aus der Leidenschaft der Gelehrten entstanden, aus ihrem Haß aufeinander, aus ihren fanatischen und ständig erneuerten Diskussionen, aus dem Bedürfnis, recht zu behalten – aus langsam im Laufe persönlicher Kämpfe geschmiedeten Waffen. Und die Freiheit: ist sie das, was an der Wurzel des Menschen ihn an das Sein und die Wahrheit bindet? In Wirklichkeit ist sie nur eine „Erfindung herrschender Stände". Am historischen Anfang der Dinge findet man nicht die immer noch bewahrte Identität ihres Ursprungs, sondern die Unstimmigkeit des Anderen" (Foucault 1998, 333 f.).

Nietzsche bestreitet nicht, daß in der Vorgeschichte der Moral auch Zwecke eine Rolle spielen, etwa wenn durch die Verhängung von Sanktionen ein Interessenausgleich hergestellt werden soll. Menschen reagieren nicht nur – rachsüchtig, mißgünstig, mitleidig usf. –, sondern agieren auch, indem sie bestimmte Ziele verfolgen. Nietzsche wendet sich jedoch vehement gegen Rées Finalitätsprinzip, das die Entstehungsgeschichte der Moral teleologisch unterfüttert und damit verfälsche. Diesem Terrorismus einer praktischen Vernunft, die den Ursprung und das Wesen aller Moral am Zweckdenken festmacht – moralisches Handeln geschieht um des Nutzens willen –, setzt Nietzsche entgegen, daß Zwecke für die Genese der Moral gewissermaßen *kata symbebêkos* sind, etwas Akzidentelles, das ebenso zufällig mit im Spiel der Macht- und Kräfteverhältnisse ist wie die historischen Ereignisse.

2.4 Kritik der Mitleidsmoral

Auf die Kritik des Altruismus qua Utilitarismus folgt in den Abschnitten 5 und 6 eine Auseinandersetzung mit der Mitleidsmoral, speziell mit deren Schopenhauerischer Variante. Eigentlich, so Nietzsche, habe ihn mehr als die genealogische Methode die Frage nach dem Wert der Moral interessiert; die Frage der Geltung also war für ihn vorrangig, und erst im Zusammenhang damit beschäftigte ihn die Frage der Genesis. Die Geltungsfrage stand schon im Mittelpunkt der *Morgenröthe* (1881), die er ebenfalls als Streitschrift aufgefaßt wissen will, eine Streitschrift nämlich gegen die moralischen Vor-Urteile.

Was Nietzsche am altruistischen Moral-Typus aufregt, ist die Wertschätzung „des ‚Unegoistischen', der Mitleids-, Selbstverleugnungs-, Selbst-Opferungs-Instinkte" (252). Das Ich wird zugunsten des Wir herabgesetzt und als an sich selber wertlos deklariert. Moralisch handelt nur, wer sich um das Wohlergehen der Mitmenschen verdient macht, auch wenn er selbst dabei nicht auf seine Kosten kommt. Diese Selbst-Negation ist aus Nietzsches Sicht eine Absage an das Leben. Verneint wird der Wille zum Leben, der in dem Sinn egoistisch ist, daß er die Selbstwerdung des „ich" gebietet. Wenn allein das Wir zählt, folgt daraus für den Skeptiker Nietzsche jene Einstellung, die er als Nihilismus kennzeichnet: Das „ich", das nichts gilt, dem jeglicher Wert abgesprochen wird, verkümmert. Es ermüdet, resigniert, wird krank und gibt sich schließlich auf. Nietzsche bezeichnet diese im Zuge der Mitleidsmoral sich ausbreitende Krankheit des Nihilismus als einen „Europäer-Buddhismus" (252). Das Nichts, in das man sich versenkt, um sich zu verlieren, ist das Wir, die Herde, in welcher dem einzelnen Schaf als solchem keine oder allenfalls eine numerische Bedeutung zukommt. Nietzsche sieht in der Auszeichnung des Mitleids als moralische Tugend eine große Gefahr für die Menschheit, die auf diese Weise ihre Individuen verliert und zur Masse verkommt. Mitleid ist für ihn ein Unwert: eine Meinung, die er, wie er glaubt, mit Platon, Spinoza, La Rochefoucauld und Kant teilt.

Das Mitleid, so führt Nietzsche seine Kritik fort, verweichlicht die Menschen, macht sie nachgiebig und gefühlsduselig. Aber zunächst einmal hat die Mitleidsmoral für jemanden, der in der abendländisch-christlichen Tradition groß geworden ist, etwas durchaus Einleuchtendes. Wenn die Menschheit aus Kindern Gottes besteht und der Mitmensch als Bruder resp. Schwester wahrgenommen wird, bin ich zur Fürsorge verpflichtet. Die Familienbande nötigen mich zur Anteilnahme am Leid der anderen

Mitglieder der Familie und gegebenenfalls zum Verzicht auf die Befriedigung eigener Wünsche.

Doch etwas an dieser Mitleidsethik hat den Argwohn des Skeptikers Nietzsche erregt. Eine plötzliche Vision hat ihm „eine ungeheure neue Aussicht" (253) aufgetan und ihn momentweise auf der Basis eines neuen Interpretationsansatzes eine ganz andere Welt sehen lassen. Ein radikaler Zweifel stellte sich bei ihm ein, sobald er – zunächst nur versuchsweise – Gott aus der Moral strich. Ohne Gott als Sinngaranten verliert die Moral ihr Wertfundament und wird zutiefst fragwürdig. Ohne den Übervater zerfällt der familiäre Zusammenhalt. Übrig bleiben fragmentarisierte Individuen, die nichts miteinander verbindet: Hatten die unterstellten Blutsbande zum Mitleid verpflichtet, so schuldet nun keiner dem anderen etwas. Der radikale Zweifel ist gefährlich, entzieht er doch mit der Infragestellung Gottes der Moral ihre Berechtigung. Die Folgen eines morallosen Zustands wären für die Menschheit verheerend.

Trotzdem unternimmt Nietzsche nichts, um diesen Zweifel zu beschwichtigen, er möchte ihm im Gegenteil auf den Grund gehen. Als redlicher Denker muß der Philosoph sich mit dem Problem auseinandersetzen. „Sprechen wir sie aus, diese *neue Forderung*: wir haben eine *Kritik* der moralischen Werthe nöthig, *der Werth dieser Werthe ist selbst erst einmal in Frage zu stellen*" (253). Deleuze kommentiert dies folgendermaßen: „Eine Wertschätzung setzt Werte voraus, von deren Grundlage aus sie die Phänomene bewertet. Andererseits aber, und weitgehender, setzen wiederum die Werte Wertschätzungen, wertsetzende Gesichtspunkte voraus, denen ihr Wert sich nicht selbst erst verdankt. Das kritische Problem ist dies: der Wert der Werte, die Wertschätzung, aus denen ihr Wert hervorgeht, folglich das Problem ihrer *Erschaffung*" (Deleuze 1985, 5). Die faktische Geltung des Regelsystems der überlieferten Moral muß problematisiert werden. Zu klären sind die Ausgangsbedingungen, welche die Entstehung von Moral im allgemeinen, der Mitleidsmoral im besonderen begünstigt haben. Nietzsche zählt eine Reihe von Fragemöglichkeiten auf, die dazu beitragen könnten, den Ursprung wertender Reaktionen auf Sachverhalte aufzuklären. So kann man fragen, ob spezielle Verhaltensweisen die Moral zur Folge hatten, ob sie ein Symptom, zum Beispiel für eine Krankheit, ist, wem sie zu welchem Zweck als Maske diente, ob sie als Instrument der Heuchelei erdacht wurde oder schlicht aus einem Mißverständnis hervorgegangen ist. Darüber hinaus kann Moral auch als Mittel erfunden worden sein, um etwas Bestimmtes zu bewirken, ganz davon abgesehen, daß ihr die Eigenschaft einer Droge oder eines Gifts zukommt oder daß sie einer enthemmten Lebensweise einen Riegel vorschieben sollte.

Dies alles muß nach Nietzsche erst einmal empirisch-psychologisch untersucht werden. Das faktische Vorhandensein der Moral reicht nicht aus, um ihre Verbindlichkeit zu begründen. Nietzsche fragt provokativ, was sich aus einer Verkehrung der Annahme ergäbe, daß „gut" das Wertwort schlechthin und „böse" dessen Gegenteil ist. Wenn „gut" soviel bedeutet wie dem Menschen dienlich (förderlich, nützlich, gedeihlich), sich aber herausstellt, daß die mit dem Prädikat des Guten ausgezeichneten Handlungen und Personen der Höherentwicklung des Menschen gerade *nicht* dienlich waren, sondern zur Stagnation, vielleicht sogar zum Rückschritt führten, dann verkehrt sich der Wert (das Gute) in sein Gegenteil (das Böse), und das ursprünglich als böse Bezeichnete würde zum eigentlich Guten. Sollte dies der Fall sein, so würde sich nach Nietzsche „gerade die Moral [als] die Gefahr der Gefahren" erweisen (253), insofern sie die Niedrigkeit, die Behaglichkeit, das ungefährliche Mittelmaß fördert und damit jene Lebensform, die Nietzsche anderswo als die des letzten Menschen beschreibt (vgl. 4, 19 ff.). Eine Moral, die das Bestehende zementiert, schreibt die Gegenwart fest und betrügt sie damit um die Zukunft, indem sie „eine an sich mögliche *höchste Mächtigkeit und Pracht* des Typus Mensch verhindert.

Georges Bataille hat darauf hingewiesen, daß Nietzsche einen „Mythos der Zukunft" propagiert, indem er etwa Zarathustra nicht das Vergangene, sondern das Kommende feiern ließ. „Während der Blick der anderen starr auf das Land ihrer Väter, ihr Vaterland gerichtet ist, *sah* Zarathustra SEINER KINDER LAND" (Bataille 1999, 65). Ergänzend läßt sich sagen, daß das Kinderland in der Vision Zarathustras die Lebensform des Übermenschen ist. Er hat es geschafft, die Lebensform des Kamels (Unterwerfung unter den Willen Gottes; Gehorsam gegenüber den tradierten Werten) und die des Löwen (Nihilismus) zu überwinden und zum Kind zu werden, das aus eigener Kraft Werte schafft (vgl. Zarathustras Rede „Von den drei Verwandlungen": 4, 29 ff.).

2.5 Gelebte Moral

Nietzsche gelangte im Zuge seiner Moralkritik zu der überraschenden Einsicht, daß die faktischen Wertüberzeugungen fälschlicherweise als Moral bezeichnet werden, während die eigentliche, echte Moral noch der Entdeckung harrt. Nietzsche spricht von „der wirklich dagewesenen, wirklich gelebten Moral" als einem Stück Geschichte. Diese „gelebte" Moral ist keine Projektion in die Vergangenheit im Sinne einer rückwärts gewandten Utopie, die als kontrafaktisches Gegenbild zum Bestehenden an den Anfang der Geschichte den Entwurf eines Goldenen Zeitalters, eines Paradieses stellte – als Konstrukt einer Idealwelt, die jedoch nur normative, keine historische Bedeutung hat. Nietzsche meint, daß am Anfang die Weichen falsch gestellt wurden, so daß die Moral herausgekommen ist, die wir haben. Aber diese ist nicht die einzig mögliche Moral. Man muß von ihr absehen und zum Ausgangspunkt zurückkehren, um diesen aus einer anderen Perspektive gleichsam mit neuen Augen zu betrachten. Auf diese Weise, so Nietzsche, hätte er auch Paul Rée „die Richtung zur wirklichen *Historie der Moral*" (254) zeigen und ihm die Augen für eine andere Genealogie der Moral öffnen können, die ihn davor bewahrt hätte, ins Blaue hinein zu spekulieren.

Nun fragt sich allerdings, welche Indizien dafür sprechen, daß Nietzsches Hypothese plausibler ist als die utilitaristische und die altruistische, die Annahme nämlich, eine andere Weichenstellung für eine bessere Moral wäre nicht nur möglich gewesen, sondern es hätte diese Moral auch wirklich gegeben, nur war ihren historischen Anfängen keine Fortsetzung beschieden. Nietzsche beansprucht für seine Genealogie, nicht ins Blaue hinein spekuliert zu haben, sondern sie dokumentieren zu können. Dem luftigen Himmelsblau, das für ihn die Signatur eines Überbauphänomens ist, einer ins Transzendente projizierten jenseitigen Lesart der Welt, setzt er die Farbe Grau als Kennzeichen einer empirisch gestützten Untersuchung entgegen. Doch bezieht er sich nicht auf gedruckte, schwarz auf weiß vorliegende historische Zeugnisse, wenn er „das Urkundliche, das Wirklich-Feststellbare, das Wirklich-Dagewesene" (254) als Belege für seine These hervorhebt. Die „Hieroglyphenschrift der menschlichen Moral-Vergangenheit" wird nämlich nur für denjenigen sichtbar, der alles, was er über die Moral weiß, einklammert, um unbelastet durch Vor-Urteile die Frage nach dem Ursprung zu stellen und den daraus entstandenen Kontext *psychologisch* zu entziffern, das heißt: nicht unter dem Diktat des Verstandes bzw. der praktischen Vernunft, sondern mit wachen Sinnen und den Mitteln einer experimentierenden Einbildungskraft.

Rée habe sich, so Nietzsche, durch seine Lektüre Darwins und Schopenhauers dazu verführen lassen, die moralische Person als eine gezähmte Bestie zu verstehen, die anstatt zu beißen sich höflicher Manieren befleißigt und sich im übrigen mit moralischen Angelegenheiten nicht mehr ernsthaft auseinandersetzt, weil für domestizierte Tiere (Altruisten) dazu keine Notwendigkeit mehr besteht. Wenn moralisches Verhalten internalisiert ist, lohnt es sich nicht mehr, darüber nachzudenken. Es wäre im Gegenteil ermüdend und unfruchtbar, etwas so Selbstverständliches wie die Moral ernsthaft in Zweifel zu ziehen. Diesbezüglich ist Nietzsche völlig anderer Meinung. Aus seiner Sicht gibt es nichts, über das nachzudenken lohnenswerter ist als die Moral, eben um einerseits ihre Fehlentwicklung aufzudecken und andererseits die „wirkliche" Moral in den Blick zu rükken. Dies ist eine ernste Aufgabe, deren Bewältigung mit einer kompletten Umorientierung hinsichtlich der Werturteile verbunden ist. Man muß nach Nietzsche ernsthaft bei der Sache sein, wenn man an die Wurzeln, die Prinzipien des moralischen Selbstverständnisses geht und sich zum Bruch mit alt vertrauten Gewohnheiten gezwungen sieht. Der Aufklärungsprozeß ist schmerzhaft. Aber am Ende der kritischen Analyse führt er doch zu der Einsicht, daß das Moralbewußtsein sich historisch an Werten orientiert hat, die ihren Wertcharakter auf etwas gründeten, das sich als eine Chimäre erwiesen hat. Erst wenn sich ein neues Selbstverständnis eröffnet, stellt sich ein Gefühl der Befreiung ein. Man kann wieder lachen, der Ernst weicht der Heiterkeit, und eine fröhliche Wissenschaft erlaubt es, die Geschichte der Moral nicht mehr tragisch als eine Verfallsgeschichte, sondern komödiantisch als Geschichte eines überwundenen Irrtums zu erzählen. Dionysos übernimmt nun mit Blick auf die Zukunft die Regie bei der Inszenierung des Daseins. Anders als der alte Gott ist er nicht Garant eines je schon vorhandenen, vorgegebenen Sinns, den es in der Praxis zu bestätigen gilt, sondern er überträgt die Aufgabe der Sinnstiftung wieder den Individuen, die damit zu Urhebern ihrer eigenen Werturteile werden. Es gibt kein ein für alle Mal feststehendes an sich Gutes und Böses, sondern jeder muß für sich sein Gutes und Böses experimentell ermitteln.

2.6 Textaneignung

Am Schluß seines Vorwortes kehrt Nietzsche wieder zu seinem Anfang zurück, insofern die Lektüreempfehlungen, die er den Lesern erteilt, darauf hinaus laufen, daß sie ihn genealogisch lesen sollen, um ihn zu verstehen, beginnend mit den frühen Schriften und ihren Gipfel im *Zarathustra* findend. Hat man vor allem letzteren verinnerlicht, dann ist nicht nur der Verstand geschärft, sondern die sinnlichen Qualitäten des Werks haben einer sinnlichen Rezeption (Schmerz, Entzücken) den Weg bereitet. Das Individuum fühlt sich als Ganzes angesprochen, nicht nur hinsichtlich seines Kopfes. Die Vernunft wird wieder Ohr: Sie vernimmt den halkyonischen Ton, der inmitten des Chaos der Naturelemente die windstillen Tage symbolisiert, an welchen der Geist des Dionysischen die Leichtigkeit des Seins in Tanz, Musik, Gedicht zum Vorschein bringt. Wer diesen Ton einmal vernommen hat, vermißt auch bei einem Text, der in aphoristischer Gestalt daher kommt, nicht mehr den für philosophische Abhandlungen typischen Geist der Schwere, der im systematischen Korsett sein Gewicht argumentativ und in voller Länge zur Geltung bringt. Nietzsche meint, seine Zeitgenossen nähmen den aphoristischen Stil auf die leichte Schulter und übersähen dabei, daß auch der Aphorismus „ausgegossen" und „geprägt" ist (255), also eine feste, die Sache in ihrer Eigentümlichkeit markierende Form hat.

Mit dem Herunterlesen des Textes ist es nicht getan. Erst die Entzifferung erschließt ihn. Es bedarf, so Nietzsche, einer Kunst der Auslegung, für die er exemplarisch auf die 3. Abhandlung der *Genealogie* („Was bedeuten asketische Ideale?") verweist, die er als Kommentar des vorangestellten Zitats aus dem *Zarathustra* verstanden wissen will. Auslegung charakterisiert Nietzsche als „Wiederkäuen". Man muß sich den Text durch wiederholte Lektüre aneignen und ihn bei jedem Lesen mit den eigenen Fermenten durchsetzen, bis er am Ende in das persönliche Selbstverständnis eingegangen ist. Nicht von ungefähr hieß Zarathustras Lieblingsstadt „Die bunte Kuh".

Noch einmal wird deutlich, daß die genealogische Methode eine historische, eine kritische und eine schöpferische Komponente hat: Sie schärft erstens den Blick für das Zufällige, Besondere, scheinbar Belanglose, das aus einer rein rationalen Perspektive als nicht bedenkenswert ausgemustert wird. Sie zersetzt zweitens im Licht des neu entdeckten Materials standardisierte Lesarten der Vergangenheit. Und drittens ermuntert sie dazu, unter Heranziehung der eigenen Erfahrung eine neue, ganz und gar persönliche Lektüre der eigenen Herkunftsgeschichte zu wagen.

Bezogen auf die Frage der Moral, kann man mit Deleuze resümieren: „Genealogie meint zugleich den Wert der Herkunft und die Herkunft der Werte. Sie steht zum absoluten Charakter der Werte ebenso im Gegensatz wie zu deren relativem oder nützlichem. Genealogie bezeichnet das differentielle Element der Werte, dem ihr Wert selbst entspringt. Sie meint demnach Herkunft oder Entstehung, aber auch Differenz oder Distanz in der Herkunft. Genealogie meint Vornehmheit und Niedrigkeit, Vornehmheit und Gemeinheit, Vornehmheit und Dekadenz in der Herkunft. Das Vornehme und das Gemeine, das Hohe und das Niedrige bilden derart das eigentlich genealogische oder kritische Element. So verstanden ist die Kritik zugleich aber auch das Positive. Das differentielle Element ist nicht Kritik des Werts der Werte, ohne nicht zugleich das positive Element einer Schöpfung zu sein" (Deleuze 1985, 6 f.).

Literatur

Bataille, G. 1999: Wiedergutmachung an Nietzsche, München.
Deleuze, G. 1985: Nietzsche und die Philosophie, Frankfurt/M..
Foucault, M. 1998: Nietzsche, die Genealogie, die Historie, in: Foucault, hrsg. von P. Mazumdar, München, 331–342.

Jean-Claude Wolf

Exposition von These und Gegenthese: Die bisherige „englische" und Nietzsches Genealogie der Moral (I 1–5)[1]

3.1 Zur bisherigen Geschichte der Moral und zum Nachweis einfacher Wahrheiten (I 1)

„Diese englischen Psychologen [...] sie selbst sind interessant!" Die folgenden Ausbrüche gegen die „englische Psychologie" können auch als Elemente einer (zum Teil unbewußten) Selbstkritik Nietzsches und „Abrechnung" mit Freunden der Vergangenheit gelesen werden. Daß Selbstkritik partiell unbewußt verläuft, bestätigt Nietzsches Einsicht, daß sich die Erkennenden selber unbekannt sind (Vorrede 1: 247) und Selbsterkenntnis eine unendliche und damit für endliche Wesen unabschließbare Aufgabe ist (vgl. M 48: 3, 53).

„Das ist keine philosophische Rasse – diese Engländer [...]" (JGB 252: 5, 195 f.). Ausfälle dieser Art passen in den Kontext einer Streitschrift, die es mit Nachweisen und historischer Adäquatheit nicht allzu ernst nimmt. (Nietzsches Englischkenntnisse waren nicht hinreichend, um die gemeinten Autoren im Original zu lesen.) Es geht nicht um Doxographien, sondern um Typologien.

Es gibt nicht nur eine Art von Moral (vgl. JGB 202). Moral ist nicht synonym mit Altruismus. Die systematische und methodische Bedeutung von Nietzsches Weigerung, eine altruistische Definition von ‚Moral' zu akzeptieren, läßt sich wie folgt begründen. Zum einen errichtet die

---

[1] Die Titel sind zum Teil dem Kommentar von Stegmaier entnommen. Für Korrekturen und kritische Anregungen danke ich Peter Mosberger und den Teilnehmern der vorbereitenden Tagung in Tübingen. Besonderen Dank schulde ich Richard Schacht für eine Reihe kritischer Kommentare.

altruistische Definition eine sprachliche Barriere gegenüber der vernachlässigten Option einer *egoistisch und perfektionistisch begründeten Moral!* Dieses Projekt wird im Schatten der altruistischen Definition von ‚Moral' zur contradictio in adjecto. Die altruistische Definition führt de facto dazu, daß die egoistische Begründung der Ethik entweder gar nicht in Betracht gezogen oder als unsinnig und unangemessen desavouiert wird. Zum anderen ist eine Moral, die altruistische Prinzipien vertritt, aber unter der Oberfläche die Interessen und Vorteile einer Gruppe (der „Schwachen", „Missratenen", „Mittelmäßigen" etc.) betreibt, in sich widersprüchlich; sie bietet sich einer internen Kritik an. „Hiermit ist der Grundwiderspruch jener Moral angedeutet, welche gerade jetzt sehr in Ehren steht: die Motive zu dieser Moral stehen im Gegensatz zu ihrem Principe!" (FW 21: 3, 393). Dieser Widerspruch zwischen Prinzip und Motiv in der altruistischen Herdenmoral braucht die Wirksamkeit einer Moral als Machtinstrument der Schwachen nicht zu beeinträchtigen. Nietzsche strebt keine Reform oder gar Abschaffung der „Herdenmoral" für die Herde an; vielmehr soll ihr Einfluß nur in dem Maße relativiert werden, als sie über die Herde hinaus greift und das Gedeihen höherer Menschen verhindert. Sie bleibt (als konventionelle Stufe der Moralentwicklung) für jene Lebensphasen in Kraft, die notwendigerweise „herdenmäßig" sind. Deshalb hat auch seine interne Kritik der Herdenmoral weniger Gewicht, als ihr manche Interpreten attestieren (vgl. Leiter 1995, 118 f.). Überdies braucht das Prinzip (bzw. Ziel des größten Glücks im Utilitarismus) nicht in einem praktischen Widerspruch zu stehen zur Erziehung zu begrenzten altruistischen Motiven (wie z. B. Elternliebe, Freundschaftsdiensten, Vaterlandsliebe etc.). Die Vertreter des Utilitarismus und verwandter Theorien haben *eine gewisse Entfremdung* zwischen dem (universalistischen) Prinzip und den (partikulären) Motiven der Moral bewußt in Kauf genommen (vgl. Railton 1984).

Die Erklärung der „Naturgeschichte der Moral" in Begriffen des Nutzens war Nietzsche selber in früheren Werken nicht fremd (zur Genealogie als Naturgeschichte vgl. M 112: 3, 100 ff. und JGB „Fünftes Hauptstück: Zur Naturgeschichte der Moral": 5, 105–128. „The Natural History of Morals" heißt das erste Kapitel im ersten Band von Lecky 1869.). Er hat den Nutzenbegriff nie aufgegeben. Nützlichkeit ist zentral für seine Gedanken über Moral, allerdings ein verfeinerter und wandelbarer Nutzenbegriff. Der Begriff der Macht spielt in der mittleren Periode eine eher untergeordnete und blasse Rolle. Macht wurde als dämonisch bezeichnet und noch nicht als „Weltformel" verwendet (vgl. M 262, 348, 352, 356, 360: 3, 209, 238 ff.).

„Denn es gibt solche Wahrheiten. –" – Dieser Schlußsatz, gefolgt von einem Gedankenstrich, gleicht dem retardierenden Moment in der Tragödie, die sich in ihrer scharfen Kritik an historischer Gelehrsamkeit zum Untergang aller Wahrheit zu entwickeln droht. Daß wir die volle Wahrheit bzw. Erkenntnis nicht zu ertragen vermögen, ist ein Leitmotiv der ersten Periode. Der Topos der häßlichen Wahrheit taucht auch in den Notizen der Spätzeit auf. „Ein Philosoph erholt sich anders und in Anderem: er erholt sich z. B. im Nihilismus. Der Glaube, dass es gar keine Wahrheit giebt, der Nihilisten-Glaube ist ein grosses Gliederstrecken für einen, der als Kriegsmann der Erkenntnis unablässig mit lauter hässlichen Wahrheiten im Kampfe liegt. Denn die Wahrheit ist hässlich" (N 13, 11[108]). Der Topos von der häßlichen Wahrheit wird in den späten Nachgedanken zur *Geburt der Tragödie* wieder aufgegriffen. „Die Wahrheit ist hässlich: Wir haben die Kunst, damit wir nicht an der Wahrheit zugrunde gehn." (N 13, 16[40]). Dies ist die Quintessenz der sog. ästhetischen Rechtfertigung des Lebens (vgl. GT 5 und 24: 1, 47 u. 152). Die Einschätzung mancher Äußerungen der frühen Periode wird u. a. durch die Tatsache erschwert, daß Nietzsche zugleich die Auffassung vertrat, die Wahrheit sei schrecklich und sie sei (als adäquate Erkenntnis des Dinges an sich) unzugänglich – eine Auffassung, die Nietzsche auch nach seiner ersten Periode vertrat (vgl. M 117, 210, 243, 474: 3, 110, 189f., 202 f., 283). Gewissen Interpreten scheint es so, als habe Nietzsche seit seiner Bekanntschaft mit der Philosophie von Friedrich Albert Lange einen inkohärenten, aber unvermeidbaren Begriff von Metaphysik in Anspruch genommen (vgl. Porter 2000).

Den Tragizismus bezüglich des Verhältnisses von Wahrheit und Leben, den wir in Nietzsches frühen Schriften finden, hat er später gelegentlich abgeschwächt, etwa zur plausibleren These: „Grundeinsicht. – Es gibt keine prästabilirte Harmonie zwischen der Förderung der Wahrheit und dem Wohle der Menschheit" (MA I 517: 2, 323). Es gibt eine „gelegentliche Schädlichkeit der Erkenntnis" (MA II, I, 13: 2, 285) wird behauptet vor dem Hintergrund der Annahme der „hundertfach neu bewiesen[en]" generellen Nützlichkeit der Erkenntnis. Erkenntnis bringt dem Erkennenden auch Nachteile, eventuell sogar den Untergang. Die Hintergrundannahme einer engen Verbindung zwischen Erkenntnis und Opfer bleibt bei Nietzsche auch in der mittleren Periode bestehen. Zugleich ist vom Glück der Erkennenden die Rede (vgl. M 45, 270, 429, 459, 547: 3, 52 f., 211 f., 264, 276, 317 f.).

Sätze wie „Es gibt solche Wahrheiten" klingen scheinbar harmlos, sind aber im Kontext von Nietzsches Philosophie bemerkenswert! Sind nicht alle Wahrheiten Illusionen? Basieren nicht alle Wahrheitsansprüche auf

Grundirrtümern? Sind wir nicht „tief eingetaucht in Illusionen und Traumbilder" („Über Wahrheit und Lüge im außermoralischen Sinne": 1, 876)? Ist es nicht extrem unwahrscheinlich, daß es überhaupt Wahrheiten gibt in einem Universum, in dem Irrtum und Illusion überwiegen und „der Irrthum über das Leben zum Leben notwendig" (MA I, 33: 2, 52, vgl. 31–34) ist? Gilt Nietzsche nicht als Vorläufer der postmodernen Verabschiedung von allen Wahrheiten? (Vgl. Clark 1990, 103: sie kritisiert u. a. die postmodernistischen Deutungen von S. Kofman und M. Haar, sie kritisiert auch einige hyperbolische Formulierungen im Frühwerk und hält Nietzsche nicht für einen Postmodernisten)

Es gibt nach Nietzsches eigenen und deutlichen Aussagen Wahrheiten – Wahrheiten, die nicht Früchte unseres Wunschdenkens sind, die unseren Wünschen eventuell sogar kraß widersprechen; der „Standpunkt der Wünschbarkeit" steht der Annahme eines konsistenten Gangs der Dinge und damit einer nüchternen Annahme von Wirklichkeit im Weg (vgl. N 12, 7[62]); es gibt Wahrheiten, zu denen wir nicht gelangen, indem wir uns dem Wunschdenken überlassen. „Es ist das Merkmal einer höheren Cultur, die kleinen, unscheinbaren Wahrheiten, welche mit strenger Methode gefunden wurden, höher zu schätzen, als die beglückenden und blendenden Irrthümer, welche metaphysischen und künstlerischen Zeitaltern und Menschen entstammen [...]" (Anfang von MA I 3: 2, 26 f.). Es sind die Wahrheiten, zu denen wir nur gelangen, wenn wir „alle Wünschbarkeit" zurückstellen und uns öffnen für Wahrheiten, die banal, häßlich oder (religiös bzw. sittlich) empörend sein mögen (zur Kritik der Wünschbarkeit vgl. JGB 39: 5, 56 f. und Glatzeder 2000). Diese Wahrheiten liegen nicht auf der Hand; sie fallen nicht von den Bäumen, sondern sie müssen durch wissenschaftliche Methoden mühsam herausgefiltert werden.

Nietzsche hat seinen Perspektivismus an markanten Stellen formuliert (z. B. in FW 374: 3, 626 f.; JGB 22: 5, 37). Die Rekonstruktion perspektivistischer Ansätze bei Nietzsche ist Gegenstand einer immer noch wachsenden Forschungsliteratur (vgl. Hales/Welshon 2000). Die Annahme von soliden Wahrheiten ist nicht unvereinbar mit einer bestimmten Variante von Perspektivismus, die sich auf die „open mindedness" für Wahrheiten und die Fähigkeit zum Ertragen von Wahrheiten bezieht.

Nietzsche ist es entgangen, daß die Karriere des ethischen Nutzenbegriffs seit Hume und Bentham einer grundlegenden Kritik des Asketismus und einer Koordination zwischen Moralphilosophie und ökonomischer Theorie diente. Er steht Humes Naturalismus und Skepsis näher, als er selber zu sehen vermochte (vgl. Beam 1996). Utilitaristen bestreiten wie Nietzsche den intrinsischen Wert von Leiden; sie können wie Nietzsche den extrinsischen Wert von Entbehrungen und Leiden verteidigen. Der Vorwurf des „Comfortismus" (vgl. N 11, 25[223] und 11, 35[34]) ist historisch unzutreffend. Insbesondere Mill betont den Wert heroischer Anstrengungen, starker Leidenschaften und exzentrischer Individuen; Mill steht Nietzsche wenn nicht stilistisch, so doch sachlich näher, als es Nietzsche zugibt.

Nietzsche selber macht substantielle Aussagen über Nutzen und Schaden von Wissenschaft und Irrtümern (vgl. FW 37: 3, 405 f.). Nietzsche verwendet den Nutzenbegriff selber und mutet ihm gelegentlich Erklärungskraft zu. Dies trifft auch auf seine Schrift zu, welche den Begriff bereits im Titel trägt: „Über Nutzen und Nachteil der Historie für das Leben".

Es ist unwahrscheinlich, daß mit dem von Nietzsche meist unanalysiert verwendeten Begriff von Macht, der zwischen individueller Fähigkeit und politischer Kontrolle, zwischen brutaler Überwältigung und ästhetischer Schöpferkraft, zwischen Durchsetzungsfähigkeit und Perspektivenreichtum schillert (vgl. Wolf 2000), mehr gewonnen ist als mit einem (vergleichsweise besser definierten) Nutzenbegriff in Termini von geordneten und informierten Präferenzen. Beide Begriffe können als Leerformeln („utility in the largest sense, grounded on the permanent interests of man as a progressive being" Mill 1859, ch. 1, § 11, wiederabgedruckt in CW XVIII, 1, 224), oder als mehr oder weniger spezifizierte Begriffe verwendet werden. Es ist nicht plausibel, warum der unanalysierte Begriff der Macht per se leistungsfähiger sein soll als jener weite Begriff des Nutzens.

Wird der Machtbegriff spezifiziert, so weicht er stark ab von den meisten Konnotationen dieses Ausdrucks. Ein solcher Präzisierungsversuch lautet: Macht bzw. starker Wille manifestiert sich in *Illusionsresistenz* bzw. im Ertragen von Wahrheit. Gäbe es keine Wahrheiten, so könnte sich der Wille nicht manifestieren. Es gibt Wahrheiten, die nicht angenehm und nicht tröstlich sind (vgl. M 424: 3, 260 f.). Dieser Machtbegriff ist nicht deckungsgleich mit jenem Begriff von Macht, der vitalistisch durch die Metaphern der Assimilation, Rumination oder Überwältigung charakterisiert wird.

3.2 Bestimmung der Herkunft des Guten nicht aus dem Nutzen, sondern aus der Macht: Vornehme und unvornehme Wertungsweisen (I 2)

Die englischen Psychologen lassen sich von Motiven leiten, die bereits genannt wurden und die auf eine Verletzung des stolzen Selbstbildes der Menschen zielen. Dies scheint zumindest das Kriterium des Widerstandes gegen einfaches Wunschdenken zu erfüllen. Doch die Selbstverkleinerung bildet sozusagen den psychologischen Hintergrund ihres Irrtums, d. h. die Neigung zur pejorativen, verächtlichen Betrachtung. Nietzsche hat sich bereits früher diesen Selbsteinwand gemacht, nämlich daß die Methode der Psychologie – genannt werden La Rochefoucauld und die Schrift „Psychologische Beobachtungen" von Paul Rée (vgl. Rée 1875) – „den Sinn der Verkleinerung und Verdächtigung in die Seelen der Menschen zu pflanzen scheint" (MA I, 36: 2, 59; vgl. Assoun 1982). Im folgenden Abschnitt 37 hält Nietzsche diesem Selbsteinwand sein „Trotzdem" entgegen und verwendet das Bild der Sezierkunst. Später spinnt Nietzsche das Bild der Sezierkunst weiter; die Moral müsse psychologisch seziert werden. „Wer aber seciren will, muss tödten: jedoch nur, damit besser geurtheilt, besser gelebt werde; nicht, damit alle Welt secire […]" (MA II, II *Der Wanderer und sein Schatten* 19: 2, 553). Das metaphorische Sezieren und Töten bezieht sich weniger auf die soziale Geltung der Moral als vielmehr auf die Annahme einer wunderbaren oder göttlichen Herkunft der Moral; das Geschäft des Sezierens gleicht der Tätigkeit eines kleinen und exklusiven Kreises von Metaethikern, deren Tätigkeit und Lebensform nicht zur Tätigkeit und Lebensform aller werden, aber gleichwohl ein besseres Wissen, Urteilen und Leben vorbereiten soll. Das Sezieren ist so gesehen Mittel, aber nicht Selbstzweck.

Die Moral hat keinen einfachen und keinen wunderbaren Ursprung, sondern sie ist das Resultat der Rivalitäten und Machtkämpfe unter den Menschen bzw. des Kampfes eines jeden mit sich selbst, der konfliktreichen Selbstüberwindung und Sublimation – oder der inneren Niederlage, des Konformismus. Kritische Moralisten operieren mit dem Verdacht gegen den Schein der Einfachheit moralischer Phänomene; kleinliche Geister dagegen mit der Verachtung der Größe. Beide sind nicht zu verwechseln! Die Schule des Verdachtes ist also nicht per se eine Schule der Verleumdung! (Vgl. MA II, II, *Der Wanderer und sein Schatten* 20: 2, 554.)

Das Problem einer Methode oder Forschungsrichtung, die Verkleinerung des Großen involviert, hat Nietzsche auch zur Zeit der Abfassung seiner zweiten *Unzeitgemäßen Betrachtung* beschäftigt. Es ist dies eine Tendenz der antiquarischen Methode. „Die Antiquare sagen: ‚das Grosse ist im Grunde das Gemeine und Allgemeine', auch sie kämpfen gegen das Werden des Grossen (durch Verkleinerung Begeifern Mikrologie)" (N 7, 29[183]). Die Abgrenzung von einer bloß herabsetzenden und verkleinernden Moralkritik findet sich an einer Stelle, wo La Rochefoucauld kritisiert wird. Ihn hat Nietzsche als Vorgänger akzeptiert, aber er hat sein Vorgehen auch kritisch erläutert. „Die unfreiwillige Naivetät des Larochefoucauld, welcher glaubt, etwas Böses, Feines und Paradoxes zu sagen – damals war die „Wahrheit" in psychologischen Dingen etwas, das erstaunen machte – Beispiel: „les grandes âmes ne sont pas celles, qui ont moins de passions et plus de vertus que les âmes communes, mais seulement celles, qui ont de plus grands desseins." Freilich: J. Stuart Mill (der Chamfort den edleren und philosophischeren La Rochefoucauld des 18. Jahrhunderts nennt –) sieht in ihm nur den scharfsinnigsten Beobachter alles dessen in der menschlichen Brust, was auf „gewohnheitsmässige Selbstsucht" zurückgeht und fügt hinzu: ‚ein edler Geist wird es nicht über sich gewinnen, sich die Nothwendigkeit einer dauernden Betrachtung von Gemeinheit und Niedrigkeit aufzulegen, es wäre denn um zu zeigen, gegen welche verderblichen Einflüsse sich hoher Sinn und Adel des Charakters siegreich zu behaupten vermag.'" (N 12, 9[97]) [a generous spirit could not have borne to chain itself down to the contemplation of littleness and meanness, unless for the express purpose of showing to others against what degrading influences, and in what an ungenial atmosphere, it was possible to maintain elevation of feeling and nobleness of conduct. The error of La Rochefoucault has been avoided by Chamfort, the more high-minded and more philosophic La Rochefoucault of the eighteenth century. Mill 1837, wiederabgedruckt in: CW I, 423]

Es entbehrt nicht der Ironie, daß hier der englische Philosoph John Stuart Mill zustimmend zitiert wird – ein Autor, für den Nietzsche sonst nur ätzenden Spott bereit hält, während die französischen Moralisten getadelt werden. Von Mill stammt das wohlwollende Urteil über Chamfort, von dem es in der Fortsetzung dieses Zitates von Mill heißt, Chamfort lege die niedrigsten Teile der vulgären menschlichen Natur frei, aber nicht mit einer kühlen Indifferenz, wie jemand, der einfach darauf bedacht sei, kluge Dinge zu sagen; er tue es mit der konzentrierten Bitterkeit eines Mannes, dessen eigenes Leben entwertet wurde durch ein Los, das ihm solchen Anteil an Niederträchtigkeit bescherte, und dessen einziger Trost der Gedanke sei, daß das menschliche Leben nicht so erbärmlich ist, wie es scheint, und daß es unter besseren Umständen bessere Dinge hervorbringen wird.

Auch warte er nicht lange damit zu, seinen Leser daran zu erinnern, daß er nicht davon spreche, was sein könnte, sondern was jetzt der Fall sei. So weit das Urteil Mills über Chamfort.

Im Folgenden ist die Rede von zwei spezifischen Fehlern und Irrtümern, die einem Mangel an historischem Geist zugesprochen werden. Der erste Fehler besteht in der Annahme, das Gute sei ursprünglich das Nützliche für den Empfänger; das Selbstlose wird gelobt, weil es dem Empfänger nützt. Dieser Zusammenhang zwischen Nutzen und Lob der Selbstlosigkeit werde jedoch vergessen und die selbstlose Handlung werde im Folgenden einfach aus Gewohnheit als gut gelobt und empfunden. Nach Nietzsche liegen zwei Irrtümer vor: Erstens die Empfängerorientierung, so als würde die ursprüngliche Definitionsmacht bei denen liegen, die von der Moral profitierten; zweitens die unwahrscheinliche Hypothese, ein solcher jederzeit evidenter und kontinuierlicher Zusammenhang zwischen Selbstlosigkeit des Akteurs und Nutzen für den Empfänger könne in Vergessenheit geraten (vgl. I 3).

Die Darlegung des *ersten Fehlers* – die Kritik an der Empfängerorientierung – gibt Nietzsche Gelegenheit, seinen Perspektivenwechsel einzuführen: Die ursprüngliche Definitionsmacht über das Gute liegt bei den „Vornehmen, Mächtigen, Höhergestellten und Hochgesinnten [...]. Aus diesem Pathos der Distanz heraus haben sie sich das Recht, Werthe zu schaffen, Namen der Werthe auszuprägen, erst genommen: was gieng sie die Nützlichkeit an!" (I 2: 259) Entscheidend ist für die Akteurorientierung, wie ich wirke, nicht, wie auf mich gewirkt wird. Wichtig ist nicht nur der Inhalt der Wertungen, was bewertet wird (z. B. Mitleid ist schlecht, Tapferkeit gut etc.), sondern auch, *wer aus welcher Position heraus wertet.*

Damit zeichnen sich bereits drei Aspekte von Nietzsches Moralkritik ab: 1) Sozial akzeptierte Moral kann einen falschen Katalog von Pflichten, Rechten und Tugenden enthalten (inhaltliche Kritik von Katalogen); 2) sie kann eine deformierende bzw. verborgene Herkunft haben (Herrenmoral/ Sklavenmoral); 3) sie kann einen falschen Universalitätsanspruch erheben und damit ihre Perspektivität verleugnen. Ein 4. Aspekt wird später ins Spiel kommen: Die sozial akzeptierte Moral kann auf Grundirrtümern basieren – etwa auf den Annahmen eines absolut freien Willens, einer substantiellen Personenidentität oder der Annahme der Existenz Gottes für die Geltung der christlichen Moral. Aus den ersten Abschnitten ist noch nicht ersichtlich, ob und wie sich gegenüber der sozial akzeptierten Moral eine neue oder höhere Moral „begründen" ließe, ob für eine solche höhere Moral überhaupt ein Programm der „Begründung" in Frage kommt (vgl. JGB 186: 5, 106).

3.3 Psychologischer Widersinn der ‚englischen' Moralgenealogie (vgl. I 3)

Das Motiv des Vergessens bildet nach Nietzsche den *zweiten Fehler*. Diese Kritik Nietzsches lautet: Wie könnten wir jemals vergessen, was stets so offensichtlich ist, nämlich daß wir vom moralischen Wohlverhalten anderer profitieren – und es deshalb loben. Die Hypothese eines solchen Vergessens bezeichnet er als „psychologischen Widersinn in sich selbst". Diesen Fehler hat Paul Rée (vgl. Rée 1877, 17 und 64) begangen und Herbert Spencer vermieden.

Nietzsche hat sich die Theorie des Vergessens früher selber zu eigen gemacht (Vgl. MA II, II, *Der Wanderer und sein Schatten* 39f.: 2, 569 ff.). Vielleicht hat ihn die Durchsicht seiner früheren Schriften zur Kritik inspiriert. Es ist eine Tatsache, daß Nietzsches Kritik am vergessenen Nutzen eine Form von Selbstkritik ist (vgl. MA I 39 und 92: 2, 62 und 90). Vergessen und Gewohnheit gehören auch zu den wichtigsten Hypothesen von Paul Rée. Gleichzeitig betont Nietzsche selber auch die Kontinuität seiner Ideen, die er bereits sehr früh hatte und nun vertieft und in einen größeren Zusammenhang stellt (vgl. Vorwort 2: 5, 248). Mit seiner Deutung des Vergessens als einer aktiven und allgegenwärtigen Macht (vgl. I, 10: 273; sowie II, 1: 291) hat Nietzsche Freuds Einsichten in der *Psychopathologie des Alltags* antizipiert. Und jetzt soll Bezugnahme auf Vergessen plötzlich gar nichts mehr erklären und sogar psychologischen Widersinn produzieren?

Nietzsches Kritik ist sachlich nicht überzeugend. (Die Tatsache, daß dies eine Streitschrift ist, erklärt, aber entschuldigt nicht den Gebrauch falscher Attributionen und schlechter Argumente.) Nietzsche war schon in seinen frühen Schriften ein Theoretiker des Vergessens. Er schreibt: „Wahrheiten sind Illusionen, *von denen man vergessen hat* [meine Hervorhebung, J.-C. W.], dass sie welche sind, Metaphern, die abgenutzt und sinnlich kraftlos geworden sind" (*Über Wahrheit und Lüge im außermoralischen Sinne*: 1, 881). Auch und gerade was vor aller Augen liegt und offenbares Geheimnis ist, kann in Vergessenheit geraten, nicht mehr beachtet werden, wie z. B. sog. tote Metaphern. Soll das Argument in diesen Fällen taugen, so kann er es jetzt nicht verwerfen. Die Tatsache, daß mir der Nutzen des Altruismus anderer für mich stets vor Augen liegt, spricht nicht dagegen, daß ich diesen Zusammenhang auch wieder vergessen kann. Zudem ist dieser Fall noch komplizierter. Was mir stets vor Augen liegt, ist der Nutzen, den moralische Selbstbeschränkungen anderer für mich haben; aber ebenso wahrnehmbar ist der Nachteil, den mir meine eigenen Selbstbeschränkungen bescheren. Die Nachteile meiner Opfer können mich zu

Regelverletzungen verleiten, und dabei kann ich in jeder Situation wieder vergessen, daß diese Regeln auch zu meinen Schutz und Nutzen taugen. Mochten die moralischen *Ansprüche und Privilegien* ursprünglich (und weitgehend unbewußt) im sozialen Nutzen begründet sein, so wurde dieser Zusammenhang immer wieder überlagert durch den Sachverhalt, daß mir meine moralischen *Pflichten* als auferlegte Lasten und Verzichtzumutungen begegnen. Der erlebte Konflikt zwischen individuellem und kollektivem Nutzen mochte das Bewußtsein trüben. Zusätzlich haben Aberglauben, kulturelle Vorurteile und der jeweilige Wissenstand dazu beigetragen, daß der Zusammenhang zwischen Moral und sozialem Nutzen nicht transparent wurde. Historisch gesehen haben die klassischen Utilitaristen nicht die Hypothese eines vergessenen, sondern eines unbewußten und grobschlächtigen Utilitarismus als Teilfaktor in der Entstehung der common sense-Moral vertreten. Wirksam waren andere, ökonomische und soziokulturelle Faktoren, aber auch religiöse Vorurteile. Alles in allem gesehen ist die Theorie des unbewußten Utilitarismus plausibler, als sie Nietzsche darstellt (vgl. Sidgwick 1907, 424, 450, 456, 435 f., 438, 425 f.)

Die Selbstkritik an der früheren Auffassung von „Sittlichkeit der Sitte" (vgl. z. B. M 9: 3, 21–24) und ihre Ersetzung durch „die Sittlichkeit der herrschenden Person" (vgl. N 12, 1[10]) ist meines Erachtens kein Erkenntnisfortschritt. Die „Sittlichkeit der Sitte" könnte eine Frühform der gattungsgeschichtlichen Moralentwicklung darstellen, in der noch keine Ausdifferenzierung von Herren- und Sklavenmoral stattgefunden hat und die Opferung des Individuums von allen Mitgliedern der Gesellschaft als absolutes Muß empfunden wurde. Nietzsches frühere Genealogie in *Menschliches, Allzumenschliches*, die Paul Rées Auffassungen nahesteht, ließe sich mit guten Gründen gegen Nietzsches spätere heftige Kritik und Herabsetzung verteidigen. Im Unterschied zu Rée wollte sich Nietzsche auch in der früheren Moralkritik nicht auf Aufdeckung von Irrtümern und Illusionen beschränken, sondern er wollte rückläufig „die historische Berechtigung, ebenso die psychologische in solchen Vorstellungen begreifen" (vgl. MA I 20: 2, 41). Wie ein Brief Rées an Nietzsche vom Juni 1878 zeigt, hat Rée diesen letzten Schritt nicht nachvollzogen: „[...] wo ich nur den Schluss nicht ganz verstehe von 20" (Rée in Pfeiffer 1970, 48). Im Klartext: Rée lehnt Nietzsches Attacke gegen die Annahme unegoistischer Motive ab und kann (oder will?) Nietzsches Forderung einer „rückläufigen Bewegung" (einer retrospektiven Würdigung der Kulturenergien vergangener metaphysischer Annahmen) nicht nachvollziehen. Auch in späteren Texten beginnt Nietzsche seine Exposition und Kritik der metaphysischen und christlichen Tradition mit einer Würdigung ihrer relativen Vorteile. „Welche Vortheile bot die christliche Moral-Hypothese?" (N 12, 5[71]). Nietzsche erfüllt mit der „rückläufigen Bewegung" die Forderung einer *adäquaten Irrtumstheorie*, die in einer ersten Phase vermeintliche Wahrheiten der Metaphysik als Grundirrtümer kritisiert und desavouiert; in einer zweiten Phase wird die Ursache, der Nutzen oder die Funktion dieser hartnäckigen Grundirrtümer erforscht.

Ein systematisches Fazit von Nietzsches Überlegungen besteht in folgenden Thesen:

1) Was als gut gilt, ist historisch variabel und hängt von der Perspektive, Position und Interpretation der Wertenden ab. Man könnte dies als den lokalen Interpretationismus in Bezug auf moralische Werte und Normen bezeichnen. „Es gibt gar keine moralischen Phänomene, sondern nur eine moralische Ausdeutung von Phänomenen [...]" (JGB 108: 5, 92). Diese Position ist zu unterscheiden von einem globalen Interpretationismus, dem gemäß es nur Interpretationen, aber keine Tatsachen gibt: „[...] gerade Tatsachen gibt es nicht, nur Interpretationen." (N 12, 7[60]). Die Deutung dieser Notiz bedarf großen Fingerspitzengefühls und kann hier nicht vertieft werden). Die Auffassung, daß es überhaupt keine Tatsachen gebe, ist – falls sie Nietzsche überhaupt in Betracht gezogen haben sollte – natürlich viel problematischer als die Auffassung, daß es keine moralischen Tatsachen gebe. Der lokale Interpretationismus setzt den globalen nicht voraus (und ist damit weniger angreifbar), und er wird nahegelegt (wenn auch nicht bewiesen!) durch die Vielfalt von Moralen und historischen Umwertungsprozessen.

2) Es gab ursprünglich eine ungebrochene Definitionsmacht der Stärkeren; Urteile über Gut und Schlecht entsprangen dem Selbstlob eines herrschenden Clans.

3) Ursprünglich wurde das als gut bezeichnet, was die Mächtigen ohne (berechnende) Rücksicht auf Nützlichkeit spontan und aus einem Pathos der Distanz heraus für gut hielten. Diese Wertungen hatten den Charakter von Vulkanausbrüchen. Die Thesen 2) und 3) verdrängen zwei frühere Auffassungen Nietzsches, jene von einer doppelten und gleichursprünglichen Herkunft der Moral und jene der Sittlichkeit der Sitte, d. h. eine Herkunft aus dem blinden Gehorsam aller gegenüber der Konvention.

4) Es gibt keinen unbewußten Utilitarismus; die Hypothese des Vergessens ist psychologisch unwahrscheinlich.

5) Der moralische Primat der Perspektive der Schwachen ist kein frühes, sondern ein relativ spätes Produkt der Kultur. Auch die Dichotomie egoistisch-unegoistisch und die Definition der Moral als des Unegoistischen ist ein spätes Produkt.

6) Die Charakterisierung von ‚gut' knüpft nicht notwendigerweise an „unegoistisch" an; es handelt sich nicht um notwendig verknüpfte oder austauschbare Begriffe. Es gibt (bis zu einem gewissen Grade) egoistisch motivierte Handlungen, die (für den Handelnden, vielleicht auch für andere) gut sind; und es gibt (bis zu einem gewissen Grade) nichtegoistische Handlungen, die (für den Handelnden, vielleicht auch für andere) schlecht sind.

7) Es gibt in der Realität keinen absoluten Gegensatz zwischen egoistischen und unegoistischen Motiven; es handelt sich vielmehr um eine graduelle Unterscheidung. Motive sind immer gemischt, d. h. mehr oder weniger egoistisch, aber es gibt keine reale Motivationslage, die pur egoistisch oder pur altruistisch wäre. (Zur Kritik der Annahmen unegoistischer Motive vgl. MA I 133: 2, 126 ff.; zur Kritik an Altruismus und Mitleid sowie am Mythos selbstloser Handlungen vgl. M 131–139 und 143–148: 3, 121–131 und 136–140)

3.4 Etymologische Hinweise für eine neue Variante der Genealogie der Moral (I 4–5)

Diese Abschnitte sind, philosophisch betrachtet, enttäuschend. Zum einen bedient sich Nietzsche hier schwacher und z. T. fehlerhafter Argumente aus der Etymologie; zum anderen ist von der berüchtigten „blonden, nämlich arischen Eroberer-Rasse" die Rede.

Die beiden Abschnitte 4 und 5 fallen deutlich hinter Nietzsches eigene Anforderungen an wissenschaftliche Methode zurück und exemplifizieren so etwas wie ein vom Wunschdenken geleitetes freies Assoziieren.

In den Abschnitten 4 und 5 findet sich kein starkes Argument für die zentrale These einer ursprünglichen und primären Herrenmoral. In den etymologischen Passagen oszillieren die sprachlichen Bedeutungen und Etymologien zwischen ständischen Ordnungsbegriffen (mit der wesentlichen Bezugnahme auf eine tatsächlich vorkommende Aristokratie oder Oberschicht) und geistigen bzw. charakterlichen Qualifikationen. Nietzsche unterstellt in Abschnitt 4, daß sich die geistigen Qualifikationen „mit Notwendigkeit" aus den ständigen Ordnungsbegriffen entwickelten. Warum sollte es sich hier um „Notwendigkeit" handeln? Ist diese nach Nietzsche ältere und ursprünglichere Zuordnung von „sozial höherstehend – edel" notwendig im Sinne von 1) unvermeidbar oder 2) nicht revidierbar? Zieht man Nietzsches spätere Ausführungen in Betracht, so kann es sich wohl nur um die Annahme einer historischen

Unvermeidbarkeit handeln. Doch sind solche Zuordnungen tatsächlich in einem gewissen Sinne historisch unvermeidbar und zugleich durch spätere Entwicklungen und Umwertungen revidierbar? Nietzsche muß voraussetzen, daß die Annahme der Unvermeidbarkeit und jene der Revidierbarkeit logisch und praktisch vereinbar sind. Damit dies möglich ist, kann es sich nur um eine schwache (nicht absolut notwendige) oder eine phasenspezifische (nur an gewisse Urzeiten oder Frühphasen der Geschichte gebundene) Unvermeidbarkeit handeln. Man könnte sagen: Für eine Urzeit mit wenig Geist und Kultur ist die Verknüpfung von ständischer Ordnung und individuellen Attributen unvermeidbar. Dies würde der Beobachtung entsprechen, daß es sich bei den gewissenlosen und instinktsicheren Herrenmenschen der Urzeit um Wesen ohne verfeinerte Kultur handelte. Sie können daher kaum oder nur in einem sehr begrenzten Masse als Urbilder von höheren Menschen oder Übermenschen gelten. Vielmehr scheint es bei Nietzsche so zu sein, daß sich eine höhere Geistigkeit erst bilden kann nach einem Durchgang durch einen Kampf der aufsteigenden und absteigenden Instinkte und durch eine Umkehr von Herrschaft und Abhängigkeit. Es gibt eine gewisse Ähnlichkeit der Bildungsgeschichte Nietzsches mit der Dialektik von Herr und Knecht bei Hegel; die archaischen Herrenmenschen sind nicht zu verwechseln mit den vergeistigten Übermenschen (vgl. Kain 1996).

Der Einwand gegen Nietzsches Hypothese lautet: Mit dem gelungenen Nachweis einer historischen Unvermeidbarkeit einer anfänglichen Herrenmoral wäre für die Kritik der späteren Aufwertung der Sklaven nichts gewonnen. Sowohl die von Nietzsche kritisierte Zuordnung von gut und schwach, mitleidig etc. als auch die von ihm suggerierte neue Verknüpfung von gut und mächtig wird durch die Hypothese einer ursprünglichen historischen Unvermeidbarkeit der Verknüpfung von gut und mächtig nicht tangiert. Die historische Herrenmoral-Hypothese hat für eine Neubewertung des Willens zur Macht keine Beweiskraft, weil zwischen der urtümlichen „Macht" (primär verstanden als Macht über andere) und der spätzeitlichen Macht (verstanden als Illusionsresistenz und Verfügungsmacht über einen Reichtum von Perspektiven) eine unüberbrückbare Äquivokation besteht – ähnlich wie die zwischen der Gesundheit eines Hundes und einem gesunden („sound") Argument (vgl. Wolf 2001). Es ist so gesehen eine müßige Frage, ob es die urtümlichen Herrenmenschen je gegeben hat oder nicht. Seine späteren Ausführungen über die Mechanismen der Gewissensbildung und des Ressentiments sind logisch nicht abhängig von seiner Aussage über die historische Unvermeidbarkeit der ursprünglichen Assoziation von gut und mächtig. Auch wenn sich Kulturen oder Subkulturen finden, in denen es keine derartige urzeitliche Zuordnung gibt, spricht das weder für noch gegen abweichende Bewertungen. Damit ist auch die strikte Irrelevanz der Genese von Meinungen für ihre Geltung oder Wahrheit angesprochen. Sie würde nicht gelten für eine kausale Theorie der Erkenntnis, welche explizit die Gründe von Meinungen mit den Ursachen ihres Zustandekommens identifiziert. Eine solche Theorie hätte es nicht leicht, Irrtümer von wahren Meinungen zu unterscheiden und den „normativen Geschmack" dieser Unterscheidung zu erklären, denn Irrtümer haben ebenso wie wahre Meinungen eine kausale Entstehungsgeschichte. Auch wenn Nietzsche gelegentlich die typischen genetischen und naturalistischen Fehlschlüsse der Moralhistoriker kritisiert (vgl. z. B. N 12, 2[163]), heißt das nicht, daß er diese Fehlschlüsse selber nie begeht. Man kann ihn mala fide so verstehen, als würde er das Leben und die Natur zur Norm erheben. Man kann ihn bona fide so verstehen, als vertrete er einen *ethischen Perfektionismus* innerhalb der Rahmenbedingungen einer grundsätzlichen Bejahung und stets sich verbessernden Kenntnis der natürlichen Lebensbedingungen (vgl. Conant 2001).

Genealogische oder evolutionäre Argumente sind bestenfalls geeignet zur Problematisierung (wenn auch nicht zur Widerlegung) von Wahrheits- oder Geltungsansprüchen, wenn man zeigen kann, daß wir gewisse moralische Überzeugungen oder Dispositionen haben und auch dann hätten, wenn sie falsch oder sachlich unbegründet wären. Es wäre gleichsam voraussagbar, daß solche Überzeugungen verbreitet wären, auch wenn sie kraß falsch wären (vgl. Joyce 2001, 170). Ob sich eine solche Strategie bei Nietzsche nachweisen läßt, bleibe dahingestellt.

Nietzsches Vorgehen wirft folgende Fragen auf: Kann oder muß die Entstehungsgeschichte von Meinungen an die Stelle der Prüfung ihrer Geltung treten? Soll die Philosophie als sokratische Examination von Argumenten verdrängt und durch Ursachenforschung der Bildungsprozesse von Meinungen und Dispositionen ersetzt werden? Es wird nicht immer klar, ob Nietzsche diese Fragen bejaht. Würde man sie bejahen und dieses Programm auf Nietzsche selber anwenden, dann müßte eine Auseinandersetzung mit seiner Philosophie die Form einer zeitgeschichtlichen Biographie- und Werkforschung annehmen. Es gibt hervorragende Beispiele für diese Forschungsrichtung (vgl. Niemeyer 1998). Die Frage, ob seine Thesen gut begründet oder wahr sind, wäre aus dieser Warte betrachtet zweitrangig.

Nietzsche äußert sich sehr kritisch zu den gewöhnlichen Fehlern der Moralhistoriker – es handelt sich dabei um typische genetische und naturalistische Fehlschlüsse. Genealogie ist nicht Kritik (vgl. FW 345: 3, 577 ff.;

N 12, 2[189]). Gleichwohl hat Genealogie das Ziel einer Kritik von Moral im pejorativen Sinne. Sie ist nicht identisch mit dieser Kritik, aber Vorbereitung zu dieser (vgl. Vorwort 6: 235; I 17, Anmerkung: 289). Nietzsche hat die Probleme naturalistischer und genetischer Fehlschlüsse gelegentlich durchschaut, doch hat er sie auch konsequent vermieden?

Literatur

Assoun, P.-L. 1982: Nietzsche et le Réealisme. Etude-Préface, in: P. Rée: De l'origine des sentiments moraux. Edition Critique établi par P.-L. Assoun, Paris.
Beam, C. 1996: Hume and Nietzsche: Naturalists, Ethicists, Anti-Christians, in: Hume-Studies XXII, 2, 299–324.
Clark, M. 1990: Nietzsche on Truth and Philosophy, Cambridge et al.
Clark, M./Swensen, A. J. 1998 (Hrsg.): Friedrich Nietzsche. On the Genealogy of Morality. A Polemic. Translated, with Notes, by M. Clark and A. J. Swensen, Introduction by M. Clark.
Conant, J. 2001: Nietzsche's Perfectionism. A Reading of Schopenhauer as Educator, in: R. Schacht (Hrsg.): Nietzsche's Postmoralism. Essays on Nietzsche's Prelude to Philosophy's Future, Cambridge, 181–257.
Glatzeder, B. 2000: Perspektiven der Wünschbarkeit. Nietzsches frühe Metaphysikkritik, Berlin.
Hales, S. D./Welshon, R. 2000: Nietzsche's Perspectivism, Urbana/Chicago.
Joyce, R. 2001: The Myth of Morality, Cambridge.
Kain, P. J. 1996: Nietzschean Genealogy and Hegelian History in The Genealogy of Morals, in: Canadian Journal of Philosophy 26, 1, 123–148.
Lecky, W. E. H. 1869: History of European Morals, London, new impression in two volumes, London/Bombay 1902.
Leiter, B. 1995: Morality in the Pejorative Sense. On the Logic of Nietzsche's Critique of Morality, in: The British Journal for the History of Philosophy 3, 1, 113–145.
Mill, J. S. 1837: Aphorisms. Thoughts in the Cloister and the Crowd, London and Westminster Review IV & XXVI, Jan. 1837, wiederabgedruckt in: Collected Works (CW), Toronto 1981, Bd. I, 421–429.
Mill, J. S. 1859: On Liberty, London, wiederabgedruckt in: Collected Works, Toronto 1977, Bd. XVIII, 2, 213–310.
Niemeyer, C. 1998: Nietzsches andere Vernunft. Psychologische Aspekte in Biographie und Werk, Darmstadt.
Pfeiffer, E. 1970 (Hrsg.): Friedrich Nietzsche, Paul Rée, Lou von Salomé. Die Dokumente ihrer Begegnung, Frankfurt a. M.
Porter, J. I. 2000: The Invention of Dionysus. An Essay on The Birth of Tragedy, Stanford.
Rée, P. 1875: Psychologische Betrachtungen, Berlin.
Rée, P. 1877: Der Ursprung der moralischen Empfindungen, Chemnitz, französische Neuausgabe Assoun 1982.
Railton, P. 1984: Alienation, Consequentialism, and the Demands of Morality, in: Philosophy and Public Affairs 13, 2, 134–171.
Sidgwick, H. 1907: The Methods of Ethics, 7. Auflage, London, 1. Auflage London 1874.
Stegmaier, W. 1994: Nietzsches ‚Genealogie der Moral', Darmstadt.
Westermarck, H. 1891: The History of Human Marriage, 5 Bde., London.

Westermarck, H. 1906: The Origin and Development of the Moral Ideas, 2 Bde., New York.
Westermarck, H. 1932: Ethical Relativity, London.
Wolf, J.-C. 2001: Nietzsches Begriff der Macht, in: Nietzsche und das Recht. Beiheft der Zeitschrift für Recht und Sozialphilosophie, hrsg. von K. Seelmann, Stuttgart, 203–218.

4

Robert Pippin

Lightning and Flash, Agent and Deed (I 6–17)

4.1 The Strong and the Weak

In his *On the Genealogy of Morals*, Nietzsche expressed great skepticism about the moral psychology presupposed by the proponents of "slave morality," the institution that we know as anti-egoistic, universalist and egalitarian morality *simpliciter*.[1] He claimed to identify the foundational claim in such a moral psychology – belief in "the submerged changeling, the 'subject'" (I 13: 280; engl. 45) – and he then offered a historical and psychological narrative about the origin of such a notion. His story purported to show why a certain type ("the weak," the "slavish") would try to justify its position relative to the stronger type by portraying the stronger's "expression of strength" as evil, and the situation of the defeated slave (powerlessness, humility) as good. This, in turn, if it was to be an effective condemnation (rather than a mere report of the facts), had to go one step farther than characterizing those who end up by nature as such overpowering types, one step farther than just characterizing the weak type, those who happen in empirical fact to be meek, humble, sympathetic to the suffering of others, and so forth. The real genius of the slave rebellion, according to Nietzsche, lies in its going beyond a simple inversion of value types, and in the creation of a new way of thinking about human beings: the creation of a subject "behind" the actual deed, one who could have acted to

---

1 Nietzsche does not treat "morality" as univocal and certainly not as a phenomenon with a single necessary essence. But it is clear that he has a standard form of nineteenth century Christian morality often in his sights. For a summary of its characteristics, see Geuss 1999, p. 171.

express his strength (or virtuous weakness) *or not*, and who thus can be condemned and held individually and completely responsible for his voluntary oppression of others, even as the slave can be praised for his supposedly voluntary withdrawal from the struggle. Nietzsche's psychological narrative points to a distinct motive that explains this ideological warfare and invention – his phrase is, "thanks to the counterfeit and self-deception of impotence" – and he draws a conclusion about the realization of this motive, such that the slave can act, "… just as if the weakness of the weak – that is to say, their essence, their effects, their sole ineluctable, irremovable reality – were a voluntary achievement, willed, chosen, a deed, a meritorious act. This type of man, prompted by instinct for self-preservation and for self-affirmation, needs to believe in a neutral, independent 'subject' …" (I 13: 280; engl. 46).

The experience of the two differing motivations cited in these two passages is obviously supposed to be linked. Nietzsche appears to assume that the experience of such impotence itself is, if confronted unadorned, unbearable in some way, threatens one's very "self-preservation"; requires a "self-affirmation" if one is to continue to lead a life. Hence the "self-deceit," the compensatory belief that one's "impotence" is actually an achievement to be admired. In sum, this invention of a subject (or soul) independent of and "behind" its deeds is what "… the sublime self-deception that interprets weakness as freedom, and their being thus-and-thus as a merit, makes possible" (I 13: 281; engl. 46).

However, as in many other cases, Nietzsche is not content merely to ascribe these psychological motivations to the originators of some moral code. Even if the slaves had such a "need," establishing that would not of itself establish the further claim that this slavishly motivated commitment is actually false, *necessarily* deceived. Nietzsche clearly realizes this, and certainly wants to establish that further point. He suggests how he intends to demonstrate that in a famous simile proposed in the *Genealogy of Morals* (I 13), just before the passages cited above. The simile appears to assert an ambitious, sweeping metaphysical claim (despite Nietzsche's frequent demurrals about the possibility of metaphysics). His main claim is stated right after he notes that there is nothing surprising or even objectionable in the fact that "little lambs" insist that the greatest evil is "bird of prey" behavior, and that the highest good is little lamb behavior. Nietzsche goes on, "To demand of strength that it should not express itself as strength, that it should not be a desire to overcome, a desire to throw down, a desire to become master, a thirst for enemies and resistances and triumphs, is just as absurd as to demand of weakness that it should express itself as strength …

For just as the popular mind separates the lightning from its flash and takes the latter for an action, for the operation of a subject called lightning, so popular morality also separates strength from expression of strength, as if there were a neutral substratum behind the strong man, which was free to express strength, or not do so. But there is no such substratum; there is no 'being' behind doing, effecting, becoming; the doer is merely a fiction added to the deed – the deed is everything" (I 13: 279; engl. 45; cf. also JGB 17).

This denial of a subject behind the deed and responsible for it is so sweeping that it immediately raises a problem for Nietzsche. It is the same question that would arise for anyone attacking the common-sense psychological view that holds that a subject's intention (normally understood as a desire for an end, accompanied by a belief about means or a subject's deciding or "willing" to act for some purpose or end) must stand both "behind" "and "before" some activity in order for the event to be distinguished *as a doing (Thun) at all*, as something *done* by someone. We must be able to appeal to such a subject's distinct "intending" for us to be able to distinguish, say, someone volunteering for a risky mission, as an ontological type, from steel rusting or water running downhill or a bird singing. (The identification of such a prior condition is, in Wittgenstein's famous words, what would distinguish my arm going up from my raising my arm.) It is "behind" the deed in the sense that other observers see only the movements of bodies – say, someone stepping out from a line of men – and must infer to some intending subject in order to understand and explain both what happened and why the action occurred. (If there "is just the deed," we tend to think, stepping out of line *is* just body movement, metaphysically like the wind knocking over a lamp.) A subject's intention is "before" the deed because that common-sense psychological explanation typically points to such a prior intention as the *cause* of the act; what best answers the question, "why that occurred."

4.2 Naturalism?

Now Nietzsche is often described as a "naturalist," perhaps a psychological naturalist in his account of moral institutions. Nowadays, naturalism is understood as the position that holds that there are only material objects in space and time (perhaps just the entities and properties referred to by the most advanced modern sciences), and that all explanation is scientific explanation, essentially subsumption under a scientific law. However, even with such a general, vague definition, it is unlikely that Nietzsche accepts this sort of naturalism, especially the latter condition. In the *Genealogy of Morals* II 12, he rails against the "mechanistic senselessness" of modern science, and he contrasts what he here and elsewhere calls this democratic prejudice with "the theory that in all events a will to power is operating" (II 12: 315; engl. 78). But many people think he accepts at least the former condition, and that such acceptance may partly explain what is going on in the denial of any separate soul in I, § 13; i.e. that Nietzsche mostly means to deny "free will."

And Nietzsche's descriptions of the strong and the weak in I 13 have indeed already expressed the anti-voluntarist view that the strong can "do nothing else but" express their strength. He seems to treat the commonsense psychology just sketched as essentially and wholly derivative from the slave or ultimately Christian compensatory fantasy of self-determining subjects and a "could have done otherwise" sense of freedom. This all does make it tempting to regard him as indifferent to the distinction between ordinary natural events and actions, and as perfectly content to consider the "reactive force" most responsible for the slave rebellion – *resentment* – as one of the many natural forces in the (psychological) world that we will need to appeal to in order to account for various social and political appearances. All this by contrast with a separate subject which could act or not, depending on what it "decides." We could interpret I 13 as only denying the possibility of this metaphysically free or spontaneous, self-determining subject behind the deed and attribute to Nietzsche a broadly consistent naturalism. (Nietzsche certainly believes that the free will picture *is* a fantasy (JGB 19, 21: GD 7). And in the *Genealogy of Morals* I 13 he obviously thinks that the classic picture of a commanding will and the resultant action give us, paradoxically and unacceptably, *two* actions, not one (cf. Williams 1994, 243), and that it pushes the basic question of origin back yet again.

The trouble with proceeding very far in this direction is that Nietzsche does not seem interested in merely naturalizing all talk of motives, goals, intentions and aversions; he denies that whole model of behavior. The passages just quoted do not appear to leave room for *corporeal* states causing various body movements, as if, for example, a subject's socially habituated fear for his reputation (where fear is understood as some sort of corporeal brain-state or materially embodied disposition) were "behind" his stepping out of line and acting in a way he knew would count for others as volunteering. If that model were adopted, we would still be pointing to some determinate causal factor "behind" and "before" the deed. The perplexing lightning simile is unequivocal, though, and we would not be following its suggestion if we merely substituted a material *substance* (like the brain or brain states or corporeally embodied desire) for an immaterial soul. Moreover, such a naturalist account relies on the material continuity through time of some identical substance in order to attribute to it various manifestations and expressions as interconnected properties. If there were no substance or subject of any kind behind or underlying various different events, it is hard to see how we might individuate these expressions of force, and even if we could, how we might distinguish a universe of episodic, atomistic force-events from the world that Nietzsche himself refers to, a world with some clear substantial continuities: slaves, masters, institutions, priests, and so on. He nowhere seems inclined to treat such a world as arbitrarily grouped collections of force-events (grouped together by whom or what, on what basis?), as if there were just either "becoming-master" events, or "becoming subdued by" events, etc. We thus still need a credible interpretation of: "But there is no such substratum; there is no 'being' behind doing, effecting, becoming; the doer is merely a fiction added to the deed – the deed is everything." Materialist or naturalist bloody-mindedness is not going to help.

4.3 Subjects and Psychology

In order to understand what such an extreme claim could mean ("there is no lightning behind the flash and responsible for it," "no subject behind the deed"; there is just the deed), we might turn to Nietzsche's own psychological explanations of the slave revolt, and what appears to be his own general theory about the psychological origins of normative distinctions. One would certainly expect consistency between his own account and I 13. In some places, there is certainly language consistent with the anti-agent language of I 13, but at the same time and more frequently, language immediately in tension with it. In I 10, Nietzsche appears to attribute explanatory power to forces themselves, as if causally efficacious force-events: "The slave revolt in morality begins when ressentiment itself becomes creative and gives birth to values" (I 10: 270; engl. 36). It is odd to say that resentment itself could become creative and could *do* something, and not that a subject, motivated by such resentment, acted, but perhaps Nietzsche is deliberately looking ahead to his own denial of any causal agent. Nietzsche also speaks of "the noble mode of valuation" as if it were an independent explicans (although both these expressions still seem to "substantialize" force and a dispositional mode and to distinguish them from the manifestations they cause). And in his most important statement in the *Genealogy of Morals* of what appears to be his will to power "doctrine," Nietzsche seems to be trying to deliberately avoid *any* commitment to an agent-cum-intention causing-the-deed model. "... all events in the organic world are a subduing, a becoming master, and all subduing and becoming master involves a fresh interpretation, an adaptation through which any previous 'meaning' and 'purpose' are necessarily obscured or even obliterated ... But purposes and utilities are only signs that a will to power has become master of something less powerful and imposed upon it the character of a function" (II 12: 313–4; engl. 77). And likewise: in the Second Essay, he talks freely of such things a "struggle between power complexes" (II 11: 313; engl. 76).

On the other hand, Nietzsche would seem to be right in I 13 about the *inevitably* substantializing tendencies of language itself, even throughout his own account. Immediately after his claim using ressentiment as the subject of a sentence, he cannot himself resist parsing *this* as "... the ressentiment of *natures* that are denied the true reaction, that of deeds, and compensate themselves with imaginary revenge" (I 10: 270; engl. 36, my emphasis.). This reintroduction of the substantive bearer of the property, "natures," who express ressentiment, rather than any claim about ressentiment-events occurring, is also more consistent with the over all psychological manner of explaining morality. It is hard enough to imagine appealing to something like forces without substrates in which they inhere, of which they are properties, but the core idea of Nietzsche's account is a picture of a social struggle, lasting over some time, among human beings, not forces, which results in a situation of relative stability, a successful subduing and a being subdued, wherein, finally, the reaction of the subdued finds another outlet of response than a direct counter-force. This last is caused by an apparently unbearable feeling, impotence, responsible then for a reaction motivated by an attempt to re-value such impotence. So, as he must, Nietzsche refers both to "the noble mode of valuation" as explicans and directly to "the noble man" as someone with motives, intentions, a self-understanding, a certain relation to the slavish etc. I say that Nietzsche "must" so refer because, as several others have pointed out (Rüdiger Bittner with regard to Nietzsche, Bittner 2001, 34–46; Axel Honneth with regard to Foucault, Honneth 1991), there cannot just "be" *subduing* and *subdued* events. *Someone* must be subdued and be *held* in subjection, be prevented from doing what he might otherwise do, by the activities of someone else who is not so restricted, or by some internalization of such originally external constraint (cf. Nietzsche's account of „internalization" (*Verinnerlichung*) in the *Genealogy of Morals*, II 16). (Otherwise we don't have a becoming-*master*, just an episodic, quantitative more or less.) Even the "will to power" passages cannot end by pointing to a mere "becoming-master" *event*. If such a striving is successful, what we are left with is *a Master*, not the residue of a an event, and thereby correspondingly a slave.²

Finally, throughout the *Genealogy of Morals* Nietzsche treats his own explanation of the slave revolt in morality as something not acknowledged by, something that would be actively disputed by, the proponents of such a revolt, and for such an account to make sense, there must be such proponents, now quite complex proponents it turns out. That is, while he might invoke the language of psychological naturalism, the language of instincts, to account for this moralizing reaction, he also notes that this instinctual force is not "for itself" what it is "in itself," to adopt a non-Nietzschean form of expression. It is not just experienced as a desire pushing for satisfaction. The "moral reaction" is not experienced by such a subject as what it really is, even though the reaction could not be satisfying unless *also* "experienced," somehow, as some sort of revenge.³ Morality is a "counterfeit" und "self-deceit", and its effectiveness as a weapon against the Master would disappear if it were correctly understood by its proponents as a psychological ploy or strategy in the search for an indirect route to power over one's oppressors.

But then, it would seem, it cannot be that "the deed is *all* there is (*das Thun ist Alles*). Nietzsche himself, it would appear, is only able to account for the deed being what it is (a reactive, revenge-inspired rebellion, motivated by the frustrations of impotence) by appeal to the standard psychological language of a subject's "true intentions," the struggle to realize that intention, the conflict with other subjects that this produces, and, as we have just seen, he must also be able to refer even to the possibility of a *self*-deceived commitment to an intention, acting for the sake of an end one consciously and sincerely would disavow. Nietzsche's claim is that the deed

---

2 There are of course, several other genealogical origins of morality sketched in the *Genealogy of Morals*: suffering itself seems to require a compensatory mechanism; there is the feeling of guilt traced back to debt; the "Verinnerlichung" of aggression, turning it towards oneself, and so forth. But all of these raise the same problem, the compatibility of their psychological accounts with I 13.

3 Bittner claims in "Ressentiment", that this makes no sense; that there can be no such thing as self-deception (1994, 127–138). That's one way to solve the problem.

in question *is not* a discovery, or even an attempt at the discovery, of the true nature of good and evil, but a revolt, *because* it is motivated by a vengeful reaction. But if there were "only the deed, not a doer," the question – *what* deed? – would, it appears, be unanswerable, or at least it could not be answered in the "divided subject" way Nietzsche appears committed to. Indeed, in pursuing that question, we are not only back with a "subject" and a subject's intentions behind the deed, but are involved in a hunt for true, genuine intentions, lying "back there" somewhere, but hidden and unacknowledged, even though causally effective.

And finally the whole direction of Nietzsche's narrative seems to depend on what I 13 denies. Since the revolt is something the slaves *did*, is a deed, and not something that happened to them, or merely "grew" in them, it is something that can be *undone*, that, in the right situation, can be countered by a new "legislation of values," once the "crisis of Christian honesty" occurs. (Oddly, this alternative *deed*, or "re-valuation" seems to be an idea that Nietzsche both accuses the slave of fabricating in order to focus absolute blame on the master, and a possibility Nietzsche himself seems to want to preserve, the possibility of an eventual "self-overcoming.") And all of this requires not only subjects of deeds, but even possibilities inhering yet unrealized in such subject. Again, the denial of a causally autonomous soul, the free will, and freely undertaken commitments does not get us very far in understanding Nietzsche's own enterprise in a way consistent with I 13. And so we need to think again about what "the deed is all there is" might amount to.

4.4 Nietzsche's Problem

Now it may be that Nietzsche is such an unsystematic thinker that at some point in any philosophical reconstruction, one will simply have to pick and choose, follow one of the paths Nietzsche opened up and ignore another, inconsistent path that he also pointed to.[4] But if we reject the substantializing of the will to power, or any substantializing, the social account that results from its application would look like so many heterogeneous episodes of conflicting and discontinuous fields of contingent forces and it would

---

4 Cf. also Bernard Williams' remark, "With Nietzsche ... the resistance to the continuation of philosophy by ordinary means is built into the text, which is booby-trapped, not only against recovering theory from it, but in many cases, against any systematic exegesis that assimilates it to theory" (1994, 238).

resemble not at all the typology that Nietzsche so clearly relies on. Accordingly, Rüdiger Bittner has encouraged us to discard the "will to power" explanation as a dead end, one ultimately wedded to a "creationist" and projective theory of value and concentrate on what Bittner thinks is closer to Nietzsche's interest: an adequate account of life and living beings, and therewith the instability and provisionality of any substance claim. To understand the domain of "life," we have to rid ourselves of substance presumptions and concentrate on subject-less "activity" itself. (Bittner also wants us to take I 13 as the heart of Nietzsche's project, and abandon completely the language of subjects' "creating value.")

But as we have seen, if we accept I 13 at face value, and insist that there is *no* doer behind the deed, we have to give up much more than the metaphysics of the will to power, and its assumptions about exclusively created value. We will make it very difficult to understand the whole of Nietzsche's own attack on the moral psychology of Christian morality, since he appears to rely on a traditional understanding of act descriptions (that the act is individuated as an act mainly by reference to the agent's intentions), and he invokes a complex picture of unconscious motives, operative and motivating, but inaccessible as such to the agents involved. Without Nietzsche's *own*, prima facie inconsistent Doer-Deed language, the question of *what* is supposedly happening in the slave revolt, which in his account clearly relies on notions of subjection to the will of others, resentment, and even "madness"(II 22), will be difficult to understand. Values cannot be said to simply "grow" organically, given some sort of context. For one thing, as Nietzsche famously remarked, we must *make* ourselves into creatures capable of keeping promises, and this requires many "centuries" of commitment, perseverance and so the unmistakable exercise of subjectivity. It seems a question-begging evasion to gloss all such appeals as really about "what happens *to* us," what madness befalls us, in situations of subjection. There would be little reason to take Nietzsche seriously if he were out to make what Bernard Williams has called the "uninviting" claim that "we never really do anything, that no events are actions" (Williams 1994, 241).

4.5 The Inseparability of Subject and Deed

We might do better, I want to suggest, to appreciate first that the surface meaning of the claims made in I 13 remains quite elusive. As II 12 pointed out, the notion of an "activity" functions as a "fundamental concept" in what Nietzsche himself claims, and he insists in that passage on a contrast between such an activity and the "mechanistic senselessness" of the ordinary modern scientific world view. We thus need to return to I 13 and appreciate that Nietzsche is not denying that *there is* a subject of the deed; he is just asserting that it is not *separate*, distinct from the activity itself; it is "in" the deed. He is not denying that strength "*expresses* itself" in acts of strength. He is in fact asserting just that, that there is such an *expression*, and so appears to be relying on a notion of expression, rather than intentional causality to understand how the doer is in the deed. ("To demand of strength that it should not express itself as strength ..." is the expression he uses. He does not say, "there are just strength-events ...") That – the appeal to expression – is quite an important clue. He is not denying, in other words, that there is a genuine deed, and that it must be distinguishable from any mere event. He maintains that distinction. He has only introduced the category of deed or activity so quickly and metaphorically that it is difficult to flesh out what he means. (Put in terms of his image, in other words, the "flash" (*Leuchte*) is not *just* an electrical discharge in the air. A certain sort meteorological event is "expressed," and so a phenomenally identical "flash" might not be lightning, but could be artificially produced. It would be a phenomenally identical event, but not lightning.)

In order to understand this claim about a doer "in" the deed, I want to suggest a comparison with another philosopher that will seem at first glance quite inappropriate. Assume for a moment that there is a brotherhood of modern anti-Cartesians, philosophers united in their opposition to metaphysical dualism, to a picture of mind shut up in itself and its own ideas and so in an unsolvable skeptical dilemma about the real world, and opposed as well to the notion of autonomous, identifiable subjects, whose distinct intentions and finally "acts of willing" best identify and explain distinct sorts of events in the world, actions. There is a range in such a group, including Nietzsche and Wittgenstein and Heidegger, but surely a charter member is also Hegel. And in his Jena *Phänomenologie*, Hegel formulated this issue of how to "find" the agent "in" the deed in a way that suggests something of what Nietzsche may have been thinking. Consider: "The true being of man is rather his deed; in this the individual is actual, and it is the deed that does away with both aspects of what is [merely] 'meant' [intended] to be; in the one aspect where what is 'meant' has the form of a corporeal passive being, the individuality, in the deed, exhibits itself rather as the negative essence, which only is in so far as it supercedes mere being ... It [the deed] is this, and its being is not merely a sign, but the fact itself. It is this and the individual human being is what the deed is ... even if he deceives himself on the point, and turning away from the action into himself, fancies that in this inner self he is something else than what he is in the deed" (Hegel 1999, 178–9; engl. 194). And even more clearly in § 404: "Whatever it is that the individual does, and whatever happens to him, that he has done himself, and he is that himself. He can have only the consciousness of the simple transference of himself from the night of possibility into the daylight of the present, from the abstract in-itself into the significance of actual being, and can have only the certainty that what happens to him in the latter is nothing else but what lay dormant in the former ... The individual, therefore, knowing that in his actual world he can find nothing else but its unity with himself, or only the certainty of himself in the truth of that world, can experience only joy in himself" (ebd., 220; engl. 242).

Modern Hegel scholarship owes a great debt to Charles Taylor for having focused so much of our attention on this "expressivist" notion of action, as opposed to an intentionalist or causal account, and it is quite relevant here for understanding how Nietzsche could appear to deny any standard picture of agency and of normal volitional responsibility, and yet still speak of *actions*, and of the expression of a subject in a deed, indeed *wholly* in the deed.[5] The main similarity turns on what might be called a *non-separability* thesis about intention and action, and a corresponding *non-isolatability* claim about a subject's intention (that the determinate meaning of such an intention cannot be made out if isolated from a much larger complex of social and historical factors).

According to the first or non-separability thesis, intention-formation and articulation is always temporally fluid, altering and being transformed "on the go," as it were, as events in a project unfold. I may start out engaged in a project, understanding my intention as X, and over time, come to understand that this was not really what I intended; it must have been Y, or later perhaps Z. And there is no way to confirm the certainty of one's "real" purpose except *in* the deed actually performed. My subjective construal at any time before or during the deed has no privileged authority. The deed *alone* can "show" one who one is. This means that the act description cannot be separated from this mutable intention, since as the intention comes into a kind of focus, what it is I take myself to be doing can also alter. This is partly what Nietzsche has in mind, I think, when he objects to the way other genealogists search for the origin of punishment,

---

[5] Cf. "Aims of a New Epoch" in Taylor 1975, 3–50; "What is Human Agency," and "Hegel's Philosophy of Mind," in Taylor 1985, 15–44; 77–96.

by looking for a fixed purpose which subjects struggle to realize with various means. "... and the entire history of a 'thing', an organ, a custom can in this way be a continuous sign-chain of ever new interpretations and adaptations whose causes do not even have to be related to each other, but, on the contrary, in some cases succeed and alternate with each one another in a purely chance fashion" (II 12: 314; engl. 77). This is why, in the next section, Nietzsche says that "only that which has no history is definable" and that we must appreciate "how accidental 'the meaning' of punishment is" (II 13: 317; engl. 80).

Likewise there is a common "non-isolatability" thesis between Hegel and Nietzsche: attending only to a specific intention as both accounting for why the act occurred and what is actually undertaken, distorts what is necessary for a full explanation of an action. In the first place, the conditions under which one would regard an intention as *justifying* an action (or not, or connectable at all with it) have to be part of the picture too, and this shifts our attention to the person's character and then to his life-history and even to a community as a whole or to a tradition. We have to have all that in view before the adoption of a specific intention can itself make sense. Indeed this assumption is already on view from the start in Nietzsche's genealogy, since he treats the unequal distribution of social power as an essential element in understanding "what the slavish type was attempting." The psychology that Nietzsche announces as "the queen of the sciences" is also a social and historical psychology.

And while, on the standard model, the criterion for success of an action amounts to whether the originally held purpose was in fact achieved, on this different model "success" is much more complicated. I must also be able to "see myself" in the deed, see it as an expression of me (in a sense not restricted to my singular intention), but also such that what *I* understand is being attempted and realized is also what *others* understand also. I haven't *performed the action*, haven't volunteered for the mission, say, if nothing I do is so understood by others as such an act.

Now Hegel and Nietzsche are going to part company radically very soon in this exposition but it is important to have in view this way of understanding action as "mine" without our needing to say that some prior "I" caused it by deciding it should happen. On this model, as Hegel notes, we should understand successful action as a continuous and temporally extended, an everywhere mutable translation or expression of inner into outer, but not as an isolated and separated determinate inner struggling for expression in imperfect material. Our "original" intentions are just provisional starting points, formulated with incomplete knowledge of circumstances and consequences. We have to understand the end and the reason for pursuing it as both constantly transformed, such that what I end up with, what I actually did, counts fully as my intention realized or expressed.

Thus, if I start out to write a poem, I might find that it does not go as I expected, and think that this is because the material resists my execution, my inner poem, and so what I get is a "poorly expressed poem." This is a very misleading picture on this account, as misleading as "the commanding will" of *Beyond Good and Evil*, § 19. The poem is a perfect expression of what your intention *turned out to be*. To ask for a better poem is to ask for another one, for the formation and execution of another intention. If the poem failed; everything has failed. It (the expression of what has turned out to be the intended poem) *just turned out to be a bad poem; not a bad expression of a good poem*. As Nietzsche keeps insisting, our egos are wedded to the latter account; but the former correctly expresses what happened.

Now, philosophically, a great deal more needs to be said before this understanding of "the doer in the deed" could be defended. The anti-Cartesian and broadly anti-Christian account asks for something quite unusual. These passages in Hegel and Nietzsche seem to be asking us to relocate our attention when trying to understand an action, render a deed intelligible, from attention to a prior event or mental state (the formation of and commitment to an intention, whether a maxim, or desire-plus-belief, etc.) to "what lies *deeper in the deed* itself" and is expressed in it. (Where "deeper" does not mean already there, hidden in the depths, but not yet fully formed and revealed.) Rather, the interpretive task focuses on a continuing expression or translation of the subject into the actuality of the deed, and conversely our translation back into "who the person is." As Hegel put it in his clearest expression of this anti-intentionalist position: "Ethical self-consciousness now learns from its deed the developed nature of what it actually did ..." (Hegel 1999, 255; engl. 283).

This can all sound counter-intuitive because it seems obvious that the final deed may not express the agent simply because some contingency intervened and prevented the full realization (thus re-instituting a "separation" between the subject in itself and the deed that actually resulted, shaped as it so often is by external circumstances and events). Or we easily accept that if someone did something unknowingly and innocently, he cannot be said to be properly "in" the deed, even though the deed came about because of him and no one else, as when someone genuinely does not know that he is revealing a secret, and *does* so, but "guiltlessly," we want to say.

The issues are quite complicated and cannot be pursued here. The central question is: should not Nietzsche be aware that, by eliminating as nonsensical the idea that appears to be a necessary condition for a deed being a deed – a subject's individual causal responsibility for the deed occurring – he has eliminated any way of properly understanding the notion of *responsibility*, or that he has eliminated even a place for criticism of an agent. If the strong is not at all free to be weak, is not free to express that strength in any way other than by "... a desire to overcome, a desire to throw down, a desire to become master, a thirst for enemies and resistances and triumphs," in *what* "responsibility sense" *is* the agent *in* the deed if not "causally"? A plant's life-cycle or nature might be said to be "expressed" in its various stages, but, as we have seen, Nietzsche rejects such a reductionist reading, he shows no indication of wanting to eliminate his "fundamental concept," activity.

Now it is true that sometimes Nietzsche seems content with a kind of typological determinism. People just *belong* to some type or other (whether biological or socially formed) and some just *are* weak, base, vengeful and ugly; others are strong, noble, generous and beautiful (Cf. JGB 265). There is no way to justify these distinctions; that is the ("Socratic") trick the former group tries to play on the latter. The whole point is that you have to *be* a member of the latter group to appreciate the distinction. But on the one hand, Nietzsche's own evaluations are not so tied to this fixed typology. About the weak he also says: "Human history would be altogether too stupid a thing without the spirit that the impotent have introduced into it" (I 7: 267; engl. 33). Likewise, he certainly seems to be criticizing the nobility by contrast when he says "... it was on the soil of this essentially dangerous form of human existence, the priestly form, that man first became an interesting animal, that only here did the human soul in a higher sense acquire depth and become evil – and these are the two basic respects in which man has hitherto been superior to other beasts" (I 6: 266; engl. 33). Such passages suggest a radical flexibility and indeterminateness in the normative value of such distinctions, an unpredictability in what they "turn out" to mean, as if Nietzsche thinks that such oppositions look one way in one context, another in another context. That raises the question of how this variation works, how this interpretive struggle is to be understood and what its relation might be to the psychological struggle.

Nietzsche has a great many things to say about this hermeneutical warfare, but we should note that his remarks confirm attributing the "non-isolatability" thesis to him, as noted above, and the second "success" condition for actions, as understood on this alternate model. Not only is the determinate meaning of a subject's intention not a matter of inner perception and sincerity, but a function in some way of a certain social context, but also "what is going on" in such a context is itself constantly contested among the participants. As he put it in a famous passage "... all events in the organic world are a subduing, a becoming master, and all subduing and becoming master involves a fresh interpretation, an adaptation through which any previous 'meaning' and 'purpose' are necessarily obscured or even obliterated ..." (II 12: 313-14; engl. 77).

He makes the same sort of point about the variability and contestability of the various understandings of punishment (II 14) and notes that even the noble man *needs* the appropriate enemies if his actions are to have the meaning he sees expressed in them (I 10). In such cases, "the subject" is not absent; he is "out there" in his deeds, but *the deeds are "out there" too*, multiply interpretable by others (and that means, in Nietzsche's understanding, in multiple ways can be "appropriated" by others). These interpretations are themselves already expressions of various types that cannot be isolated from historical time and from the contestations of their own age. They are not existential "projections," motivated by some sort of self-interest or self-aggrandizement (cf. Geuss 1999, 16). And we have already good reason to be cautious of interpreters who think that there must be something appealed to, underlying Nietzsche's account, as a kind of criterion: "life," and/or "the will to power," to cite the most frequent candidates. If life must also *turn against itself* to be life, and if we don't know what really counts as *having established power*, or even *what power is*, we have only returned again to a social struggle about the meaning of deeds. In other words, if the most important deed is *the legislation of values*, what *actually* is legislated cannot be fixed by the noble man's strength of resolve *alone*, or guaranteed by his "pathos of distance." There is a difference between "actually" legislating values, that is, *succeeding* in doing so, and, on the other hand, engaging in a fantasy of self and value creation.

It is at this point especially that the similarities between Nietzsche and Hegel end. In a sense one can read Nietzsche's infrequent, published references to the "will to power" as attempts to dramatize the simple claim that there is no best, appropriate, finally reconciling resolution to these sorts of conflicts. "There is" *only the conflict*, at once potentially tragic and ennobling, and potentially dispiriting, a source of nihilistic despair. Hegel of course claims that such conflicts have an inherent "logic," that a developmental story can be told, say, in the *Phenomenology*, from the conflict between Antigone and Creon, to the partial overcoming of morality in "Forgiveness", and that the heart of that story is the ever more successfully realization of freedom as a kind of rational agency. There is no corresponding logic or teleology in Nietzsche; just the opposite.

4.6 Guilt and Responsibility

I want to conclude by returning to the intuitive difficulties created by I 13, especially about responsibility. We should note, that is, Nietzsche's own response to the responsibility question – how, on his picture of how a agent is wholly in the deed, not separate from it – such reactions as regret, sorrow about what one did, might be understood.

Not surprisingly (given their similarities on so many issues), Nietzsche turns to Spinoza to make his point, and his remarks in II 15 are perfectly consistent with, and I think, confirm the position attributed to him above. He muses that Spinoza might have "one afternoon" asked himself, given that there is no "free will" or separate subject underlying the deed in Spinoza's own system, what could remain in that system of the *morsus conscientiae*, the sting of conscience. This is the very intuitive, or commonsense question we have posed above. Nietzsche first appeals to Spinoza by making his own attempt at a "becoming-master" as a "new interpretation" of Spinoza, invoking essentially Nietzschean language, especially the concept of "innocence"), and announcing, "The world for Spinoza had returned to that state of innocence in which it had lain before the invention of the bad conscience ..." (II 15: 320; engl. 83). But then he notes that Spinoza re-invented this *morsus conscientiae* in the *Ethics*. "'The opposite of gaudium,' he finally said to himself – 'A sadness accompanied by the recollection of a past event that flouted all our expectations.' *Eth.III, propos. XVII, schol. I.II* Mischief-makers overtaken by punishments have for thousands of years felt in respect of their transgressions just as Spinoza did: 'here something has unexpectedly gone wrong,' not: 'I ought not to have done that'" (II 15: 320–21; engl. 83). So disappointment that I was not who I thought I was, sadness at what was expressed "in" the deed, replaces guilt, or the sort of guilt which depends on the claim that I could have done otherwise. Indeed, it is a kind of regret that depends on my *not* really having had the option to do otherwise; or at least that counter-factual option, on this view, is like considering the possibility that *I might not have been me*, a fanciful and largely irrelevant speculation, a mere thought experiment.

None of this settles the many other questions raised by Nietzsche's position: What are the conditions necessary for rightly identifying what it *was* that I did? What role do the judgments of others properly play in that assessment? Deeds, even understood as expressions, rather than caused results, conflict, express incompatible if also provisional and changing, purposes. How do we, as non-participants, understand and even evaluate such conflicts? Are not our interpretations the expressions of *current* contestations, and if so what would count as success, as prevailing now? How much of "who I am" can be said to be expressed in the deed? How might we distinguish important "discoveries" about myself that I had not known and would have denied, from trivial or irrelevant revelations? If whatever it is that is expressed in such deeds is not a stable core or substantial self, neither as an individual soul, nor as a substantial type, what could form the basis of the temporal story that would link these manifestations and transformations?

These are difficult questions, but, I have tried to show, they are the right sort of questions raised by Nietzsche's remarks in I 13, and they are very different from questions about metaphysical forces, naturalized psychologies, instinct theories, or existential, groundless choices, leaps into the abyss. Whether Nietzsche has good answers to such important questions is another story.

Bibliography

Bittner, R. 1994: "Ressentiment", in: Nietzsche, Genealogy, Morality, ed. R. Schacht, Cambridge, 127–138.
Bittner, R. 2001: "Masters Without Substance", in: Nietzsche's Postmoralism, ed. R. Schacht, Cambridge, 34–46.
Geuss, R. 1999: Morality, Culture and History. Essays on German Philosophy, Cambridge.
Hegel, G. W. F. 1998: The Phenomenology of Spirit, transl. A. V. Miller, Oxford; dt. Phänomenologie des Geistes, Bd. 2, Hauptwerke in sechs Bänden, Hamburg 1999.
Honneth, A. 1991: The Critique of Power. Reflective Stages in a Critical Social Theory, transl. by Kenneth Baynes, Cambridge; dt. Kritik der Macht. Reflexionsstufen einer kritischen Gesellschaftstheorie, Frankfurt/M. 1985.
Taylor, C. 1975: Hegel, Cambridge.
Taylor, C. 1985: Human Agency and Language. Philosophical Papers I, Cambridge.
Williams, B. 1994: "Nietzsche's Minimalist Moral Psychology," in: Nietzsche, Genealogy, Morality, ed. R. Schacht, Cambridge, 237–247.

5

Otfried Höffe

„Ein Thier heranzüchten, das versprechen darf" (II 1–3)

5.1 Eine neue moral- und staatsphilosophische Frage

Die fulminante Einleitungsfrage der Zweiten Abhandlung läßt sich im Sinne der „Vorrede" (§ 8: 255, 27 ff.) als ein Aphorismus lesen, der der kreativen Entzifferung bedarf. Er enthält nämlich Haken und Ösen, in denen sich das bloße Ablesen allzu leicht verfängt. Überdies möchte man den Zusammenhang mit der Ersten Abhandlung einsehen, mit deren Gegensatz der Gut-Schlecht- und der Gut-Böse- bzw. Herrenmoral und der Sklavenmoral.

Schon die Frage weist die *Genealogie* als großen moralphilosophischen Text aus. „Ein Thier heranzüchten, das *versprechen darf* ... ist es nicht das eigentliche Problem *vom* Menschen?" Denn diese Frage stellt sich einem Thema, das Nietzsche mit zwei seiner neuzeitlichen Vorgänger teilt, und gibt ihm zugleich eine radikal neue Wende. Für Kant ist das Versprechen eine Pflicht gegen andere, die als vollkommene Pflicht keinerlei Ausnahme gestattet. Gewisse Spielarten des Utilitarismus sehen darin einen moralisch bedenklichen Rigorismus am Werk. Denn moralische Verbindlichkeiten haben nur das Gewicht einer Faustregel, die situationsgerechte Ausnahmen nicht bloß moralisch erlaubt, sondern sogar moralisch gebietet.

Die ausnahmslose Geltung bildet freilich nicht den Kern von Kants „Theorie" des Versprechens. Kant gibt nicht etwa auf dieselbe Frage lediglich eine andere Antwort, legt sich vielmehr eine andere Frage vor. Der Utilitarismus interessiert sich nur für die moralische Richtigkeit, womit er von Kant aus gesehen, das eigentliche Thema und Niveau einer Moraltheorie, die Moralität, gar nicht erreicht. Denn man kann ein Versprechen auch zufällig einhalten oder wegen einer glücklichen Koinzidenz mit seiner

Neigung, sogar *à contre coeur*. Im vollen Sinn moralisch handelt dagegen erst, wer es allein deshalb hält, weil er „sein Wort verpfändet" hat. Allerdings kann durch unvorhergesehene und zugleich unüberwindliche Hindernisse das Einhalten unmöglich werden, beispielsweise eine versprochene Finanzhilfe durch den Verlust der finanziellen Ressourcen. Kant erörtert primär nicht die Pflicht, ein Versprechen einzuhalten, sondern das Recht, es in einer Notlage unehrlich abzugeben. (*Grundlegung zur Metaphysik der Sitten* B 54; vgl. Höffe ³1995, Kap. 7). Nun verstößt nur der gegen den Anspruch der Moralität, der seiner Neigung den Vorrang vor der Pflicht einräumt. Auch wenn es in *Über ein vermeintes Recht aus Menschenliebe zu lügen* anders klingt, geschieht es nicht dort, wo jemand im Rahmen einer Pflichtenkollision die eine Pflicht der anderen vorzieht. Vorausgesetzt, der Vorzug erfolgt nicht aus Neigung, sondern aus Pflicht, können auch unter Kants Prämissen Ausnahmen erlaubt sein, weshalb die Fähigkeit zur situationsgerechten Ausnahme kein Vorzug des Utilitarismus ist. Im übrigen darf man nicht überlesen, daß Kant von einem moralischen *Recht* spricht und daß sich eine Not-Lüge nicht auf ein derartiges Recht beläuft.

Nietzsches Bedeutung beginnt mit der Entdeckung einer zusätzlichen Frage. Deshalb bleibt er auch dann ein bedeutender Moralphilosoph, wenn er recht haben sollte, daß er von den sechs Stufen des moralischen Bewußtseins, wie Karl-Otto Apel (1988, 388) behauptet, nur gerade die Stufe 4½ erreicht. Im übrigen verwirft er den moralphilosophischen Rahmen, in dem Apel im Anschluß an Lawrence Kohlberg sein Sechs-Stufen-Modell moralischen Bewußtseins entfaltet. Apel folgt im wesentlichen Kant, gegen den sich Nietzsche absetzt.

Eine *erste* Besonderheit der neuen Frage liegt beim Gewicht, das das Versprechen erhält. Nietzsche kommt es nicht auf das kleine Versprechen an, die Verabredung zu irgendeinem Geschäft, primär auch nicht auf jene mittleren Versprechen, für die sich Kant und die Utilitaristen interessieren: das in einer Notlage gegebene Versprechen, geliehenes Geld zurückzuzahlen, einzuhalten, obwohl man, so Kant, weiß, dazu außerstande zu sein. Der Aufgabe „für sich *als Zukunft* gut sagen zu können" (II 1: 292, 32 f.), genügen nur große Versprechen von der Art, daß sich Menschen die lebenslange Treue geloben oder einer Lebensaufgabe verschreiben. Denn versprechen darf nur, wer „schwer, selten, langsam" verspricht, wer „mit seinem Vertrauen geizt", wer „*auszeichnet*, wenn er vertraut" (II 2: 294, 10–12).

Darin klingt schon die *zweite* Besonderheit an: Im Gegensatz zum Utilitarismus interessiert sich Nietzsche nicht für etwaige Ausnahmen, im Unterschied zu Kant auch nicht primär für die Ehrlichkeit. Statt dessen hält er sie für selbstverständlich, da er verächtlich vom Lügner spricht, „der sein Wort bricht, im Augenblick schon, wo er es im Munde hat" (294, 17 f.). Wie er generell für ein gesteigertes Menschsein plädiert (und damit stillschweigend an den antiken Begriff der *aretê*, wörtlich: Bestheit, anknüpft), so interessiert er sich hier für jene gesteigerte Form des Versprechenkönnens, die als ein Vorrecht nicht die Frage des Sollens, sondern des Dürfens aufwirft.

Eine *dritte* Besonderheit: Nietzsche befaßt sich mit jenem Grundversprechen, das ein Gemeinwesen samt seinen Vorteilen ermöglicht: „man wohnt geschützt, geschont, in Frieden und Vertrauen, sorglos in Hinsicht auf gewisse Schädigungen und Feindseligkeiten, denen der Mensch außerhalb, der ‚Friedlose', ausgesetzt ist" (II 9: 307, 10–13). Dieses Versprechen erfolgt freilich implizit, denn die „fünf, sechs ‚ich will nicht' [...], in Bezug auf welche man sein *Versprechen* gegeben hat, um unter den Vortheilen der Societät zu leben" (II 3: 297, 1–4), dürften auf elementare Strafrechtselemente anspielen, beispielsweise auf ein Nicht-töten, Nicht-stehlen, Nichtbetrügen und Nicht-ehebrechen-wollen. Und derartige Versprechen gibt man nicht irgendwo ausdrücklich ab, vielmehr handelt es sich um unverzichtbare, geradezu transzendentale Voraussetzungen jedweder „Societät".

In der Versprechens„theorie" der zweiten Abhandlung verbinden sich jedenfalls Überlegungen zur personalen Moral mit solchen zu Gesellschaft, Recht und Staat. Nietzsches personale Ethik erweitert sich zur Sozial-, vor allem zur Rechts- und Staatsethik. Dabei erfährt deren traditionelle Grundtugend, die Gerechtigkeit, eine bemerkenswert hohe Wertschätzung: „wenn sich selbst unter dem Ansturz persönlicher Verletzung, Verhöhnung, Verdächtigung die hohe, klare, ebenso tief als mildblickende Objektivität des gerechten, des *richtenden* Auges nicht trübt, nun, so ist das ein Stück Vollendung und höchster Meisterschaft auf Erden". Allerdings setzt Nietzsche einschränkend hinzu, daß eine derartige selten, daher „kluger Weise nicht [zu] erwarten" ist (II 11: 310, 31 ff.).

Mit den ersten beiden Besonderheiten ist eine *vierte* das anthropologische Gewicht: Der Mensch ist das Tier, das versprechen darf. Die Leitbegriffe der Einleitungssätze der nächsten Abschnitte: Verantwortlichkeit (II 2) und Gewissen (II 3), Schuld und schlechtes Gewissen (II 4), Vertragsverhältnisse (II 5: 298, 28) und Obligationenrecht (II 6) usw., zeigen, daß darin keine bloß rhetorische Überhöhung liegt. Zu den Gründen, warum die philosophische Anthropologie ihren vorher hohen Rang einbüßt, gehört die Befürchtung, hier werde der Mensch auf ein statisches, ahistorisches Wesen fixiert. Nietzsche tritt der Befürchtung deshalb so wirksam entgegen, weil er nicht nur alles Statische ablehnt, sondern der dem Menschen innewohnenden Dynamik sogar einen anthropologischen Rang verleiht: „der Mensch ist [...] wechselnder, unfestgestellter als irgend ein Thier sonst" (II 13: 367, 1 f.). Das Versprechen-dürfen ist daher eine Aufgabe, keine Vorgabe, freilich eine Aufgabe, die – sagen die provokativen Ausdrücke „Thier", „Thiermensch" und „heranzüchten" (II 1: 295, 5) – in der langen Vorgeschichte (vgl. 293, 2) des Menschen zu leisten war, in der Naturgeschichte seiner Moral und Vernunft. Was alles, so lautet Nietzsches moralphilosophisch neue Frage, war zu vollbringen, bis das Menschliche des Menschen Wirklichkeit wurde?

Über die moraltheoretische Tragweite hat sich Nietzsche nie Rechenschaft gegeben. Wer auf das polemische Pathos des Textes achtet, gewinnt den Eindruck, daß das Potential an Moralkritik überschätzt werde. Aus einer Naturgeschichte der Moral kann man jedenfalls Kriterien der Kritik nur zum Preis eines Sein-Sollensfehlers entwickeln, der sich vor anderen Formen allenfalls durch Subtilität auszeichnet. Selbst wenn beispielsweise zutrifft, was die Erste Abhandlung behauptet und die herrschende jüdisch-christliche Moral einem Ressentiment der Schwachen und einem Herrschaftsinteresse von Priestern entspringt, ist diese „Sklavenmoral" nicht schon als unmoralisch entlarvt. Allenfalls ist ein kräftiges Fragezeichen gesetzt („Verdient die Moral des Mitleids ihre hohe Wertschätzung?"); und wer die Frage mit Ja beantworten will, lädt sich eine ihm bislang unbekannte Beweislast auf: Im Zuge seiner Rechtfertigung muß er Nietzsches Einwände entkräften.

Kant erörtert das Versprechen als einen besonderen Fall von reiner praktischer, also moralischer Vernunft. Nietzsche richtet sich weniger dagegen als gegen die Annahme, die reine praktische Vernunft sei der Menschheit in die Wiege gelegt worden. Gegen diese Annahme (die Kant freilich nicht teilt: *Mutmaßlicher Anfang der Menschengeschichte*, AA VIII 115) behauptet er, die moralische Vernunft habe man sich nach und nach erarbeiten müssen. In diesem Sinn untersucht er die vormoralischen, insbesondere affektiven Grundlagen der Moral und ebenso die vorvernünftigen, affektiven Bedingungen für Vernunft (vgl. II 3: 297, 5 f.).

Warum die Aufgabe, ein versprechen-dürfendes Tier heranzuzüchten, paradox sein soll (291, 6), ist eine nicht leicht zu beantwortende Frage. Liegt es im Kontrast von „heranzüchten", das eher eine Fähigkeit und Fertigkeit, ein Versprechen-*Können*, als ein (moralisches) Recht, ein Versprechen-*Dürfen*, meint? Oder liegt es nicht eher in der anschließend erläuterten Gegenläufigkeit von Versprechen und Vergeßlichkeit? Daß Abschnitt II 1 viel von „Kraft", „Vermögen" und „Gegenvermögen", aber nicht von „Erlaubnis" redet, könnte gegen die erste Option sprechen. In der Kritik an den „schmächtigen Windhunde[n] ..., welche versprechen, ohne es zu dürfen" (294, 15 f.), erscheint das Dürfen aber als eine Steigerung von Können, über die nur jene „Starken und Zuverlässigen" verfügen (8 f.), die „wie ein Souverain" versprechen: „schwer, selten, langsam" (Z. 10). Diese Bedeutung stiftet übrigens den zunächst nicht einsichtigen Zusammenhang der Zweiten Abhandlung mit der Ersten: Schon in den „vornehmeren Funktionen" (291, 24) des ersten Abschnitts deutet sich an, was im, „souveraine[n] Individuum" des zweiten Abschnittes unübersehbar ist (293, 21), daß das Versprechen-Dürfen weder allen noch den vielen Menschen zukommt, sondern lediglich jenen herausragenden, eben souveränen Individuen, die in der ersten Abhandlung die Aristokraten, der Adel und die Wohlgeborenen, „der Vornehme, der Mächtige, der Herrschende" (I 11: 274, 19) heißen. Die souveränen Individuen vertreten die Herrenmoral von Gut und Schlecht, die „schmächtigen Windhunde ..., welche versprechen, ohne es zu dürfen" (294, 15 f.), die Sklavenmoral von Gut und Böse.

Dieser Befund schlägt auf die Anthropologie durch. Der in der Einleitungsfrage angesprochene Mensch ist nicht der Allerweltsmensch, dessen Nietzsche „müde" ist (I 12: 278, 25 f.), sondern die herausragende Gestalt, die in der Vorrede genannte ‚höchste Mächtigkeit und Pracht des Typus Mensch' (253, 30). Nietzsche schiebt zwar die Anthropologie von Herrn Jedermann nicht beiseite, thematisiert sie vielmehr in der Mitleids- und Sklavenmoral samt deren schlechtem Gewissen. Das Versprechen-Dürfen zeichnet aber nur den überlegenen Menschen aus, den mit „Vollendungs-Gefühl" (293, 29). Und wegen dieser Anthropologie geistiger Aristokratie verbindet Rawls (1971/ 1975 § 50) sein Perfektionsprinzip zu Recht mit Nietzsche.

Für Nietzsche ist das Versprechendürfen nicht irgendein anthropologischer Gesichtspunkt, sondern jenes „eigentliche Problem" (291, 7), in dem sich die anderen Probleme des Menschen entweder bündeln oder von dem her sie sich verstehen lassen. Für die vertraute Bestimmung des Menschen als sozialem, sogar politischem Wesen sucht er im Verlauf der Zweiten Abhandlung eine ganz unvertraute Rechtfertigung. Sie verbindet die beiden bekannten, allerdings weitgehend alternativen Argumentationsstrategien, die Aristotelische der Sozialnatur (*Politik* I 2) und die Hobbessche der Konfliktnatur (*Leviathan* I 13). Obwohl Nietzsche in der näheren Argumentation von beiden abweicht, stimmt er wegen des Grundbegriffs „Versprechen" beispielsweise in einem wichtigen Punkt mit der Tradition seit Hobbes überein:

Ein Teil der Wechselseitigkeit, mit der die Moral, namentlich die Rechtsmoral, zu tun hat, ist derart wichtig, daß man sich auf sie muß rundum verlassen können. Aus diesem Grund kommt Nietzsche auf das Thema Versprechen, besteht es doch in einem Wort, das man anderen gibt, auf daß sie darauf bauen können. Statt „Versprechen" kann man auch „Vertrag" sagen und ergänzen: „Ohne Vertrag kein Recht" (MA I 446: 2, 290). Die Vertragstheoretiker („Kontraktualisten"), die seit Rawls, in der frühen Neuzeit seit Hobbes, eine so gewichtige Rolle spielen, haben es noch nicht bemerkt, daß Nietzsche über die Institution des Versprechens in gewisser Hinsicht ein Kontraktualist, insofern einer der ihren ist. Das gilt trotz der Kritik an der Vorstellung, der Staat *beginne* mit einem Vertrag (II 17: 324, 28). Mag er auch aus der Gewalt einer „Eroberer- und Herren-Rasse" entstanden sein, Bestand hat er auf der Grundlage eines stillschweigenden, aber wechselseitig gegebenen Versprechens. Und dafür legt sich Nietzsche die genealogisch gemeinte Frage vor, die die Kontraktualisten in der Regel nicht stellen: Wer vermag, mehr noch: wer darf die einschlägigen Versprechen abgeben?

5.2 Kontrapunkt: Vergeßlichkeit

Die Antwort erfolgt aus dem Wesen der Sache. Weil „Versprechen" heißt, für sich als Zukunft gutzusagen, muß man über die entsprechende Fähigkeit verfügen, die wiederum einer entgegenwirkenden Kraft abgerungen werden muß, einer kreativen Vergeßlichkeit. Im ausdrücklichen Gegensatz zum physikalischen Trägheitsbegriff, der „vis inertiae" (II 1: 291, 12), ist die Vergeßlichkeit die kräftefreie Bewegung passiver Körper, vielmehr ‚aktiv' und ‚positiv': Ausdruck einer natürlichen Kreativität. Sie besteht in der Fähigkeit, „tabula rasa" zu machen, „damit wieder Platz wird für Neues, vor Allem für die vornehmeren Funktionen [...], für Regieren, Voraussehn, Vorausbestimmen" (Z. 23–25). Die Gegenkraft zum Versprechen ist Ausdruck einer ungebrochenen Vitalität: „eine Form der *starken* Gesundheit" (292, 9).

Würde Nietzsche die Kraft als Willen qualifizieren, also von einem Willen zur Vergeßlichkeit sprechen, so wäre sie Ausdruck seines psychologischen Grundbegriffs, des dem physikalischen Grundbegriff der Kraft äquivalenten Willens zur Macht (vgl. II 12: 314–16; III 18: 383, 15; III 27: 409, 1 f.). Da der Willensbegriff aber bei der Vergeßlichkeit gemieden wird, bedeutet er noch erstlich jene Vorstufe des Willens zur Macht, die den Menschen der „psychologischen Vorgeschichte" (vgl. 293, Z. 2 und 11 f. u. a.), also ein menschliches, aber erst „schwach menschliches", „noch nicht das voll menschliche Tier" auszeichnet. Außerdem gehört die Vergeßlichkeit selber noch nicht zu den „vornehmeren Funktionen", bereitet aber ihnen, dem „Regieren, Voraussehn, Vorausbestimmen", den Weg. Da die Vergeßlichkeit als „Aufrechterhalterin der seelischen Ordnung" (292, 1) unverzichtbar ist – ohne sie kann es „kein Glück, keine Heiterkeit, keine Hoffnung, keinen Stolz" geben (II 1: 292, 3) –, führt Nietzsche im Vorübergehen eine zweite anthropologische Bestimmung ein: Der Mensch ist das „nothwendig vergessliche Thier" (Z. 8). Genaugenommen, stehen beide Bestimmungen in einer unaufhebbaren Spannung, die Nietzsche allerdings so nicht ausspricht: daß der Mensch nach seiner umfassenden Definition das Wesen ist, das die Spannung zwischen Vergeßlichkeit und Gedächtnis aushalten können muß. Um des Glücks und der Heiterkeit willen muß er vergessen können; um dagegen versprechen zu dürfen, muß er zum „Inhaber eines langen, unzerbrechlichen Willens" geworden sein (II 2: 294, 5). Weil dessen Vorbedingung, „berechenbar, regelmässig, nothwendig zu sein" (Z. 30 f.), dem Glücks- und Heiterkeitsverlangen abgetrotzt werden muß, lautet der „Hauptsatz aus der alterältesten [...] Psychologie auf Erden" (295, 16 f.), Nietzsches psychologischer Grundsatz von Moral, Gesellschaft und Staat: „nur was nicht aufhört, weh zu thun, bleibt im Gedächtniss" (14 f.).

Ob zu Recht oder Unrecht: mit dieser These, daß Schmerz und Leid für die Genese des Menschen als eines Moral- und Staatswesens unverzichtbar sind, wendet sich Nietzsche gegen den Utilitarismus, den er ein Jahr vor der *Genealogie* eine „Vordergrunds-Denkweise" nennt. Wie der Hedonismus, Pessimismus und Eudämonismus messe er nämlich den Wert der Dinge nach Lust und Leid, „das heisst nach Begleitzuständen und Nebensachen", worauf jeder, „der sich *gestaltender* Kräfte und eines Künstler-Gewissens bewusst ist, nicht ohne Spott, auch nicht ohne Mitleid herabblicken wird" (JGB § 225: 5, 160, 15 ff.). Denn „es giebt höhere Probleme als alle Lust- und Leid- und Mitleid-Probleme" (5, 161, 30 f.). Freilich spricht auch Nietzsches psychologischer Grundsatz von Leid, weshalb man, um einen oberflächlichen Widerspruchsvorwurf zu entgehen, zwei Begriffe von Leid unterscheiden muß: das gewöhnliche Leid, gegen das der Utilitarismus die Lust verrechnet, und jene genealogische Tiefenschicht von Leid, die die Menschheit im Verlauf der Vorgeschichte um höherer Leistungen willen auf sich nehmen mußte.

Üblicherweise versteht man das Vergessen bloß negativ, als Fehlen oder Verlust von Erinnerung. Schon früh, in der zweiten „Unzeitgemäßen Betrachtung": *Vom Nutzen und Nachteil der Historie für das Leben* (1874), bestimmt Nietzsche das Vergessen positiv und nimmt damit eine bemerkenswerte Umwertung von Werten vor. Dort erklärt er nämlich „das Vergessen-können oder, gelehrter ausgedrückt, das Vermögen während seiner Dauer unhistorisch zu empfinden", zur notwendigen Bedingung für jede Art von Glück. Mehr noch: „Zu allem Handeln gehört vergessen." Denn „es ist möglich, fast ohne Erinnerung zu leben, ja glücklich zu leben, wie das Thier zeigt; es ist aber ganz und gar unmöglich, ohne Vergessen überhaupt zu leben" (1, 250). Auch die *Genealogie* bestimmt das ‚positive Hemmungsvermögen', das Vergessen, nicht deshalb als aktive Kraft, weil sie eine moralische Leistung gegenüber anderen meint, eine Verzichtsleistung; das Verzeihen. Diese spielt vielmehr weder in der *Genealogie*, noch in anderen Werken – wenn überhaupt – eine ins Auge fallende Rolle. Allenfalls kann man auf die Gnade (II 10: 309) hinweisen. Sie ist aber etwas anderes: zwar Großmut, aber die eines nicht direkt betroffenen Dritten, des Gemeinwesens, während das Verzeihen vom Opfer des Unrechts ausgehen muß. Nietzsches Vergessen besteht in jener vormoralischen Kraft, die es möglich macht, die „Thüren und Fenster des Bewusstseins zeitweilig [zu] schließen; von dem Lärm und Kampf, mit dem unsre Unterwelt von dienstbaren Organen für und gegen einander arbeitet, unbehelligt [zu] bleiben" (II 1: 291, 19 ff.).

Um den Blick auf eine systematische Debatte zu werfen: Obwohl der im psychologischen Hauptsatz genannte Preis für das Versprechendürfen ersichtlich hoch ausfällt, liegt vor, was eine Ethik der Verantwortung gegenüber der Natur berücksichtigen sollte: ein außerordentliches Privilegium (294, 19). Man darf den Menschen durchaus ins Kontinuum der Natur stellen, und damit Nietzsche folgen, wenn er mit einer Prise Provokation den Narzißmus des Menschen kränkend, vom „Thier" (291, 5; 292, 8; 293, 3) bzw. „Menschen-Thiere" spricht (295, 7). Wer aber nicht zusätzlich seine Sonderstellung anerkennt, kann nicht verlangen, was reinen Naturwesen fremd ist: eine genuine Rücksichtnahme auf das Wohlergehen anderer Arten. Auch wenn Nietzsche selbst sie nicht einfordert, dürfte sie von jenem Typ des großen Versprechens sein, über dessen subjektive psychologische Vorbedingungen er nachdenkt: Wenn die Rücksicht auf die Natur kein trockenes Versichern bleiben soll, muß die Menschheit die Arbeit einer Selbsterziehung auf sich nehmen, die zweifelsohne schmerzliche Einbußen verlangt.

5.3 Autonomie als Souveränität

Wie die Vergeßlichkeit, so ist auch ihre Gegenkraft keine Trägheit, kein „passivisches Nicht-wieder-los-werden-können des einmal eingeritzten Eindrucks" (292, 13). Vielmehr führt Nietzsche sogar den Begriff des Willens ein und spricht von einem aktiven „Nicht-wieder-los-werden-*wollen*" (Z. 16 f.). Dieses ist kein einmaliger Akt: „heute verspreche ich, daß ..., und dann sehen wir, was morgen wird". Es zeichnet sich vielmehr durch sechs grundverschiedene Faktoren aus, die sich zusammen auf eine Phänomenologie des Versprechens im emphatischen Sinn belaufen. Schon jeder Faktor für sich und noch mehr ihre Verbindung zeigt, warum für Nietzsche das Versprechen kein Allerweltskönnen ist, sondern wegen des emphatischen Begriffs ein voraussetzungsreiches, überdies seltenes Dürfen:

Als Gegenbegriff zum Vergessen ist es zwar „ein Gedächtnis", das aber nicht für alles und Beliebiges zuständig ist. Im Unterschied zum Gedächtnis im üblichen, epistemischen Sinn der Erinnerung (vgl. etwa die zweite Wissensstufe in Aristoteles' Phänomenologie des Wissens: (*Metaphysik* I 1), ist es *erstens* kein unterschiedsloses Aufbewahren, sondern ein auf Handeln orientiertes Selektionsvermögen. Vieles wird der Vergeßlichkeit überlassen, nur für gewisse Fälle wird sie „ausgehängt" (292, 11). Das Bild des Aushängens spielt auf die Objektivität in Anführungszeichen an, auf jenes perspektivische, den Affekten eines Subjekts und seinem Willen dienende Verständnis von Objektivität, das nicht in einem interesselosen Anschauen besteht, sondern im ‚Vermögen, sein Für und Wider in der Gewalt zu haben' (III 12: 364, 30 ff.). Und dieses Moment gehört zu den Gründen, warum die Dritte Abhandlung das Motto aus dem *Zarathustra* (4, 49) auslegt: „Unbekümmert, spöttisch, gewaltthätig – so will *uns* die Weisheit: sie ist ein Weib, sie liebt immer nur einen Kriegsmann."

Wer die Vergeßlichkeit aushängt, redet nicht „so daher", sondern ‚verpfändet' *zweitens* sein Wort. Schon hier (II 1: 292, 15) klingt das Vertrags-, näherhin Obligationenrecht an, das mit den Begriffen „Schuld" und „Schulden" ab II 4 in den Mittelpunkt rückt. Wer jemandem etwas verspricht, sei es eine Sache, eine Leistung oder eine Haltung (z. B. Treue), der räumt dem Betreffenden ein Recht, sogar eine Forderung ein. Er übergibt sogar einen für die Forderung haftenden ‚Gegenstand', ein Pfand, das aber in nichts anderem als dem Wort des Versprechenden, letztlich ihm selbst, liegt.

Das Pfand schafft *drittens* eine Kontinuität: das Wort gilt so lange, bis die Forderung eingelöst wird. Aber erneut geht es nicht um eine epistemische, sondern praktische Kontinuität, um ein „Fort- und Fortwollen", das als „Gedächtniss des Willens" dafür sorgt, daß die „lange Kette des Willens" nicht „springt" (Z. 17 f.) und das betreffende Subjekt zum „Inhaber eines langen, unzerbrechlichen Willens" macht (294, 5).

Um das, was er – eventuell vor langer Zeit – versprochen hat, am Ende tatsächlich zu leisten, muß der Mensch *viertens* die anspruchsvolle Vor-Leistung (vgl. 293,5: „Bedingung und Vorbereitung") gelernt haben, „über die Zukunft voraus zu verfügen". Zu diesem Zweck braucht er Urteilsfähigkeit, um „das nothwendige vom zufälligen Geschehen [zu] scheiden"; er muß in Ursache-Wirkungszusammenhängen, „causal", überdies prospektiv („das Ferne ... vorwegnehmen"), nicht zuletzt teleologisch („was Zweck ist") und instrumental denken können („was Mittel dazu ist"; Z. 25 ff.).

Wie das Gedächtnis, so ist auch die kausale, planende, berechnende Rationalität nicht auf eine epistemische Fähigkeit zu verkürzen. In einer überraschenden Volte macht Nietzsche den Menschen nicht bloß zum Subjekt, das „überhaupt rechnen, berechnen" kann, sondern auch zum Objekt, zum Opfer, und führt die Opferrolle als dreifache Vor-Vorleistung ein: Der Mensch muß „selbst vorerst [1] *berechenbar*, [2] *regelmässig*, [3] *nothwendig* geworden sein" (Z. 29 f.; vgl. II 2: 293, 7 f. „nothwendig, einförmig, gleich unter Gleichen, regelmässig und folglich berechenbar").

Um versprechen zu dürfen, muß man weniger etwas Kognitives als etwas Affektives lernen, eine neue Disposition, einen neuen Charakter. Es geschieht freilich nicht auf die relativ harmlose Weise des Aristoteles: durch Einüben (vgl. *Nikomachische Ethik* II 1). Einmal mehr erweist sich Nietzsche indirekt als ein kritisch-kreativer Gesprächspartner der philosophischen Tradition. In einem weit härteren Prozeß muß man so Gravierendes hinnehmen und mit sich machen lassen, wie soziale Zwangsjacke (II 2: 293, 16), Schmerz (II 3: 295, 31) samt „Blut, Martern, Opfer" (Z. 24) und Strafe (II 3, II 5, II 12 u. a.). Nietzsches provokativer Ausdruck „heranzüchten" ist deshalb weniger nach dem Muster von Tier- und Pflanzenzucht zu verstehen, als nach Darwins evolutionstheoretischem Begriff der Zuchtwahl. Freilich dürften auch die Ausdrücke „erziehen" und „züchtigen" anklingen.

Das Heranzüchten – so ein in den folgenden Abschnitten mitschwingendes *sechstes* Moment – hat keinen individuell benennbaren Urheber; der Mensch ist nicht Herr dieses Prozesses; und gewiß ist keine gezielte Eugenik gemeint. Weil es sich vielmehr wie evolutionäre Prozesse in der Biologie anonym, „hinter dem Rücken" der Menschen, abspielt, spricht Nietzsche diese „ungeheure Arbeit" (293, 8) durchaus sachgerecht als „heranzüchten" an. Als Arbeit „des Menschen an sich selber" (Z. 10 f.) ist es freilich ein besonderes, gewissermaßen reflexives Heranzüchten: der Mensch als Subjekt und Objekt zugleich.

Am Schluß des ersten Abschnitts erscheint das Versprechendürfen als schlichtes Ergebnis des vierten und fünften Momentes, des Berechnenkönnens und Berechenbarseins. Der Beginn des nächsten Abschnitts korrigiert den Anschein: Die Berechenbarkeit erfolgt mit Hilfe „der socialen Zwangsjacke" (293, 15 f.) von „Härte, Tyrannei, Stumpfsinn und Idiotismus" (Z. 14) und jener konventionellen Sittlichkeit („Sittlichkeit der Sitte"), die Nietzsche in der *Morgenröte* so sprechend definiert: „Ursprünglich gehörte die ganze Erziehung und Pflege der Gesundheit, die Ehe, die Heilkunst, der Feldbau, der Krieg, das Reden und Schweigen, der Verkehr untereinander und mit den Göttern in den Blick der Sittlichkeit" (§ 9: 3, 22, 25–28).

Mit dem „Gehorsam gegen Sitten" (ebd., Z. 1) tritt der Mensch, der für sich als Zukunft gutsagen kann, noch nicht in die Welt. Das geschieht erst im Fortgang der Entwicklung, gegen „Ende des ungeheuren Prozesses […], wo der Baum endlich seine Früchte zeitigt" (II 2: 293, 17) und „als reifste Frucht" das souveräne Individuum erscheint (Z. 20 f.). Insofern scheint Nietzsche drei Phasen zu unterscheiden: (1) Vor der Berechenbarkeit steht die Phase der Vorsittlichkeit, (2) mit der Berechenbarkeit tritt man in die der Sittlichkeit ein, samt des hohen Preises, des schlechten Gewissens, das in den ersten Abschnitten (II 1–3) aber noch nicht anklingt und (3) das Ende und zugleich die Vollendung besteht in der Phase der Autonomie und Übersittlichkeit.

Die Frage, wie sich diese Entwicklung zur Herren- und zur Sklavenmoral der Ersten Abhandlung verhält, legt sich Nietzsche nicht vor. Folgendes erscheint als plausibel: Mit der ersten Phase taucht Nietzsche weit in die psychologisch-moralische Vor- und Frühgeschichte der Menschheit ein, in jene unschuldige, vorsittliche Phase, in der gewisse Herrenvölker mit ‚starker Gesundheit', in der ‚Gegenwart' lebend, sich ihres Glücks und ihrer Heiterkeit erfreuen. Die zweite, sittliche Phase entspricht den Völkern, die nach dem Einfall der Herrenvölker nach und nach die ressentiment-durchwirkte Sklavenmoral und mit ihr das schlechte Gewissen entwickeln. In der Moral des autonomen Individuums zeichnet sich dagegen die Aufgabe der Zukunft und der Gedanke des Übermenschen mit einer zweiten Unschuld ab: die wieder ressentimentbefreite Übersittlichkeit.

Mit voller Absicht verwendet Nietzsche den staatsrechtlichen Begriff „souverän" (II 1: 293, 21 und 31; 294, 10 und 25). Die Souveränität besteht nämlich in der schlechthin höchsten, von nichts und niemandem abgeleiteten, überdies allumfassenden: nach innen und außen bestehenden, überdies unbeschränkten Hoheitsgewalt. Diese Gewalt zeichnet die Frucht des Heranzüchtens aus, die Nietzsche durch eine vierfache Herrschaft bestimmt:

Bezeichnenderweise beginnt er mit der inneren Souveränität, der „Herrschaft über sich", und erweitert damit die in der ersten Abhandlung genannten Herren-Eigenschaften. Überdies stimmt er in einer grundlegenden Hinsicht mit dem wegen seiner Jenseits-Moral kritisierten Platon überein: Herr ist nicht bloß, wer nur Macht über andere, sondern wer primär Macht über sich hat. (Zu Platons Zusammenhang von Herrschaft über sich und der Herrschaft, genauer: dem Recht auf Herrschaft über andere vgl. *Politeia* IX 579c.) Sodann geht Nietzsche zu drei Dimensionen äußerer Souveränität über, zur „Herrschaft über die Umstände, über die Natur und alle willenskürzeren und unzuverlässigeren Creaturen" (294, 2–4). Denn nur der kann sein Wort im vollen Sinn verpfänden, der „sich stark genug weiss, es selbst gegen Unfälle, selbst ‚gegen das Schicksal' aufrecht zu halten" (Z. 13 f.). Dem wirklich souveränen Individuum passiert es ebensowenig, sich widrigen Umständen beugen zu müssen, wie ihm die Kette seines Willens reißt und er das gegebene Versprechen bricht. Der hier wohl abfällig gemeinte Ausdruck der Kreatur dürfte beide meinen: sowohl humane als auch subhumane Wesen: Das souveräne Herren-Individuum herrscht zu Recht über die Sklaven-Individuen und über die nichtmenschliche Natur.

Nietzsche dürfte es gegenwärtig gehabt haben, daß schon Kant für die höchste Stufe der Moral, die Moralität bzw. Sittlichkeit, einen Rechtsbegriff verwendet, überdies einen Begriff des Staatsrechts: die Autonomie im Gegensatz zur Heteronomie. Gegenüber Nietzsches Begriff der Souveränität bestehen aber bezeichnende Unterschiede. Eine Differentialanalyse von Kants und Nietzsches Moralverständnis könnte durchaus entlang der Begriffe Souveränität versus Autonomie vorgenommen werden. (Allerdings spricht auch Nietzsche von „autonom": II 2: 293.) Hier nur wenige Stichworte, beginnen wir mit der Gemeinsamkeit:

Für Kant wie Nietzsche hat die Moral einen gewissen Rechtscharakter. Im Begriff der Souveränität geht es freilich um Herrschaft, was den Willen zur Macht und die Herrenmoral im Gegensatz zur Sklavenmoral anklingen läßt. (Vgl. FW § 252: „Lieber schuldig bleiben, als mit einer Münze zahlen, die nicht unser Bild trägt! – so will es unsere Souveränität": 3, 516. Dieser Aphorismus spricht gegen den Versuch, „souverän" nur umgangssprachlich als „selbständig, jeder Lage gewachsen" zu verstehen; selbst „überlegen" genügt nicht.) Im Begriff der Autonomie kommt es dagegen auf Gesetze und Gesetzgebung an, womit sich Kant gegen jeden Anflug von Willkür absetzt. Weiterhin hat die Souveränität sowohl eine innen- als auch eine außenpolitische Seite; man ist über beide Herr: über sich und über andere und anderes. Bei der Autonomie steht dagegen die Innenperspektive im Vordergrund: Soweit man von Herrschaft sprechen kann, ist es vornehmlich die Herrschaft über sich, über das untere und das obere Begehrungsvermögen, über Bedürfnisse und Interessen, über das Gefühl vom Angenehmen und Unangenehmen, freilich nur in einem wohlbestimmten Sinn: Kants Autonomie kommt es nicht auf deren Unterdrückung an, weshalb „Herrschaft" mißverständlich ist, sondern lediglich darauf, daß das gesamte Begehrungsvermögen als letzter Bestimmungsgrund des Willens ausgeschlossen ist.

5.4 Gewissen tout court

Das souveräne Individuum übt die vierfache Herrschaft nicht bloß aus. Es ist sich ihrer auch bewußt, und auch darüber, daß es damit ein außerordentliches Vorrecht („Privilegium") genießt, eine ‚seltene Freiheit' (294, 18–20): das Individuum ist „mit Stolz" erfüllt, es darf auch zu sich ‚Ja sagen' (II 3: 294, 32).

Damit dieser Stolz nicht bloß gelegentlich auftaucht, sondern zum festen Bestandteil wird, muß er in die unbewußte Antriebskraft eingehen und „bis in seine unterste Tiefe hinabgesenkt und [...] zum Instinkt geworden" sein, zum „dominirenden Instinkt" (II 2: 294, 21–23). Raffiniert, sogar maliziös und mit einer Prise Perfidie nennt Nietzsche dieses „stolze Wissen", als Instinkt aber eine Vorstufe zum Wissen, Gewissen. Es ist allerdings nicht das „übliche Gewissen", jene innere Instanz, die den Menschen dem unbedingten Anspruch des Guten unterwirft und ihm bei (geplanten oder vollzogenen) Verstößen gegen das Gute zur Rechenschaft zieht, während das gute bzw. ruhige Gewissen das sprichwörtlich sanfte Ruhekissen bildet. Es ist auch nicht das Über-Ich im Sinne von Freud, des Inbegriffs internalisierter Normen, denen sich das Ich als ihm fremden Autoritäten unterwirft. Die Alternative „schlecht" oder „gut" kennt grundsätzlich keine Gewissensbisse. Wie das gute Gewissen läßt es gut schlafen, aber aus einem radikal anderen Grund: nicht aus Gehorsam gegen die Sitten, sondern weil man keine Gehorsam heischenden Sitten kennt. Es ist jenes Gewissen „in seiner höchsten, fast befremdlichen Ausgestaltung" (II 3: 294, 29 f.), das ohne bewertende Qualifizierung auskommt, die schlichte Instanz: das Gewissen tout court.

Solange die Vergeßlichkeit vorherrscht, muß die (konventionelle) Macht von außen „unvergesslich" gemacht werden (II 3: 296, 4 f.). Dabei herrscht ein Komparativ: „Je schlechter die Menschheit ‚bei Gedächtniss war', um so furchtbarer ist immer der Aspekt ihrer Bräuche" (Z. 5 f.). In der Frühzeit der Menschheitsgeschichte mußten die Strafgesetze daher härter sein. Nietzsche zählt exemplarisch „die alten deutschen Strafen" auf, etwa das Steinigen, das Rädern, das Vierteilen, das Sieden in Öl oder Wein und das Schinden, „auch wohl dass man den Übeltäter mit Honig bestrich und bei brennender Sonne den Fliegen überliess" (296, 24 ff.). Mit ihrer Hilfe „kam man endlich ‚zur Vernunft'", namentlich zur Herrschaft über die Affekte (297, 5 f.), also zu jenem *kata logon zên* (vernunftgemäß leben), das Aristoteles im Gegensatz zum *kata pathos zên* (affektgemäß leben) stellt (z. B. *Nikomachische Ethik* I 1, 1095a8 und a10).

Im dritten Abschnitt erscheinen erneut drei Phasen der Menschheitsentwicklung: (1) das Menschen-Tier (Z. 7) mit dem „theils stumpfen, theils faseligen Augenblicks-Verstande, dieser leibhaften Vergesslichkeit" (295, 9); (2) die „Vorgeschichte des Menschen" (Z. 13), in der das Menschen-Tier mittels grausamer Strafen eine Gedächtniskunst entwickelt („Mnemotechnik": ebd.); schließlich (3) das „zur Vernunft gekommene Menschen-Thier", also der tatsächliche Mensch, der seine Affekte beherrscht, freilich nur dann das souveräne Individuum von Abschnitt II 2 bildet, wenn man sich zusätzlich von den moralischen Vorgaben der Gesellschaft, der Sitte und den Sitten, löst und nur dem ‚eigenen unabhängigen langen Willen' folgt (293, 24 f.).

Auf die Anschlußfrage, was dieser Wille denn will, gibt Nietzsche keine Antwort. Daß der souveräne Mensch glaubt, gegen die genannten Verbote verstoßen und töten, stehlen, betrügen zu dürfen, ist nicht anzunehmen. Infolgedessen erkennt er frei, aus sich heraus an, was eine – Kantische? – Moral als Gesetz aufstellt. Stimmt also Nietzsche inhaltlich doch mit Kant überein? Zumindest in ihren ersten drei Abschnitten läßt die Zweite Abhandlung eine positive Antwort zu. Folglich gibt Nietzsche nicht auf Kants Frage, die freie Anerkennung moralischer Verbindlichkeiten, sondern nur auf seine von Kant abweichende Frage nach der Herkunft der Moral eine nichtkantische Antwort. Immerhin beruft er sich in der Vorrede, bei nichts Geringerem als der „Geringschätzung des Mitleidens" (252, 25 ff.), also der Kritik der Sklavenmoral, auch auf Kant. Zugleich stimmt Nietzsche ein weiteres Mal mit seinen kritisierten „Vorgängern" überein: nach Platon hier auch mit Kant.

Literatur

Aristoteles: Die Nikomachische Ethik, übers. v. O. Gigon, München ²1975; gr. Ethica Nicomachea, hrsg. v. I. Bywater, Oxford 1979.

Aristoteles: Politik, übers. v. O. Gigon, München ³1978; gr. Politica, hrsg. v. W. D. Ross, Oxford 1990.

Apel, K. O. 1988: Diskurs und Verantwortung. Das Problem des Übergangs zur postkonventionellen Moral, Frankfurt/M.

Gerhardt, V. 1992: „Das Thier, das versprechen darf". Mensch, Gesellschaft und Politik bei Friedrich Nietzsche, in: O. Höffe (Hrsg.): Der Mensch – Ein politisches Tier? Essays zur politischen Anthropologie, Stuttgart, 134–156.

Hobbes, T. 1984: Leviathan oder Stoff, Form und Gewalt eines bürgerlichen und kirchlichen Staates, Frankfurt/M.

Höffe, O. 1995: Kategorische Rechtsprinzipien. Ein Kontrapunkt der Moderne, Frankfurt/M.

Kant, I.: Grundlegung zur Metaphysik der Sitten, in: Gesammelte Schriften, hrsg. v. d. Königlich Preußischen Akademie der Wissenschaften, Berlin 1902 ff. (Akademie-Ausgabe), Bd. IV, 385–463.

Kant, I.: Mutmaßlicher Anfang der Menschengeschichte, VIII, 107–124.

Kant, I.: Über ein vermeintes Recht, aus Menschenliebe zu lügen, VIII, 423–430.

Platon: Politeia/Der Staat, in: Werke, griech./dt., hrsg. v. G. Eigler, übers. v. F. D. E. Schleiermacher u. a., Darmstadt 1971 ff., Bd. IV.

Rawls, J. 1971: A Theory of Justice, Cambridge/Mass.; dt. Eine Theorie der Gerechtigkeit, Frankfurt/M. 1975.

6

Volker Gerhardt

„Schuld", „schlechtes Gewissen" und Verwandtes (II 4–7)

6.1 Der Abstand zu Kant

Die zweite Abhandlung der *Genealogie* steht nicht gerade unter einem prägnanten Titel. Man braucht sich nur selbst in die Lage zu versetzen, in der eine angemessene Überschrift für das zu finden wäre, was hier behandelt wird, um augenblicklich zu erkennen, daß sich Nietzsche ausnahmsweise einmal nicht auf der Höhe seiner stilistischen Kunst bewegt: „‚Schuld', ‚schlechtes Gewissen' und Verwandtes". Das ist eine mit spitzen Fingern vorgeführte Exposition von zwei Begriffen, auf die sich der Text bezieht. Die große Zahl der anderen Begriffe wie „Versprechen", „Verantwortung", „Freiheit", „Wert" oder „Sinn", die ebenfalls behandelt werden, wird einfach unter „Verwandtes" angefügt. Gleichwohl paßt der dritte Terminus zum Generalthema der Genealogie, die nach Verwandtschaften, genauer: nach „Blutsverwandtschaften" (vgl. II 20: 329) fahndet, läßt aber noch nicht einmal ahnen, wie heterogen die Themen sind, die im Folgenden tatsächlich zur Sprache kommen. Zum Glück gehen bereits die ersten drei Abschnitte in ihrer Themenstellung so weit über den spröden Titel hinaus, daß man sich nicht lange täuschen lassen muß.

In den ersten beiden Abschnitten der zweiten Abhandlung entwirft Nietzsche seine Ethik der individuellen Verantwortlichkeit. Dazu benötigt er, wie schon Kant in seiner kritischen Ethik, die *Freiheit* und die *Gleichheit* der handelnden Subjekte, denn ohne sie ließe sich, auch bei Nietzsche, die Gegenseitigkeit gleichberechtigter Partner nicht denken. Als Psychologe ist Nietzsche aber nur an den empirischen Bedingungen von Freiheit und Gleichheit interessiert; er will schildern, wie sie sich im Gang einer langen Geschichte gesellschaftlich entfaltet haben.

Damit tritt neben die psychologische auch eine soziologische Fragestellung. Ihr wird in der Nietzsche-Forschung leider nur wenig Aufmerksamkeit geschenkt (dazu: Baier 1981/82, 6–33; Gerhardt 1996, 131 ff.). Tatsächlich aber ist Nietzsche einer der Wegbereiter der soziologischen Ausdeutung der Moral. Er partizipiert an den großen Hoffnungen auf eine ideologiekritische Entlarvung, die das 19. aus dem späten 18. Jahrhundert übernommen hat und die in den Sozialwissenschaften auch heute noch wirksam sind. Über Simmel, Tönnies, Weber und Freud hat er die von marxistischen Soziologen inaugurierte „Dialektik der Aufklärung" inspiriert und kann selbst noch als Vorläufer der postmarxistischen „Detranszendentalisierung" der Vernunft durch Jürgen Habermas gelten.

Umso schwerer fällt es Nietzsche, die moralischen Erwartungen, die er selbst auf das „souveraine Individuum" richtet, zu begründen. Zwar weiß er genau, daß sowohl Freiheit wie auch Gleichheit selbst keine empirischen Elemente des menschlichen Handelns sind. Mit schöner Anschaulichkeit hat er an den Schlägen einer Kirchenturmuhr demonstriert, daß die Gleichheit der Schläge die „Zutat" des Menschen ist. Von der Freiheit betont er unablässig, daß es sie nicht „giebt". Wenn er trotzdem den „freien Geist" und die Freiheit für möglich hält, müssen sie eine andere Qualität aufweisen als ein Glockenschlag oder ein menschlicher Körper. Zwar macht er uns immer wieder klar, daß es auch die physischen Körper nicht wirklich „giebt"; hier bleibt er den Kantianismen treu, die er bei Schopenhauer, Friedrich Albert Lange und African Spir so überzeugend gefunden hat. Dennoch schenkt Nietzsche der von ihm selbst zur Anwendung gebrachten kategorialen Unterscheidung zwischen sinnlich gegebenen Gegenständen und deren praktisch wirksamer Deutung im gesellschaftlichen Zusammenhang keine Beachtung. Alles ist gleichermaßen „Interpretation". Er begnügt sich damit, die transzendental-anthropologischen Bedingungen der menschlichen Erkenntnis zu decouvrieren („Der Mensch kann nicht um seine Ecke sehen ..."), und rechnet sie ohne Unterschied zu den Konditionen, von denen sich der Mensch nur befreien kann, wenn er sich von Gott oder von sich selbst emanzipiert.

Da dieser unausdenkbare Akt aber selbst zu den hohen ethischen Leistungen eines „freien Geistes" gehört, bleibt er an die begrifflichen Prämissen von Freiheit und Gleichheit gebunden. Über sie findet sich bei Nietzsche kein klärendes Wort. Deshalb erscheinen die „Tugenden" des „freien Geistes" bis heute, mag auch noch so oft von „Redlichkeit", „Wahrhaftigkeit", „Gerechtigkeit" oder „Tapferkeit" die Rede sein, wie Fremdkörper in Nietzsches Werk (zu Nietzsches Ethik: van Tongeren 1989; Steinmann 2000; Recki 2002, 274 ff.). Wenn sie wirklich überzeugen sollten, müßten sie von jeder Genealogie unabhängig sein, so aufschlußreich ihre historische Genese auch immer sein mag. Eben deshalb verweist Kant die genealogischen Fragen in den Bereich der empirischen Psychologie. Wenn nun Nietzsche in bewußter Opposition zur Transzendentalphilosophie der *Psychologie* die Hauptaufgabe der Genealogie zuweist, dann ist damit nicht nur ein methodologischer Unterschied gesetzt: Der von Kant bereits methodologisch gesicherte Anspruch auf eine individuelle Konsequenz im Namen der Menschheit wird von Nietzsche auch in der Sache preisgegeben. Zwar kann man bezweifeln, ob sich der *Übermensch*, die *Umwertung*, die Achtung vor dem *Sinn der Erde* oder die Wahrung der *Vernunft des Leibes* fordern läßt, ohne zugleich auf die Humanität des Menschen zu setzen. Gleichwohl zielt Nietzsches Absicht darauf ab, den ideellen Konnex zwischen dem Begriff der Menschheit und der Moralität des Einzelnen zu entkoppeln. Er gibt sich alle Mühe, die Idee des Menschen durch die imaginäre ästhetische Praxis eines souveränen Individuums zu ersetzen.

Sehen wir über diesen Abgrund zwischen Kant und Nietzsche hinweg, kann man durchaus von Gemeinsamkeiten sprechen, etwa zwischen der „Autonomie" des vernünftigen Wesens auf der einen und der „Souverainität" des großen Individuums auf der anderen Seite. Dazu hat Otfried Höffe in seinem Kommentar (s. o.) erhellende Ausführungen gemacht.

6.2 Das Problem des Gewissens

Im dritten Abschnitt der zweiten Abhandlung schärft Nietzsche zwei psychologische Voraussetzungen ein, unter denen die Bedingung eintritt, die seine Ethik individueller Verantwortung möglich macht. Die Bedingung ist, daß der souveräne Mensch ein „Gewissen" hat! Nietzsches „freier Geist", der Akteur im „Wirbel und Wendepunkt" der Umwertung (zu dieser erstmals 1872 in der „Vorrede an Richard Wagner", GT: 1, 24, verwendeten Formel siehe Gerhardt 2001), ist nicht, wie man vermuten könnte, gewissenlos, sondern er *macht sich* ein Gewissen und – *hält ihm stand*. Genauer: Er hat die Kraft, wirklich aus eigenem Anspruch handeln zu können. Nur unter der Bedingung des Gewissens bildet sich das „stolze Gefühl der Verantwortlichkeit", das „Bewusstsein dieser seltenen Freiheit, dieser Macht über sich", die nötig ist, um überhaupt etwas versprechen zu dürfen (II 2: 294). Nur unter dieser Prämisse entsteht der „Stolz", „auch zu sich *Ja sagen [zu] dürfen*" (II 3: 294 f.).

Dem Gewissen, dessen reaktive Form Nietzsche später als eine „Krankheit" bezeichnet, die jedoch so viel (und so wenig) eine Krankheit ist, wie die Schwangerschaft als eine Krankheit angesehen werden kann,[1] liegt zweierlei zu Grunde: Zum einen das *Gedächtnis* und zum anderen der *Schmerz*, der überhaupt erst dafür sorgt, daß sich dem Gedächtnis etwas einprägt. Die Notwendigkeit eines Gedächtnisses ist offenkundig: man muß sich an Eigenes und Fremdes, an Gutes und Schlechtes, an Jüngstes und Älteres erinnern, wenn man eine zutreffende Auffassung vom Dasein und von den eigenen Fähigkeiten haben will. Jede realistische Selbstschätzung, die ja die Grundlage eines souveränen Handelns sein soll, bedarf somit der Erinnerung.

Daß Nietzsche hier an ein allgemein verbreitetes, allmählich entwickeltes und geschultes Vermögen denkt, gibt seine Rede von der unerläßlichen „Mnemotechnik" zu erkennen. Es handelt sich somit primär um eine kulturelle Leistung, ganz unabhängig davon, daß es beim Gewissen letztlich um die Fähigkeit eines einzelnen Menschen geht. So sehr Nietzsche im ethischen wie im ästhetischen Anspruch auf das einzelne, oft auch nur auf das „grosse Individuum" setzt, so selbstverständlich geht er in der genealogischen Betrachtung von höchst allgemeinen physischen, psychischen und sozialen Konditionen aus. Das Verfahren der Genealogie beruht auf dem

---

[1] In GM II 19 (327) heißt es: „Es ist eine Krankheit, das schlechte Gewissen, das unterliegt keinem Zweifel, aber eine Krankheit, wie die Schwangerschaft eine Krankheit ist." In anderer Stelle heißt es lapidar, „Schwangerschaft ist keine Krankheit". Also muß man den Vergleich zwischen dem schlechten Gewissen und der Schwangerschaft so verstehen, daß das schlechte Gewissen zwar eine „Krankheit" ist, aber letztlich doch nicht als eine solche begriffen werden kann. Tatsächlich wäre es im alltäglichen wie im medizinischen Verständnis absurd, wollte man die Schwangerschaft als Krankheit bezeichnen. Sie ist es weder für die Schwangere noch für den Embryo. Im übrigen ist sie die den Anfang eines jeden menschlichen Wesens bedingende Entwicklungsphase. Jeder muß durch sie hindurch. Wollten wir auch dies auf das schlechte Gewissen übertragen, würde es sogar zu einem notwendigen Durchgangsstadium des individuellen Werdens. Es ist unwahrscheinlich, daß Nietzsche daran nicht gedacht hat. Die Aussage des Satzes in GM II 19 ist vermutlich auf die Schwangere beschränkt. Aber auch hier kommt es bei näherer Betrachtung zu dem Effekt, daß die Parallele zwischen dem schlechten Gewissen und der Schwangerschaft, die sich zunächst wie eine Abwertung liest, eine Aufwertung impliziert. Dieses semantische Zwielicht ist typisch für Nietzsches weitgehend rhetorisch bestimmtes Verfahren. Ganz ähnlich ist sein Verfahren beim Begriff des „freien Geistes", den Nietzsche alle Verhältnisse radikal und scheinbar kompromißlos sprengen läßt. Betrachtet man aber den Kontext, in dem er Genesis und Produktivität des „freien Geistes" schildert, stellt man verwundert fest, daß der „freie Geist" sich in zahllosen Abhängigkeiten bewegt, zahlreiche Verbindungen sucht und vielfältige Gewohnheiten braucht, um jene Freiheit zur Wirksamkeit zu bringen, von der Nietzsche sich einen Wandel verspricht (dazu Pestalozzi 2001).

sachlichen Ineinander von psychologischer, sozio-kultureller und sozioökonomischer Analyse, und so hat der Denker der Individualität stets auch die Gesellschaft in ihrer geschichtlichen Entwicklung im Blick.

Nietzsches spezielles Interesse ist dabei auf die *Unumgänglichkeit schmerzhafter Erfahrung* konzentriert, auf ein Leiden, dem der Mensch nicht nur passiv ausgesetzt ist, sondern das er anderen Wesen – auch seinesgleichen – lustvoll zufügt. Schon in der ersten Abhandlung ist die Lust an der Grausamkeit das wichtigste Nebenthema der Betrachtung. Dem seichten Fortschrittsoptimismus seines Zeitalters glaubt er am wirkungsvollsten widersprechen zu können, indem er dem Menschen die Illusion nimmt, von Natur aus gut und friedfertig zu sein. Deshalb rechnet er gerade den Lehren, die alles auf die mitmenschliche Liebe, auf Verzeihung, Vergebung und gewaltlose Verständigung setzen, ihre implizite Gewalttätigkeit vor. Seine Abgrenzung gegenüber dem Christentum besteht zu einem großem Teil darin, daß er die gnadenlose Härte aufdeckt, mit der das Evangelium der reinen Liebe und der göttlichen Gnade durchgesetzt worden ist. Die Genealogie beruht nicht nur auf der Verbindung des Blutes, das in den Verwandten fließt, sondern auch auf dem Blut, das in den rücksichtslosen Kämpfen der Menschen geflossen ist.

Die offenkundige Lust, mit der Nietzsche die menschliche Lust an der Grausamkeit schildert, ist selbst noch ein Reflex der Grausamkeit, mit der er seinen Mitmenschen seine Erkenntnis antun will. Nietzsche hofft, daß seine Einsichten wehtun. Nicht zuletzt deshalb hat er so große Lust daran, sie mitzuteilen. Und indem er sich dieser Lust hingibt, glaubt er zugleich auf eben dem Weg zu sein, den auch ein Vermögen hat gehen müssen, das „Vernunft" genannt wird.

Dahinter steht eine Erwartung, die von grundsätzlicher Bedeutung für Nietzsches Philosophieren ist: Die Vorstellung der schrecklichsten Grausamkeiten, die Menschen einander angetan haben und weiterhin antun, läßt in langen Zeiträumen jene starken Abwehrkräfte entstehen, die einen lernfähigen Menschen schließlich ein entschiedenes „ich will nicht" sagen lassen: Er will nicht länger Opfer sein; er will nicht länger abhängig sein; er will dem Schmerz nicht schutzlos ausgesetzt sein. Daher sucht er sich dem Zugriff seiner gewalttätigen Mitmenschen zu entziehen, was umso schwieriger ist, als er ihnen nicht zuletzt auch im Hang zur Grausamkeit ebenbürtig ist. In diesem Lernprozeß, der noch bis in die jüngste Vergangenheit reicht (wenn er denn überhaupt je abgeschlossen werden kann), ist der Schmerz das „mächtigste Hülfsmittel der Mnemotechnik" (II 3: 295). Und er ist zugleich der Wegbereiter der Vernunft, die Nietzsche auf der erreichten Stufe der Kultur als unerläßlich ansieht: „Mit Hülfe solcher Bilder und Vorgänge behält man endlich fünf, sechs ‚ich will nicht' im Gedächtnisse, in Bezug auf welche man sein *Versprechen* gegeben hat, um unter den Vortheilen der Societät zu leben, – und wirklich! Mit Hülfe dieser Art von Gedächtniss kam man endlich ‚zur Vernunft'!" (II 3: 296 f.).

Im folgenden Satz wiederholt Nietzsche den ganzen Aufwand an Grausamkeiten im Untergrund der Vernunft – ohne jedoch einen Zweifel daran zu lassen, daß die Vernunft auf der erreichten Stufe der Entwicklung des Menschen so unverzichtbar ist wie das „Gewissen", die „Verantwortung". Oder sollte ausgerechnet Nietzsche auf den „Ernst" und das „Nachdenken" verzichten wollen, nur weil er sie, ihrer Herkunft wegen, als „düstere Sache" bezeichnet? „Ah, die Vernunft, der Ernst, die Herrschaft über die Affekte, diese ganze düstere Sache, welche Nachdenken heisst, alle diese Vorrechte und Prunkstücke des Menschen: wie theuer haben sie sich bezahlt gemacht! wie viel Blut und Grausen ist auf dem Grunde aller ‚guten Dinge'! ..." (II 3: 297).

Nietzsche bestreitet also weder, daß es „Vernunft" noch daß es „gute Dinge" gibt; er stellt auch ihren gesellschaftlichen Nutzen nicht in Frage. Er betont nur, daß die Vernunft nicht aus Vernunft entstanden ist und daß die „guten Dinge" nicht von Menschen stammen, die „von Natur aus gut" genannt werden können. Die Genealogie sucht vielmehr, die Entstehung der Moral aus dem zu beschreiben, was man heute als deren Gegenteil begreift. Hegel hat dieses Erklärungsverfahren „dialektisch" genannt. Kant sah im Übergang von der Neutralität der Natur zur praktischen Bewertung durch den Menschen nicht mehr und nicht weniger als die spezifische Leistung der Vernunft. Dieses Gegenteil, aus dem nach Nietzsche die Vernunft hervorgehen soll, ist die Macht, genauer: der Wille zur Macht (vgl. III 7; ausführlich dazu: Gerhardt 1996, 226 ff.).

6.3 Die englischen Genealogen

In den drei folgenden Abschnitten geht es Nietzsche um Erläuterungen zur ersten Etappe des Weges, den die Menschen zurückzulegen hatten, ehe sie überhaupt in Stand gesetzt waren, ernsthaft versprechen zu dürfen. Er will wissen, unter welchem Schmerz die Disziplin des souveränen Individuums gewachsen ist. Dazu fragt er, wie das Bewußtsein der Schuld, das die Last des Gewissens aufhäuft, hat entstehen können: „[...] wie ist denn jene andere ‚düstere Sache', das Bewusstsein der Schuld, das ganze ‚schlechte Gewissen' auf die Welt gekommen?" (II 4: 297) Die englischen „Genealogen", gegen die Nietzsches ganze Schrift gerichtet ist und von denen hier ohne Umschweife gesagt wird, daß sie nichts „taugen", haben eine viel zu kurze Zeitspanne zur Erklärung der Moral angesetzt. Ihnen fehle nicht nur der „Wille zum Wissen", nicht nur der „historische Instinkt", sondern auch das „zweite Gesicht", das man brauche, um den wahren Wirkungszusammenhang zu ermitteln.

Die schon in der Vorrede und im ersten Hauptstück beim Namen genannten „englischen Genealogen" bieten in Nietzsches Augen nur ein weiteres Lehrstück für das, was er bereits in der zweiten *Unzeitgemäßen Betrachtung* zu den „Schöpfungen utilitaristischer Gemeinheiten" gerechnet hatte (2. UB 9: 1, 319). In *Jenseits von Gut und Böse*, wo – nach entsprechenden Versuchen in den ersten Aphorismen-Büchern (MA I 39: 2, 62 ff.; I 94: 2, 91; I 99: 2, 95 f.) – erneut von der „Naturgeschichte der Moral" gehandelt wird, unterstellt Nietzsche den Engländern, sie wollten mit ihren Theorien so viel Langeweile verbreiten, daß sich jeder gleich wieder nach einer nützlichen Arbeit sehnt (JGB 189: 5, 110). Das nimmt er in der *Genealogie* auf und bezeichnet die „englischen Psychologen" als „alte, kalte, langweilige Frösche", die im „Sumpfe" leben und von dort aus die „Verkleinerung des Menschen" betreiben (I 1: 258). Hatten sie sich nach früheren Aussagen noch damit begnügt, dem Menschen jede Lust zu neiden und ihm nicht nur den Sonntag, sondern jede festliche Freude zu verkürzen (vgl. JGB 32: 5, 50 f.; 186 ff.: 5, 105 ff.), so führen sie ihn nun aus verborgenen religiösen Motiven in den kulturgeschichtlichen Niedergang.

Nietzsche zeigt sich hier auf der Höhe der von der Religionskritik des 18. Jahrhunderts inaugurierten und von den Psychologen und Soziologen des 19. Jahrhunderts perfektionierten Ideologiekritik. Die aber ist vom Wahrheitsanspruch des Kritikers, der ja die tatsächlichen Ursachen und Beweggründe des Handelns zu erkennen vorgibt, nicht zu trennen. Daher ist es nur folgerichtig, daß der Wahrheitskritiker Nietzsche in diesem Zusammenhang die „Wahrheit" für sich in Anspruch zu nimmt. Die „bisherigen Genealogen der Moral", so sagt er mit Blick auf Paul Rée und die englischen „Stümper" (auf die Rée sich stützt; siehe dazu: Vorrede 4 u. I 2), stehen in einem „nicht bloss spröden Verhältnis" zur „Wahrheit". Sie haben sich „auch nicht von Ferne Etwas davon träumen lassen, daß zum Beispiel jener moralische Hauptbegriff ‚Schuld' seine Herkunft aus dem sehr materiellen Begriff ‚Schulden' genommen hat" und daß „Strafen" ursprünglich von „Vergelten" kommt (II 4: 297). Damit verfehlen sie, nach Nietzsche, nicht mehr und nicht weniger als die Wahrheit.

Wenn Nietzsche nun seine eigene, vorgeblich tief in die Geschichte zurückreichende Genealogie vorträgt, nimmt er für sich selbst ein weniger sprödes Verhältnis zur Wahrheit in Anspruch. Schon im ersten Abschnitt der ersten Abhandlung hat er sich jenen „grossmüthigen und stolzen" Tieren zugerechnet, „welche ihr Herz wie ihren Schmerz im Zaum zu halten wissen und sich dazu erzogen haben, der Wahrheit alle Wünschbarkeit zu opfern, *jeder* Wahrheit, sogar der schlichten, herben, hässlichen, widrigen, unchristlichen, unmoralischen Wahrheit ... Denn es giebt solche Wahrheiten" (I 1: 258). Daß Nietzsche diese Aussage tatsächlich auf sich bezieht, stellen zahlreiche Aussagen in Briefen jener Jahre und am Ende von *Ecce homo* außer Zweifel.

In der Tat braucht man nur weit genug in die Geschichte zurückzugehen, um auf solche „Wahrheiten" zu stoßen. Denn man kann bereits mit der von Nietzsche favorisierten Methode des „Errathens" darauf kommen, daß es Strafen gegeben hat, bevor von „Freiheit" die Rede war. Ist man erst einmal so weit zurück gegangen, kann man auch unterstellen, daß diese Strafen der Vermeidung von unerwünschten Handlungen gegolten haben. Und da man selbst auf den ältesten Stufen des menschlichen Lebens Erinnerung und Empfindung voraussetzen kann, wird eine Strafe – ähnlich wie eine Drohung – die Funktion der Abschreckung gehabt haben. So kann man es schließlich schon bei den Tieren beobachten: Wenn ein untergeordnetes Mitglied eines Wolfsrudels gegen die Hierarchie verstößt, wird es durch Verbeißen abgestraft. Solange die Hierarchie Bestand hat, ist das ein wirksames Verfahren, bei dem weder von Freiheit noch von Verantwortung gesprochen werden muß und bei dem man natürlich auch die Gefühle der Tiere vernachlässigen kann. Es gibt keinen Hinweis darauf, daß dies den von Nietzsche inkriminierten englischen Genealogen, trotz ihrer „groben Finger" (II 4: 298),[2] entgangen ist.

6.4 Schuldner und Gläubiger

Auf den bloßen Effekt der Vermeidung oder Abschreckung kommt es Nietzsche aber gar nicht an: Ihn interessiert die „Psychologie der älteren Menschheit" (II 4: 298). Und mit Blick auf sie hält er es für entschieden, daß in ihr nicht die Frage der Verantwortlichkeit des Übeltäters, sondern die Lust des Strafenden im Vordergrund stand: „Es ist die längste Zeit der

---

2 Das entspricht der „Plumpheit und Bauern-Ernsthaftigkeit", die Nietzsche in *Jenseits von Gut und Böse* § 252 (5, 298) den Engländern anlastet. Im Umkreis dieses Aphorismus finden sich die meisten anti-englischen Verbalinjurien des Autors. Man sollte vermeiden, seine Urteile über die Engländer im Zusammenhang zu lesen, wenn man sich ein positives Urteil über seine Urteilskraft erhalten möchte.

menschlichen Geschichte hindurch durchaus *nicht* gestraft worden, weil man den Übelanstifter für seine That verantwortlich machte [...]" (ebd.).

Nietzsche diskutiert also nur eine sehr eingeschränkte These über den Ursprung der Strafe: Er läßt die gesellschaftlichen Effekte der Tatvermeidung oder Abschreckung beiseite und erörtert lediglich die das Strafen begleitende (oder sie theoretisch begründende) Erwartung, der Übeltäter müsse – mit Rekurs auf seine Handlungsfreiheit – zur „Verantwortung" gezogen werden. Diese Erwartung hält Nietzsche für eine „späte Frucht" der kulturellen Entwicklung des Menschen (II 3: 295), und es dürfte schwer sein, jemanden zu finden, der ihm darin *nicht* zustimmt. Auch bei den kritisierten Genealogen angelsächsischer Provenienz dürfte sich niemand finden, der dem widerspricht. Im Gegenteil: Auch die beiden namentlich erwähnten Paul Rée und Herbert Spencer sind vom vergleichsweise späten Auftritt von Freiheit und Verantwortlichkeit überzeugt (s. dazu Redding 1993). Deshalb ist auch nicht recht zu erkennen, gegen wen Nietzsches aufwendig vorbereitete Gegenthese eigentlich gerichtet ist.

Die These wird in der Form eines Beispiels vorgetragen: In der „älteren Menschheit" habe man so gestraft, „wie jetzt noch Eltern ihre Kinder strafen, aus Zorn über einen erlittenen Schaden, der sich am Schädiger auslässt" (II 4: 298). Das „Auslassen" bezieht sich nicht auf den Schaden, sondern auf den Zorn. In ihm, so Nietzsche, liege das auslösende Motiv des Strafens; der Zorn sorge für den fortwirkenden Affekt im Vollzug der Strafe; und am Ende sei es auch der Zorn, der sich im Akt des Strafens Befriedigung durch Ausgleich des Schadens verschaffe: Denn der sich im Strafen auslebende Affekt sorge dafür, daß dem Schädiger nun selbst ein Schaden zugefügt werde.

Das ist die mehrstufige These Nietzsches. Sie wird im Folgenden historisch illustriert und mit dem von ihm schon früher mehrfach vorgetragenen „Princip der gleichwiegenden Mächte" verknüpft.[3] Jetzt spricht er von der „Idee einer Äquivalenz von Schaden und Schmerz" (ebd.), und es ist klar, daß er dabei an die vielfältigen Formen realen Ausgleichs von Mächten, Kräften und Gütern denkt. Unklar bleibt jedoch, ob diese „uralte, tiefgewurzelte" Idee die *Ursache* oder die *Folge* ältester Tausch- und Rechtsverhältnisse ist: „Woher diese uralte, tiefgewurzelte, vielleicht jetzt nicht mehr ausrottbare Idee ihre Macht genommen hat, die Idee einer Äquivalenz von Schaden und Schmerz? Ich habe es bereits verrathen: in dem

---

[3] In der Vorrede führt Nietzsche selbst die Stellen in seinen früheren Schriften auf, an denen er sich auf das „Princip des Gleichgewichts" bezieht: Vorrede 4 (s. dazu Gerhardt 1983).

Vertragsverhältniss zwischen *Gläubiger* und *Schuldner*, das so alt ist als es überhaupt ‚Rechtssubjekte' giebt und seinerseits wieder auf die Grundformen von Kauf, Verkauf, Tausch, Handel und Wandel zurückweist" (ebd.).[4] Diese Aussage kann man als eindeutige Reduktion einer psychischen Disposition auf ökonomische Verhältnisse lesen. Zwar hat die Vokabel „zurückweisen" keine notwendige kausale Implikation; das Gleiche gilt für die Wendung, nach der die Idee ihre Macht „genommen" habe. Doch wenn Nietzsche die nachfolgenden Erläuterungen zum Schuldrecht und zur römischen Rechtsentwicklung darin zusammenfaßt, daß die „moralische Begriffswelt" ihren „Entstehungsheerd" im „Obligationen-Rechte" habe (II 6: 300), steht außer Zweifel, daß er das eine auf das andere zu reduzieren versucht. Eben darin zeigt sich seine Orientierung an Soziologie und Ökonomie; von hier aus bezieht er seinen Anspruch auf „Entlarvung" geltender Überzeugungen, und mit dieser Absicht ist seine Genealogie wesentlich Ideologiekritik.

Um sie zu untermauern, macht Nietzsche auf die Bedeutung der Vertragsverhältnisse unter frühen kulturellen Konditionen aufmerksam: Er erinnert an älteste Tauschzeremonien, in denen Versprechen als „heilig" galten und der Schuldner im Fall des Versagens „seinen Leib oder sein Weib" verpfändete. Nietzsche bezieht sich ferner auf altägyptische Vorstellungen, nach denen der „Leichnam des Schuldners auch im Grabe vor dem Gläubiger keine Ruhe fand" (II 5: 299). Und er führt archaische Rechtspraktiken an, die bei kleineren Vertragsverletzungen exakt bestimmten, welche Körperteile bei welchen Vergehen zu opfern waren. Schließlich bewertet er es „bereits als Fortschritt", ja, „als Beweis freierer, grösser rechnender, *römischerer* (!) Rechtsauffassung", wenn im Zwölftafel-Gesetz darauf verzichtet wird, die Details der Körperstrafen festzulegen (II 5: 255).

In allen diesen Fällen werden reale Gegenseitigkeits-Beziehungen unterstellt. Und Nietzsches sozio-ökonomische Erklärung besagt, daß bei Verletzung dieser Relation, die Strafe zu nichts anderem da ist, als das aus dem Gleichgewicht gebrachte reale Verhältnis symbolisch wiederherzustellen.

---

4 Die apostrophierten „Rechtssubjekte" verweisen auf eine Nietzsche offenbar präsente, gleichwohl nicht genannte Quelle. Sie liegt bei Rudolf Jhering, Der Zweck im Recht (s. dazu Kaerger 1993; zum Problem des Vertrags in der Geneaologie s. Klass 2002, 308–338).

6.5 Die Produktivität des Gefühls

So geistvoll, assoziationsreich und literarisch anspruchsvoll der Text auch immer sein mag: *Zur Genealogie der Moral* wäre ein philosophisch ziemlich simpler Text, wenn er im Kern nur die ideologiekritische Erklärung durch sozio-ökonomische Sachverhalte böte. Die begriffliche Spannung erhält die Schrift vielmehr erst dadurch, daß Nietzsche seine soziologische Reduktion mit einer scheinbar parallel geführten psychologischen These unterläuft und so seinen eigenen Ökonomismus zum illustrativen Beiwerk macht. Man kann in bloßer Lektüre einzelner Sätze verfolgen, wie sich das Interesse des Autors von den sozialen zu den psychischen Tatbeständen hin verschiebt. Dabei rückt das in der soziologischen Erklärung unterstellte Medium, die Empfindungen und Gefühle, derart in den Vordergrund, daß am Ende die sozio-ökonomischen Sachverhalte zu bloßen Anlässen degradiert werden.

Betrachten wir ein Beispiel im Abschnitt 5: Nietzsche hat seine historischen Belege aneinander gereiht und setzt zu einer Schlußfolgerung an, in der festzuhalten wäre, daß die Strafe ein festes, unerbittlich wirkendes Glied in der Kette gesellschaftlicher Tauschprozesse ist. Genau so setzt er an. Dann aber kommt er auf das in allen Handlungslagen vermittelnde Element des Empfindens und Fühlens zu sprechen – und man liest mit wachsendem Staunen, wie der resümierende Satz von jener Stelle an, die das Gefühl als Teil der Entschädigung benennt, seinerseits mit Gefühlen aufgeladen wird und zu einem weit ausladenden Ende kommt, bei dem man den Eindruck haben muß, daß nicht die *Ökonomie*, sondern der *Affekt* die entscheidenden Sachverhalte schafft. Den Wendepunkt des Satzes markiert Nietzsche selbst mit einem Gedankenstrich: „Die Äquivalenz ist damit gegeben, dass an Stelle eines gegen den Schaden direkt aufkommenden Vortheils (also an Selle eines Ausgleichs in Geld, Land, Besitz irgend welcher Art) dem Gläubiger eine Art *Wohlgefühl* als Rückzahlung und Ausgleich zugestanden wird, – das Wohlgefühl, seine Macht an einem Machtlosen unbedenklich auslassen zu dürfen, die Wollust ‚de faire mal pour le plaisir de le faire', der Genuss in der Vergewaltigung: als welcher Genuss um so höher geschätzt wird, je tiefer und niedriger der Gläubiger in der Ordnung der Gesellschaft steht, und leicht ihm als köstlicher Bissen, ja als Vorgeschmack eines höheren Rangs erscheinen kann" (II 5: 299 f.).

Um die Wendung zu erkennen, die Nietzsche hier vollzieht, ist festzuhalten, warum es auch sozio-ökonomisch auf das Wohlgefühl ankommt: Überall dort, wo ein direkter materieller Ausgleich zwischen Schuldner und Gläubiger nicht möglich ist (weil z. B. der Schuldner zahlungsunfähig ist), bleibt dem Gläubiger nur eine Genugtuung anderer, gleichsam ideeller Art. Die liegt in der Befriedigung, die ihm die Entschädigung verschafft. Und die kann eben auch in jenem „Wohlgefühl" bestehen, das sich, nach Nietzsche, mit dem Vollzug der Strafe an seinem Gläubiger einstellt.

Mit dieser Feststellung könnte sich Nietzsche begnügen, wenn es ihm allein um die Korrektur von Straftheorien ginge, die sich auf eine sittliche Maßregelung der (als frei und selbstverantwortlich angesehenen) Straftäters gründen. Aber ihm geht es, wie wir wissen, um etwas anderes, nämlich um die Illustration des langen gesellschaftlichen Weges bis zur späten Herausbildung von Freiheit und Verantwortlichkeit. Es bedurfte mehrerer Jahrtausende des qualvollen Strafens, ehe im Bewußtsein von Freiheit und Verantwortung „versprochen" werden „durfte". Und um deutlich zu machen, daß die lange Vorgeschichte des souveränen Menschen nicht selbst schon auf Vernunft und Verantwortlichkeit gegründet ist, exponiert Nietzsche die Rolle des „Wohlgefühls" als des seelischen Substrats hinter dem „stolzen Wissen um das außerordentliche Privilegium der *Verantwortlichkeit*" (II 2: 294). Die Selbsterziehung zur Vernunft, so seine philosophische Botschaft, vollzieht sich im Medium eines Gefühls.

Damit ist aber nur erklärt, warum Nietzsche dem Gefühl eine stärkere Beachtung schenkt. Die argumentative Wende vollzieht sich erst mit dem Bezug des „Wohlgefühls" auf den Anlaß der Strafe: Dann wird offenkundig, daß die Genugtuung des einen aus der Qual des anderen entspringt: „Leiden-sehn thut wohl, Leiden-machen noch wohler –" (II 6: 302). Es ist diese Herkunft einer *Lust* aus dem *Leid*, die Nietzsches Interesse bindet. Und wir verstehen das theoretische Gewicht dieses Interesses, wenn wir beachten, daß die aus der Qual anderer gewonnene Lust es sein soll, die der Selbstverantwortlichkeit des Menschen zum späten Durchbruch verhelfen soll. Und ganz gleich, wie wir das „schlechte Gewissen" bewerten, ganz unabhängig davon, ob es eine „Krankheit" ist, die gar keine Krankheit sein kann (siehe Fußnote 1), wird spätestens an dieser Stelle offenbar, daß ein „souveränes Individuum" ein *gutes* Gewissen braucht.

Doch auch damit ist die eigentümliche Wende in Nietzsches Darstellung noch nicht erfaßt. Sie tritt erst mit der offenkundigen Privilegierung dieser Lust hervor: Ihr wird eine unerhörte Eigenständigkeit mit weitreichenden schöpferischen Kräften attestiert; sie ist der innere Quell von Fest und Feier (II 6/7: 300 ff.); sie gibt dem Leiden einen Sinn (II 7: 304); sie ist der eigentliche Springpunkt einer jeden Theodizee (II 7: 305); und sie hat eine die Epochen überdauernde, letztlich unabänderliche Funktion. Dadurch könnte sie in Konflikt mit der Leistung geraten, die sie historisch auf den Weg bringen soll, nämlich der des freien, souveränen und damit auch individuell-vernünftigen Verhaltens.

Und dennoch scheint sie Nietzsche derart zu animieren, daß er, trotz gelegentlicher Warnung vor der Härte und Grausamkeit seiner eigenen Botschaft (II 6: 302), in schwelgende Ausführlichkeit verfällt, um dem Leser die noch längst nicht zur Geschichte gewordene Verbindung zwischen Lust und Grausamkeit vor Augen zu führen. Zwar betont er noch, alles dies sei „vermuthungsweise gesprochen" (II 6: 301). Aber davon ist seiner Darstellung nichts anzumerken. Er scheint sich vollkommen sicher zu sein, daß „Leiden-*machen*" als „ein eigentliches *Fest*" erfahren worden ist (II 6: 300). Ein Zweifel daran, daß „die *Grausamkeit* die grosse Festfreude der älteren Menschheit" ausgemacht hat (II 6: 301), kann nur Ausdruck der „krankhaften Verzärtlichung" des modernen Menschen sein (II 6: 302). Die „Zärtlinge" (II 7: 303), in ihrer „Tartüfferie zahmer Hausthiere" (II 6: 301), mögen es nicht gerne hören, daß „an der Strafe [...] so viel *Festliches*" ist. Umso größer ist Nietzsches Lust daran, es ihnen zu sagen.

6.6 Sublimierung und Subtilisierung

Nietzsches triumphierende Mitteilungslust muß damit zu tun haben, daß er das Gefühl haben kann, nicht nur seinem Zeitalter, sondern auch einer ganzen Tradition zu widersprechen. „Leiden-sehn thut wohl, Leiden-machen noch wohler" ist zwar nur eine psychologische Hypothese. Aber es ist herauszuhören, daß Nietzsche darin einmal mehr dem platonischen Sokrates widersprechen möchte, der „Übles tun" für schlimmer gehalten hatte als „Übles zu erleiden". Auch wenn Nietzsche beiläufig auf die *sympathia malevolens* des Spinoza verweist (II 6: 301) und ein Beispiel aus dem Don Quichote erwähnt (ebd.), so dürfte ihm doch wichtig sein, mit seiner ungeheuerlichen These ziemlich einsam dazustehen.

Das ist der heroische Gestus des „freien Geistes", der „aus hohen Bergen" grüßt (siehe das aus der Zeit der *Genealogie* stammende Gedicht „Aus hohen Bergen": 5, 241–243), der in „tausend Wüsten" wandelt, stets nach „kälteren Himmeln" sucht (vgl. das Gedicht *Vereinsamt*), und der zugleich schreiben kann: „Wer *sich* nicht schrecklich ist, macht Niemand Schrecken" (*Der Einsame*, in: *Lieder des Prinzen Vogelfrei*, *Die fröhliche Wissenschaft*: 3, 360). Erklärt das aber die Sicherheit, die aus Nietzsche, trotz der methodologischen Vorbehalte, spricht? Die Antwort kann nur darin liegen, daß Nietzsche die von ihm gesammelten kulturhistorischen Belege an sich selbst, an seiner eigenen Psyche, bestätigt sieht. Er weiß aus eigenem Erleben von der Verbindung zwischen dem Anblick des Leidens und der sich dabei einstellenden Lust.

Die biographische Forschung bestätigt diesen Befund, den schon Lou Andreas-Salomé auf die bündige Formel gebracht hat, Nietzsche sei der „Sado-Masochist an sich selber" (Andreas-Salomé 1894; siehe ferner: Jaspers 1936; Volz 1990). Für den Leser der *Genealogie* dürfte darin nichts Überraschendes liegen. Denn Nietzsches eigene Lust an der Grausamkeit ist offenkundig. Er hebt mehrfach die Empfindsamkeit des modernen Menschen hervor, rechnet ausdrücklich auch die „Delikatesse" seiner Zeitgenossen (sich selber eingeschlossen) hinzu (II 6: 301) und kann sich dennoch nicht genug damit tun, die historischen Filiationen zwischen Grausamkeit und Lebensfreude auszumalen. Der Text in den Abschnitten 4 bis 7 ist selbst ein Beispiel für die „Sublimirung und Subtilisirung" jener „Lust an der Grausamkeit" (II 7: 303), von der Nietzsche so beredt spricht.

Die Präsenz des „Wohlgefühls", das Nietzsche zur Erklärung des historischen Sachverhalts grausamer Strafen eingeführt hat, ist freilich für die Beweisführung der *Genealogie* nicht ohne Probleme: Wie will der Autor den Übergang von der archaischen „Äquivalenz" des Strafens zur modernen Form der Verantwortlichkeit plausibel machen, wenn die Atavismen der seelischen Grausamkeit unverändert wirksam sind?

Diese *erste* Frage kann man im Sinne Nietzsches nur beantworten, wenn man in der „Sublimirung und Subtilisirung" der modernen Seele mehr als bloß eine „Krankheit" sieht. Sie muß zu mehr tauglich sein, als lediglich ein Gedächtnis und ein Gewissen des Individuums auszubilden. Sie hat vielmehr auch die Tatkraft des Einzelnen, also das, was in seiner „seltenen Freiheit" und souveränen „Verantwortlichkeit" (II 2: 294) praktisch zum Ausdruck kommt, zu stärken. Dazu bedarf es am Ende auch einer im Handeln hervortretenden Einheit des Selbst. Die wird zwar von Nietzsche vorausgesetzt, sobald er von der Zukunft des „freien Geistes" spricht. Doch da er zwischen substanziellen und transzendentalen Bedingungen keinen Unterschied macht, stellt er diese wichtigste Voraussetzung seiner „Philosophie der Zukunft" fortwährend in Abrede. Das ist ein auch in der Sache tragischer Grundzug seines Denkens.

Eine *zweite* Frage betrifft das Verhältnis von Ökonomie und Psychologie: Wenn die „Lust an der Grausamkeit" eine die Epochen übergreifende und selbst noch in Nietzsches Gegenwart bestimmende Grundkraft ist, kann sie nicht einsinnig von zugrunde liegenden sozio-ökonomischen Bedingungen abhängig sein. Die ideologiekritische Reduktion aber hat nur Sinn, wenn die angeblich tiefer liegenden Ursachen auf höherer Ebene zu monokausalen Wirkungen führen. Das Seelenleben, wie Nietzsche es uns am Beispiel des elementaren „Wohlgefühls" vor Augen führt, scheint aber gegenüber dem Wandel an der ökonomischen Basis ziemlich eigenständig zu sein. Es gibt keinen Hinweis auf psychologische Folgen ökonomischer *Veränderungen*, obgleich sie sich mit Blick auf die „Sublimirung und Subtilisirung" der modernen Seele denken lassen. Und selbst wenn sie sich bei Nietzsche fänden, könnten sie einen Leser, dem die Elementargewalt der menschlichen Seele so eindringlich vor Augen geführt wird, kaum überzeugen.

Deshalb wird man am Ende wohl festzustellen haben, daß sich Nietzsche seinen Zugang zur Wirklichkeit primär über die Seelenkräfte des Menschen erschließt. So wichtig Soziologie und Ökonomie für ihn auch gewesen sein mögen: Sie liefern ihm lediglich Beispiele für das, was er als Psychologe erschlossen hat. Als Psychologe aber weiß er, daß er die wichtigsten Einsichten aus sich selbst zu gewinnen hat. In der Selbsterkenntnis liegen Psychologie und Philosophie so dicht beieinander, daß es einer methodologischen Reflexion bedarf, wenn man beide nicht verwechseln will. Auf diese Verwechslung hat es Nietzsche angelegt.

Literatur

Andreas-Salomé, L. 1894: Friedrich Nietzsche in seinen Werken, Wien.
Baier, H. 1981/82: Die Gesellschaft – ein langer Schatten des toten Gottes. Friedrich Nietzsche und die Entstehung der Soziologie aus dem Geist der Décadence, in: Nietzsche-Studien 10/11, 6–33.
Gerhardt, V. 1983: Das „Princip des Gleichgewichts", in: Nietzsche-Studien 12, 111–133.
Gerhardt, V. 1996: Vom Willen zur Macht, Berlin/New York.
Gerhardt, V. 2001: Nietzsches Alter-Ego, in: Jahrbuch der Nietzscheforschung, Band 8, 315–332.
Jaspers, K. 1936: Nietzsche, Leipzig.
Kaerger, H. 1993: Nietzsche und das Recht, Berlin.
Klass, T. N. 2002: Das Versprechen, München.
Pestalozzi, K. 2001: Die Bindungen des „Freien Geistes" in Menschliches, Allzumenschliches, in: studi germanici (nuova serie) XXXIX, 1, 109–121.
Recki, B. 2002: „Artisten-Metaphysik" und ästhetisches Ethos. Friedrich Nietzsche über Ästhetik und Ethik, in: A. Kern / R. Sonderegger (Hrsg.), Falsche Gegensätze. Zeitgenössische Positionen zur philosophischen Ästhetik, Frankfurt a.M., 262–285.
Redding, P. 1993: Child of the English Genealogists. Nietzsche's affiliation with the critical historical mode of the Enlightenment, in: P. Patton (Hrsg.), Nietzsche, Feminism, and Political Theory, London/New York, 204–224.
Steinmann, M. 2000: Die Ethik Friedrich Nietzsches, Berlin/New York.
Tongeren, P. van 1989: Die Moral von Nietzsches Moralkritik, Bonn.
Volz, P. D. 1990: Nietzsche im Labyrinth seiner Krankheit, Berlin.

Jean-Christophe Merle

Nietzsches Straftheorie (II 8–15)

Die Abschnitte II 8–15 gehören zum Zusammenhang der zweiten Abhandlung der *Genealogie der Moral*, deren Ziel die Erforschung der Herkunft des Schuldgefühls ist. Der Abschnitt II 8 zieht zunächst die Bilanz der Abschnitte über die Entstehung des Versprechens (II 1–3) und über die Entstehungsgeschichte der Schuld und deren Tilgung in der Form der Zufügung von Leid am insolventen Schuldner: „Das Gefühl der Schuld, der persönlichen Verpflichtung, um den Gang unsrer Untersuchung wieder aufzunehmen, hat, wie wir sahen, seinen Ursprung in dem ältesten und ursprünglichsten Personen-Verhältniss, das es giebt, gehabt, in dem Verhältnis zwischen Käufer und Verkäufer, Gläubiger und Schuldner" (II 8: 305). Der weitere Gang der Untersuchung besteht in diesen Abschnitten aus drei Schritten. 1. Nietzsche stellt die Entstehung der öffentlichen Strafe nach dem „Moral-Kanon der Gerechtigkeit" dar (II 8–10). 2. Sodann skizziert Nietzsche die Entstehung der öffentlichen Gerechtigkeit in Ablehnung von Dührings Auffassung der Gerechtigkeit und der Strafe als Ressentiment bzw. als Rache (II 11–13). 3. Schließlich geht Nietzsche einen Schritt weiter: Er trennt die öffentliche Strafe, deren Entstehung er bisher ohne Bezug auf das Schuldgefühl des Verbrechers erklärt hat, von diesem angeblichen Schuldgefühl radikal ab (II 14–15). In diesem Aufsatz werde ich mich vor allem dem ersten Teil, d. h. den Abschnitten 8–10 widmen, weil sie den Kern von Nietzsches Auffassung der Strafe darstellen.

7.1 Die Genealogie der öffentlichen Strafe (II 8–10)

Aus dem nach Nietzsche ältesten Personen-Verhältnis, d. h. aus dem Verhältnis zwischen Käufer und Verkäufer, entsteht die „Gewohnheit, Macht an Macht zu vergleichen, zu messen, zu berechnen" (II 8: 306). Nach einem physiologischen Prozeß, den Nietzsche im *Philosophen-Buch* erklärt hat, wird die Gewohnheit zu einer Allgemeinheit. Auf diese Weise entsteht die „Verallgemeinerung", die die „erste Stufe" der Gerechtigkeit bzw. deren „ältesten und naivsten Moral-Kanon" ausmacht: „jedes Ding hat seinen Preis; *alles* kann abgezahlt werden" (ebd.).

Dieser Moral-Kanon ist schon deswegen „naiv", weil er noch nicht verinnerlicht, vergeistigt ist, um mich des Wortschatzes Nietzsches zu bedienen. In dieser Passage, die auf diesem Prinzip der Gerechtigkeit beruht, werden ebenfalls die Schuld und die Strafe noch nicht in ihrer verinnerlichten Dimension untersucht, sondern nur in der *äußerlichen* Dimension einer Schädigung und der Bestrafung des Verursachers. Nicht nur das Schuldgefühl, sondern auch die innere Schuld werden in dieser Erklärung der Errichtung der öffentlichen Strafe unberücksichtigt bleiben.

Weil dieser Moral-Kanon noch nicht verinnerlicht ist, ist er auch in dem Sinne naiv, daß er noch unverhüllt „Macht an Macht" vergleicht und sich durch Machtverhältnisse definiert: „Gerechtigkeit auf dieser ersten Stufe ist der gute Wille unter ungefähr Gleichmächtigen, sich miteinander abzufinden, sich durch einen Ausgleich wieder zu ‚verständigen' – und, in bezug auf weniger Mächtige, diese unter sich zu einem Ausgleich zu zwingen" (II 8: 306 f.). Kurz: Die Gerechtigkeit ist hier in einem bloß positivistischen Sinne zu verstehen. Nicht der gerechte Tausch wird durch die Äquivalenz der getauschten Güter definiert, sondern die Äquivalenz wird durch den tatsächlichen Tausch der Güter definiert, welcher wiederum durch ein Machtverhältnis bestimmt ist (vgl. dazu Ottmann 1987, 131). In diesem Punkt folgt Nietzsche Hobbes, der den folgenden Einwand gegen die Autoren erhebt, die Tauschgerechtigkeit als ein arithmetisches Verhältnis betrachten: „As if it were injustice to sell dearer than we buy; or to give more to a man than he merits. The value of all things contracted for is measured by the appetite of the contractors" (*Leviathan* Kap. 15, 137). Das Fazit, an das wir uns zur gegebenen Zeit erinnern müssen: Unparteilichkeit ist unmöglich.

Genauso wie bei Hobbes die Gerechtigkeit vom Leviathan allein definiert wird, so wird hier die Rechts- und Staatsgemeinschaft auf die Aufgaben des Schutzes, des Friedens und der Vertrauensstiftung beschränkt. Dementsprechend ist der Verbrecher ein Angreifer (er „vergreift sich an seinem Gläubiger"), ein „Friedloser" und ein „Vertrags- und Wortbrüchiger" – also jemand, der nicht mehr versprechen darf.

Nietzsches Erklärung der Entstehung der Strafe in den Abschnitten II 8–10 zeigt uns *prima facie* vier Perioden der öffentlichen Strafe: 1. die Strafe als eine Art Krieg (II 9), 2. die Strafe als „Compromiss mit dem Zorn" in einer Zeit „erstarkender Macht" (II 10: 308), 3. die Milderung der Strafe („Wächst die Macht und das Selbstbewußtsein eines Gemeinwesens, so mildert sich immer auch das Strafrecht"; II 10: 308 f.) und 4. die Straflosigkeit in einer „nicht undenkbaren" Zeit des besonders entwickelten „Machtbewußtseins". Wenn wir die Perioden näher betrachten, so fällt nicht nur auf, daß lediglich in der zweiten und der dritten Periode die öffentliche Strafe besteht, sondern auch, daß es die Rechts- und Staatsordnung nur in den beiden genannten Perioden geben kann. Im folgenden werde ich versuchen zu zeigen, warum dies so ist und welche Konsequenz dies für die Funktion der öffentlichen Strafe hat.

Der Abschnitt II 9 zieht die logische Konsequenz, die *in einer ersten Periode* in Erscheinung tritt, aus der Feststellung, daß der Verbrecher ein Angreifer, ein Friedloser und ein Vertrags- und Wortbrüchiger ist. Bestraft wird „am wenigsten" der „unmittelbare Schaden", sondern „vor allem" (II 9: 307) der Wortbruch, dessen logische Folge sein sollte, daß der Verbrecher nicht mehr versprechen darf. Der Verbrecher ist nämlich mehr als ein bloßer insolventer Schuldner: Er greift den Gläubiger an, erkennt also das Geschuldete nicht an. Es stellt sich daher die Frage, ob der Gläubiger trotzdem mit ihm einen Ausgleich erreichen kann, wie dies mit dem einfachen insolventen Schuldner der Fall ist, dem der Gläubiger immerhin als Ausgleich Leiden zufügen kann, weil dies Freude macht. Auf diese Frage werde ich zurückkommen.

Der Gedankenweg, den Nietzsche bevorzugt, ist aber *prima facie* ein anderer. Jedes Mitglied der Gemeinschaft ist nach Nietzsche ein Schuldner, der das Geschuldete zu bezahlen hat: Er muß zum Frieden, gegenseitigen Schutz und Vertrauen beitragen. Weil der Verbrecher es nicht kann, so vermag er nicht mehr, Mitglied zu sein. Er ist „*êlend*", d. h. ausgewiesen, verbannt und vogelfrei. Denselben provisorischen Schluß zog z. B. Fichte (*Grundlage des Naturrechts*, § 20; vgl. Merle 2003): Der Verbrecher wird von der Gesellschaft in die „Wüste" ausgewiesen, und jeder darf ihn wie ein schädliches Wildtier erschießen. Dessen Tötung und alles das, was ihm nach der Ausweisung geschieht, ist nicht mehr Sache der Rechtsgemeinschaft.

Gleichzeitig lassen sich Elemente einer anderen Logik finden:
1. Elemente des *Ausgleichs*: „Die Gemeinschaft, der getäuschte Gläubiger, wird sich bezahlt machen, so gut er kann" (II 9: 307).

2. Elemente der *Mnemotechnik*: Der Verbrecher geht „von nun an, wie billig, nicht nur aller dieser Güter und Vorteile verlustig – er wird vielmehr jetzt daran erinnert, *was es mit diesen Gütern auf sich hat*" (ebd.).
3. Elemente des *Zufügens von Leid*, was im Abschnitt 6 als Ausgleich für die unbezahlten Schulden galt. „Der Zorn des geschädigten Gläubigers, des Gemeinwesens, giebt ihn dem wilden und vogelfreien Zustande wieder zurück [...]. Die ‚Strafe' ist auf dieser Stufe der Gesittung einfach das Abbild, der *Mimus* des normalen Verhaltens gegen den gehassten, wehrlos gemachten, niedergeworfnen Feind, [...] also das Kriegsrecht und Siegesfest des vae victis! in aller Schonungslosigkeit und Grausamkeit" (307 f.).

Das Leiden ist aber schon der Ausgleich für den einfachen insolventen Schuldner. Wenn auch für den Verbrecher das Leiden der Ausgleich ist, so werden insolvente Schuldner und Verbrecher gleich behandelt, obwohl die Schulden des Verbrechers grundsätzlich qualitativ höher sind. Dies würde auf eine relative Ohnmacht der Rechts- und Staatsgemeinschaft gegenüber dem Verbrecher hinweisen, sowie auch darauf, daß nicht der Ausgleich und das Zufügen von Leid die Strafe ausmachen, sondern – wenn überhaupt – die Mnemotechnik. Der Kontrast zwischen dem „Zorn [...] des Gemeinwesens" und dessen Reaktion fällt deutlich aus: Zunächst „stösst" das Gemeinwesen den Verbrecher „von sich"; erst danach „darf sich jede Art der Feindseligkeit an ihm auslassen" (ebd.).

Es ist auch unklar, wessen Zorn sich mit Grausamkeit gegen den Verbrecher richtet. Nietzsche schreibt bloß: „Der Zorn des geschädigten Gläubigers, des Gemeinwesens, giebt ihn dem wilden und vogelfreien Zustande wieder zurück" (Logik der Ausweisung) und: „nun darf sich jede Art Feindseligkeit an ihm auslassen" (Logik der Zufügung von Leid) (ebd.). Letztere Formulierung ist unbestimmt, genauso wie die folgenden und letzten Zeilen von II 9 es auch sind. Handelt es sich um zwei logische Momente der öffentlichen Strafe oder um zwei Akteure der Strafe? *Entweder* weist die Rechts- und Staatsgemeinschaft zuerst den Verbrecher aus (1. Moment), und dann behandelt sie ihn mit Grausamkeit wie einen wehrlosen Feind, wobei man an „alle Arten Schmach und Folter" (II 5) denken kann (2. Moment). *Oder* der Staat (1. Akteur) weist den Verbrecher aus, und die einzelnen Bürger (2. Akteur) üben selber allerlei Grausamkeiten am Verbrecher aus – hier kann man als modernes Äquivalent die Lynchjustiz nennen. Die plausiblere Antwort liegt dazwischen: Die Rechts- und Staatsgemeinschaft übt diese Grausamkeiten aus, weil der Verbrecher ausgeschlossen wurde und die einzelnen Bürger zornig sind und diese Grausamkeiten fordern.

Die Unterscheidung zwischen der Rechts- und Staatsgemeinschaft als solcher und der Summe ihrer Mitglieder kommt allerdings erst *in der zweiten Periode* der Strafe klar zum Ausdruck. Nietzsche schreibt dort: „der Übeltäter wird nicht mehr ‚friedlos gelegt' und ausgestossen, der allgemeine Zorn darf sich nicht mehr wie früher dermaßen zügellos an ihm auslassen" (II 10: 308). Der Ausschluß oder der Verbleib des Verbrechers in der Gemeinschaft wird also vom Zorn der Gemeinschaft als solcher, vom Regierenden getroffen, nicht vom „allgemeinen Zorn" der Masse. In der ersten Periode entscheidet sich der Regierende für den Ausschluß. Ob er dann selber die Grausamkeiten durchführt oder sie einfach zuläßt, wonach sie von der Menge durchgeführt werden, ist eigentlich Nebensache: In beiden Fällen diktiert „der allgemeine Zorn" die Strafe, nicht der Regierende und dessen Zorn. Der allgemeine Zorn ist aber reaktiv: Er ist ein Ressentiment, das aus der Ohnmacht entsteht. In diesem Fall entsteht die Ohnmacht vermutlich aus der Unmöglichkeit, die Wirkung des Verbrechens rückgängig zu machen (anders als Orsucci 2001, 82 dies interpretiert, handelt es sich also für das Opfer nicht darum, „seine eigene Unabhängigkeit wieder zu behaupten"). Zorn ist etwas anderes als die Bereitschaft zum Ausgleich. Auch wenn Nietzsche die Zufügung von Leid als Genuß durchaus als einen Ausgleich ansieht, ist es wahrscheinlich, daß die Zornigen auch mit dem Leiden des Verbrechers unzufrieden bleiben. Für das Opfer ist der Genuß des Leidens nur ein Surrogat. Daß es „Krieg" zwischen der Menge und dem Verbrecher gibt, weist in diese Richtung. Da es sich nicht um einen Krieg zwischen Staaten handelt und der Staat keinen Krieg mit Einzelmenschen führen kann, so kann es nur um einen Krieg zwischen der Bevölkerung und dem Verbrecher gehen. Ein Krieg kann aber nur zwischen zwei Gemeinschaften stattfinden; deshalb handelt es sich hier nur um ein „Abbild" und sogar um den „*Mimus*" eines kriegerischen Verhaltens: Mimus war für die Römer nur eine Farce. In der Tat spricht Nietzsche in der zweiten Periode von der Vermeidung „einer weiteren oder gar allgemeinen Betheiligung [am Zorn] und Beunruhigung" (II 10: 308). Weil im Kontext dieser zweiten Periode ein impliziter Kontrast zur ersten Periode besteht, darf man behaupten, daß die erste Periode durch eine Verbreitung der Beunruhigung gekennzeichnet ist.

Die erste Periode war also eher eine Periode der privaten Gerechtigkeit. In der zweiten Periode wird die Strafe nicht mehr durch die Menge, sondern durch die Rechts- und Staatsgemeinschaft als solche bestimmt. Erst hier haben wir es mit einer öffentlichen Strafe im eigentlichen Sinne zu tun; im Zusammenhang mit der ersten Periode schrieb dagegen Nietzsche „Strafe" nur in Anführungszeichen.

Nietzsche beginnt II 10 mit den folgenden Worten: „Mit erstarkender Macht nimmt ein Gemeinwesen die Vergehungen des Einzelnen nicht mehr so wichtig, weil sie ihm nicht mehr in gleichem Maasse wie früher für das Bestehn des Ganzen als gefährlich und umstürzend gelten dürfen" (308). Aus diesem Grund, so Nietzsche, können die Strafen milder ausfallen. Heutzutage würde man die Gefährlichkeit und das Risiko des Umsturzes so interpretieren wie der § 218 von Hegels *Grundlinien der Philosophie des Rechts*: Je stabiler der Staat ist, desto geringer wird das Risiko, daß ein Verbrechen weitere Verbrechen anregt und daher eine härtere Generalprävention nötig macht. Hier ist nicht von diesem Risiko die Rede, sondern vielmehr vom Risiko, daß das Verbrechen die ganze Gesellschaft aufrührt bzw. zum Bürgerkrieg führt. In welchem Fall wird dieses Risiko geringer? Vielleicht wenn die Anzahl und die Schwere der Verbrechen so gering gehalten werden bzw. die Sicherheit und das Vertrauen der Bürger so groß sind, daß die Verbrechen vom größten Teil der Bevölkerung nicht als direkt bedrohlich empfunden werden. Noch wahrscheinlicher aber, wenn der Staat auf eine stabile Weise über das tatsächliche Gewaltmonopol verfügt, was ihm ermöglicht, dem Zorn seiner Bürger erfolgreich zu widerstehen. Dies dürfte die Definition der „erstarkenden Macht" des Staates sein.

Der Staat nimmt den Verbrecher gegen den „allgemeinen Zorn" in Schutz, damit sein Verbrechen total abzahlbar ist und tatsächlich abgezahlt wird. Anders als der Feind, mit dem man auch nach dessen Niederlage und Tod unversöhnt bleibt, soll die öffentliche Strafe für die komplette Tilgung bzw. für die vollkommene Abzahlbarkeit der Schuld sorgen, die das Verbrechen darstellt. Dabei sind drei Aspekte von Belang.

Erstens muß der Staat „den Verbrecher und seine That voneinander [...] isolieren" (308). Die Konsequenz davon ist, daß anders als ein Feind der Verbrecher nicht zu zerstören ist. Der Verbrecher läßt sich auf diese Weise nicht auf sein Verbrechen reduzieren und kann später wieder Mitglied der Rechts- und Staatsgemeinschaft werden. Dabei darf man nicht übersehen, daß Nietzsche diese Entwicklung keineswegs billigen kann. Denn er schreibt in I 13: „Es giebt kein ‚Sein' hinter dem Thun [...]; ‚der Thäter' ist zum Thun bloß hinzugedichtet – das Tun ist alles" (279). Wenn man wie Foucault (1976, 26) als Kriterium des modernen Strafrechts im Gegensatz zum vormodernen Strafrecht das Wort Mablys gelten läßt, daß „die Strafe [...] eher die Seele [...] als den Körper" treffen soll, so steht Nietzsche klarerweise auf der Seite des vormodernen Strafrechts.

Zweitens muß für die auf diese Weise isolierte Tat ein Äquivalent gefunden werden. Oder genauer: es müssen „Äquivalente" im Plural gefunden werden, vermutlich je nach der Schwere der Tat. Nun bot sich eben kein wirkliches Äquivalent an. Also kann das Äquivalent nur eine Täuschung sein; die (öffentliche) Strafe kann nur auf einer Illusion beruhen. Die Strafe ist kein Äquivalent, sondern nur der Verzicht auf ein Äquivalent.

Drittens soll dadurch ein „Compromiss mit dem Zorn der zunächst durch die Übeltat Betroffenen" erzielt werden. Nietzsche präzisiert den Inhalt dieses Kompromisses nicht. Man darf aber vermuten, daß der Kompromiß darin besteht, daß die Strafe dem Verbrecher Leiden zufügt und als dem Opfer unterlegen erklärt. In der Tat wird die Strafe in den meisten Theorien des Strafrechts als die Zufügung eines *Übels* (vgl. etwa Kant, *Rechtslehre* § 49E) definiert, nicht bloß als irgendeine Antwort auf das Verbrechen (eine Definition der Strafe ohne konstitutive Zufügung eines Leidens ist möglich; die Resozialisierung z. B. geht über die Wiedergutmachung hinaus, ist aber nicht als Übel gedacht). Schon im Abschnitt II 5 schrieb Nietzsche, daß in dem Falle, in dem „die eigentliche Strafgewalt, der Strafvollzug schon an die ‚Obrigkeit' übergegangen ist", das Opfer endlich einmal „zu dem erhebenden Gefühle" kommt, „ein Wesen als ein ‚Unter sich' verachten und misshandeln zu dürfen" (300). Nicht zu übersehen ist die Tatsache, daß der Staat selber kein Vergnügen am Leiden des Verbrechers bzw. an dessen Erniedrigung nimmt. Der Kompromiß kann aber auch teilweise darin bestehen, daß der Staat eine relative bzw. eine erhöhte Sicherheit garantiert.

Mit dem Prinzip der Abzahlbarkeit wird aber noch nichts über das Strafmaß gesagt. Abzahlen kann der Verbrecher sowohl durch eine leichte Strafe als auch durch die Todesstrafe nach vielfältigen, langen Foltern. Das Prinzip der Abzahlbarkeit fordert nur, daß jedes Verbrechen, wie schwer auch immer, abgebüßt bzw. die Schuld getilgt werden kann. Spätestens mit dem Tod des Verbrechers muß also die Versöhnung stattfinden.

Erst in der Prämisse der *dritten Periode* der Strafe spricht Nietzsche die Frage des Strafmaßes an: „Wächst die Macht und das Selbstbewusstsein eines Gemeinwesens, so mildert sich immer auch das Strafrecht; jede Schwächung und tiefere Gefährdung von jenem bringt dessen härtere Formen wieder an's Licht. Der ‚Gläubiger' ist immer in dem Grade menschlicher geworden, als er reicher geworden ist; zuletzt ist es selbst das *Maass* seines Reichthums, wieviel Beeinträchtigung er aushalten kann, ohne daran zu leiden" (II 10: 308 f.). Hier scheint Nietzsche überraschenderweise sowohl ein anderes Prinzip des Strafrechts als auch eine andere psychologische Grundlage von diesem einzuführen. Das Prinzip des Strafrechts scheint nicht mehr der Ausgleich entsprechend dem Machtverhältnis, sondern die Prävention zu sein. Ebenfalls scheint der psychische Beweggrund des Herrschers nicht mehr der Wille zur Macht, sondern die bloße Sicherheit, d. h. der bloß reaktive Willen zur Selbsterhaltung zu sein.

Die dritte Periode spitzt sich noch in eine *vierte Periode* zu: „Es wäre ein *Machtbewusstsein* der Gesellschaft nicht undenkbar, bei dem sie sich den vornehmsten Luxus gönnen dürfte, den es für sie giebt, – ihren Schädiger *straflos* zu lassen. ‚Was gehen mich eigentlich meine Schmarotzer an? dürfte sie dann sprechen. Mögen sie leben und gedeihen: dazu bin ich noch stark genug!'" (309). Hier wird sogar auf die Prävention verzichtet: Die Schmarotzer dürfen die Gemeinschaft schwächen. Die entsprechende psychische Prämisse ist nicht mehr der Wille zur Macht und nicht einmal die Suche nach Selbsterhaltung und Sicherheit, sondern nur noch die Gleichgültigkeit gegenüber der Welt bzw. die Verschwendung des Luxus.

Der Wechsel in den psychischen Prämissen entspricht Nietzsches Auffassung des biologischen Prozesses der Entwicklung und Erschöpfung der Kräfte. Die aktiven Kräfte bleiben bei Nietzsche nicht konstant, sondern versuchen sich zunächst durchzusetzen: Sie streben nach Macht. Sie erschöpfen sich aber einmal und neigen dann nur noch zur Selbsterhaltung, auf eine bloß reaktive Weise, oder zum Verschwinden, zum *Nihil* des Nihilismus. Auf dieses letzte Stadium der biologischen Entwicklung läßt sich das abschließende Urteil des Abschnitts 11 anwenden: „Eine Rechtsordnung", die „nicht als Mittel im Kampf von Macht-Complexen, sondern als Mittel *gegen* allen Kampf überhaupt" gedacht wird, „wäre ein *lebensfeindliches* Princip, eine Zerstörerin und Auflöserin des Menschen, ein Attentat auf die Zukunft des Menschen, ein Zeichen von Ermüdung, ein Schleichweg zum Nichts" (313).

Nicht nur in der heutigen Debatte über das Strafrecht gilt die Straflosigkeit kaum als eine ernsthafte Option. Auch diejenigen Autoren, die keine Vertreter der Generalprävention als Strafzweck sind, teilen die Ansicht, daß eine totale Straflosigkeit ein bedeutender Anreiz zum Verbrechen wäre, so daß schon aus diesem minimalen generalpräventiven Grund keine Rechtsgemeinschaft die Existenz der Strafe entbehren kann, ohne die Existenz der Gemeinschaft selbst in Frage zu stellen. Die tatsächliche Macht eines Staates kann nie so groß sein, daß er auf jegliche Strafe verzichten kann. Bei zunehmender Macht eines Staates, der seine Sicherheit nicht ganz aufgeben will, mag das Strafmaß abnehmen; die Straflosigkeit bleibt allenfalls der stets unerreichbare Horizont dieser Milderung. Die Straflosigkeit weist also auf eine Utopie hin. In der Tat schreibt Nietzsche nicht „es wäre eine Machtzunahme der Gesellschaft nicht undenkbar", sondern „es wäre ein Macht*bewusstsein* der Gesellschaft nicht undenkbar" (309; meine Hervorhebung: JCM). Dieses Machtbewußtsein kann keiner realistischen Wahrnehmung entsprechen. Vielmehr ist dieses Machtbewußtsein als Symptom einer biologischen bzw. psychischen Lage, einer Lage der Erschöpfung zu verstehen.

In der Periode der Straflosigkeit findet keine Abzahlung statt. Insoweit steht die Straflosigkeit außerhalb der Gerechtigkeit, die sich durch das Prinzip der allgemeinen Abzahlbarkeit und Vergleichbarkeit definieren läßt. Die Vergleichs- und Äquivalenzlosigkeit entspricht der Definition des „Luxus": Luxus ist dasjenige, auf dessen Preis man nicht achtet. In der Periode, in welcher der Verbrecher als ein Feind bekämpft wurde, bestand ebenfalls keine Gerechtigkeit, diesmal weil Krieg herrschte und der Verbrecher dem Zorn des Volkes restlos ausgeliefert war: Es gab schlechthin keine Ordnung der Abzahlbarkeit.

Der Gläubiger empfindet nach Nietzsche die Wollust, Leid zuzufügen, um so mehr als Rückzahlung, je tiefer und niedriger er „in der Ordnung der Gesellschaft steht". Denn „vermittelst der Strafe am Schuldner nimmt der Gläubiger an einem Herren-Rechte theil" (II 5: 300). Die Opfer des Verbrechers sowie die anderen einfachen Bürger, die den allgemeinen Zorn teilen, genießen dieses Herren-Recht. Der Regierende, der sich für besonders mächtig hält und sich für die absolute Straflosigkeit, d. h. die verallgemeinerte Gnade entscheidet, genießt auch „das Vorrecht des Mächtigsten", tut dies aber aufgrund einer Illusion der Macht. Sowohl der einfache, zornige Bürger als auch der gleichgültige, begnadigende Regierende sind einerseits machtlos, haben aber andererseits die Illusion der Macht. Die tatsächliche Macht besteht dagegen darin, „in Bezug auf weniger Mächtige [in diesem Fall sind die „weniger Mächtigen" sowohl der Verbrecher als auch dessen Opfer], diese unter sich zu einem Ausgleich zu zwingen" (II 8: 307). In der Tat läßt sich nur in der zweiten und der dritten Periode ein Kompromiß finden, und zwar zwischen dem Interesse des Verbrechers (der Straflosigkeit) und dem Interesse des Opfers (der kriegerischen, formlosen Grausamkeit).

7.2 Nietzsches Bewertung der Gerechtigkeit

Die Bilanz – beinahe eine Lektion! –, die Nietzsche am Ende seiner Erklärung der Strafe liefert, wirkt zunächst wie ein direkter Einwand gegen meine Lesart. Er schreibt: „Die Gerechtigkeit, welche damit anhob ‚alles ist abzahlbar, alles muß abgezahlt werden', endet damit, durch die Finger zu sehen und den Zahlungsunfähigen laufen zu lassen – sie endet wie jedes gute Ding auf Erden, sich selbst aufhebend. Diese Selbstaufhebung der Gerechtigkeit: man weiß, mit welch schönem Namen sie sich nennt – Gnade" (II 10: 309). Mit diesen Zeilen scheint Nietzsche die Straflosigkeit als die letzte Konsequenz aus der Gerechtigkeit bzw. der

Abzahlbarkeit anzusehen, also nicht als eine Abweichung von der strengen Gerechtigkeit. Denn Nietzsche spricht ausdrücklich nicht von der Aufhebung, sondern von der „*Selbst*aufhebung der Gerechtigkeit" (meine Hervorhebung: JCM). Man würde eher erwarten, daß die Gnade als eine *Fremd*aufhebung der Gerechtigkeit, ein Jenseits der Gerechtigkeit bezeichnet würde, wie sie nach Nietzsche selber ein „Jenseits des Rechts" ist.

Nietzsches Vorwurf an die Gerechtigkeit ist, daß sie einerseits die Abzahlung suchen will und den Zahlungsunfähigen trotzdem laufen läßt. Es gibt mindestens zwei Weisen, dies zu verstehen. *Entweder* will man den Verzicht auf die „Schulden" des Verbrechers lediglich in der vierten, in der absoluten Straflosigkeit sehen. Dann ist aber der Vorwurf der *Selbst*aufhebung unverständlich. *Oder* man versteht es so, daß sich dieser Verzicht zwar erst in der vierten Periode vollkommen entfalten, aber schon in der zweiten und der dritten Periode, also von vornherein, anwesend war. Unter diesem Gesichtspunkt bedeutet die öffentliche Strafe als Abzahlung der Schuld schon, ein Auge zuzudrücken, kurz: keine echte Abzahlung zu leisten. In diesem Zusammenhang sollte man sich an zwei Punkte erinnern: 1. Der Verbrecher ist ein Wortbrüchiger, nicht nur ein Schädiger, weswegen er „jedes Rechts und Schutzes", mehr noch: „jeder Gnade verlustig" geworden ist. 2. Nietzsche betont: „Man lebt in einem Gemeinwesen, man geniesst die Vortheile eines Gemeinwesens (oh was für Vortheile! wir unterschätzen es heute mitunter)" (II 9: 307). Diesen beiden Punkten kann man entnehmen, daß 1. die *Schuld* des Verbrechers qualitativ besonders groß ist und 2. das *Haben* des Gläubigers ebenfalls qualitativ besonders groß ist. Nun übernimmt Nietzsche nie selber das Prinzip der Gerechtigkeit „alles kann abgezahlt werden". Im Gegenteil können vornehme Sachen nicht abgezahlt werden. Und zu den vornehmen Sachen gehört durchaus die Institution des Staates und seine Errichtung, wie nicht nur Nietzsches Wort „o was für Vortheile" zeigt. Wir dürfen also davon ausgehen, daß für Nietzsche die Abzahlbarkeit nicht vorliegt. Die Abzahlung in der zweiten Periode, die öffentliche Strafe, bedeutet also, daß die Schuld – zumindest teilweise – unbezahlt bleibt: Der Schuldner kommt davon relativ glimpflich davon.

Eine Erklärung dieses Paradoxes scheint nahe zu liegen: Die diesen Verzicht auf ein wirkliches Äquivalent leitende Gerechtigkeit stamme aus dem Ressentiment der Opfer; zu dieser von Dühring vertretenen Theorie baut Nietzsche eine entgegengesetzte Alternativtheorie auf. Dühring sieht die Verbindung des Verbrechens mit dem Ressentiment und der Rache auf folgende Weise: „Schon in unsern moralischen Überlegungen haben wir jede ursprünglich in feindlicher Weise verletzende Handlung als den Gegenstand einer nothwendigen Rückwirkung angesehen. Diese Rückwirkung äußert sich zunächst innerlich in einer Rückempfindung, die wir auch Ressentiment und Vergeltungsbedürfnis oder [...] gradezu Rache nennen können" (Dühring 1875, 224). Nun versteht Dühring unter Gerechtigkeit die Vergeltung. Daher beruht die Gerechtigkeit auf dem Bedürfnis nach Rache. Warum sollte aber dieses Bedürfnis ein Ressentiment bzw. ein Gegen*gefühl* bleiben und nicht zur Handlung der Rache führen? Dühring erklärt den Verzicht auf die „Blutrache" dadurch, daß diese „[...] einen immer wieder angeregten und fortgesetzten Einzelkrieg ergiebt" (Dühring 1975, 225). Um einen Bürgerkrieg zu vermeiden, „schließt sich das sogenannte Compositionensystem, vermöge dessen die Beschwichtigung der Rache auf dem Wege der Sühne und Entschädigung gesucht wird" (ebd.). Als Gegenleistung zum Verzicht auf die Rache erhalten die Opfer neben dem öffentlichen Frieden auch noch, daß dem Verbrecher Übel zugefügt wird und er Schuld und Reue empfindet: „[...] aber die rohen Tarife, nach denen man sich die eigne Körperverletzung und die Tödtung von Angehörigen hinterher abkaufen liess, dürfen doch nicht übersehen lassen, dass die Bereitschaft zu einem ernsthaften materiellen Opfer auch die Gediegenheit des veränderten Willens und mithin eine wahre Reue und friedliche Gesinnung verbürgen konnte. Das Rachebedürfniss schwindet aber nicht nur durch eigne Niederbeugung und Schädigung des Verletzers, sondern gleicht sich auch dann aus, wenn der Uebelthäter selbst seine Züchtigung aufrichtig übernimmt, indem er sich durch das thatsächliche Eingeständniss der Schuld demüthigt und sich selbst die Leistung einer Entschuldigung und Strafe auferlegt" (Dühring 1875, 225 f.).

Nietzsche widerlegt diese Erklärung in zwei Schritten. *Erstens* zeigt er, daß die Gerechtigkeit und die öffentliche Strafe einen anderen Ursprung haben. *Zweitens* ruft nach Nietzsche die Strafe kein Schuldgefühl bzw. kein schlechtes Gewissen beim Verbrecher hervor, sondern vielmehr das Gegenteil.

Hier stellt sich aber sofort ein neues Paradox: Wenn die Strafe nach der Gerechtigkeit nicht aus „*reaktiven* Affekte[n]", sondern aus „*aktiven* Affekte[n]" (II 11: 310) stammen soll, wie läßt sich dann der Verzicht auf ein wirkliches Äquivalent aus einem „*aktiven* Affekte" erklären? Die Antwort liegt in der schon erwähnten Unterscheidung zwischen zwei Akteuren, d. h. zwischen der Bevölkerung und den Machthabern. Im allgemeinen antwortet Nietzsche immer auf Fragen nach dem Wesen bzw. nach dem Zweck von einer Institution mit der Rückfrage nach dem Machtverhältnis, aus dem diese Institution entsteht. Mit der Strafe setzt sich das „Bemühen" der Machthaber durch, „den Fall zu lokalisieren und einer weiteren oder gar allgemeinen Beteiligung und Beunruhigung vorzubeugen" (II 10: 308). Dieses Bemühen um einen bürgerlichen Frieden, den auch Dühring für den Grund der öffentlichen Strafe als Kompromiß und Verzicht auf Vergeltung hält, ist aber bei Nietzsche – anders als bei Dühring – kein letzter Zweck. In Nietzsches Auffassung wurde die Rechtsordnung und der bürgerliche Friede nicht für die Sicherheit der einzelnen Bürger errichtet, sondern als Mittel der Macht der Machthabenden. Nietzsche betont diese Unterscheidung: „Eine Rechtsordnung souverain und allgemein gedacht, nicht als Mittel im Kampf von Macht-Complexen, sondern als Mittel *gegen* allen Kampf überhaupt, [...] daß jeder Wille jeden Willen als gleich zu nehmen habe, wäre ein *lebensfeindliches* Princip, [...] ein Zeichen von Ermüdung, ein Schleichweg zum Nichts" (II 11: 313). Also sind die staatlichen Bemühungen um bürgerlichen Frieden – u. a. mittels der Gerechtigkeit und der öffentlichen Strafe – als Kampfmittel zu verstehen. Die Durchsetzung der Macht kann sowohl eine interne als auch eine externe sein. Die *interne* Machtdurchsetzung besteht darin, daß nicht mehr die einzelnen Menschen – etwa die Opfer – die „Strafe" zufügen, sondern nur noch der Staat allein; dadurch setzt der Staat das durch, was später bekanntlich als sein „Monopol der Gewalt" bezeichnet wird. Die externe Machtdurchsetzung besteht darin, daß der bürgerliche Friede einen erheblichen Vorteil im Kampf gegen andere Staaten darstellt. Nietzsches Lob des Krieges als eines lebensfreundlichen Prinzips findet in seinen Werken wiederholt statt (etwa MA 187; Za: 4, 312; GD 38).

Die Bilanz der Entwicklung von der Privatrache zur öffentlichen Strafe fällt aber für die Bevölkerung im allgemeinen und für die Opfer insbesondere zunächst negativ aus. Denn „an der [grausamen] Strafe ist so viel Festliches!"; und „Leiden-sehen thut wohl, Leiden-machen noch wohler – das ist ein harter Satz, aber ein alter mächtiger menschlich-allzumenschlicher Hauptsatz" (II 6: 302). Nun verliert das Volk das „Leiden-machen" und erhält als Trost nur noch ein „Leiden-sehen", bei dem das Leiden immer sanfter und diskreter wird, je mächtiger der Staat wird. Die Bevölkerung erlebt eine deutliche Frustration, weil „von nun an der Übelthäter gegen diesen Zorn, sonderlich den der unmittelbar Geschädigten, vorsichtig von seiten des Ganzen vertheidigt und in Schutz genommen" wird (II 10: 308). Nun bedeutete die Privatstrafe die Teilnahme an einem „Herren-Rechte" (II 5: 300), die jetzt verschwindet. Als Kompensation für diese Frustration bzw. als „Kompromiß" oder als „Restriktion" seines „eigentlichen Lebenswillens" wird die Fiktion eines Äquivalents bzw. der Gerechtigkeit erhalten; vor allem aber entsteht die für das Ressentiment tröstende Fiktion des schlechten Gewissens bzw. der Reue des Verbrechers. Diese

Reue, die Dühring für etwas Wirkliches und für den Zweck der Strafe hielt, erweist sich hier als ein bloßes Mittel zur Durchsetzung der (staatlichen) Macht.

Nietzsche betont den Perspektivenwechsel, der sich zwischen der rechtsphilosophischen und strafrechtlichen Tradition und seiner Auffassung abspielt. Nach Nietzsche hat die Strafe keinen „Zweck", sondern der Begriff der Strafe stellt „eine ganze Synthesis von Sinnen dar" (II 13: 317). Sie entspricht weder dem Zweck der Bevölkerung (die die Zufügung von Leid verliert) noch dem Zweck der (sich einschränkenden) Macht, noch bewirkt sie die Reue im Verbrecher, wie wir später sehen werden. Wenige Jahre vor Nietzsches *Genealogie* hatten zwei der bedeutendsten Theoretiker des Strafrechts den Zweck der Strafe in den Mittelpunkt des Strafrechts gestellt: Rudolf von Jhering (*Der Zweck im Recht*, 1877) und Franz von Liszt (*Der Zweckgedanke im Strafrecht*, 1883). Alle großen Theoretiker der Tradition, von Platons *Gorgias* über Beccarias *Dei Delitti e delle Pene*, Kants *Rechtslehre* und Benthams *Principes de législation civile et pénale* bis zu Hegels *Grundlinien der Philosophie des Rechts*, haben versucht, die Institution der Strafe mit einem Zweck zu *rechtfertigen*. Insoweit stellt Nietzsches Ansicht einen radikalen Bruch in der Theorie des Strafrechts dar; zwischen Nietzsche und der Tradition bleibt nur die folgende (schwache) Gemeinsamkeit: Beide billigen die Institution der Strafe. Nietzsches Auffassung lehnt aber jegliche Dimension der Gerechtigkeit und der Rechtfertigung als eine Illusion ab.

Man könnte zwar geneigt sein, der Illusion zu erliegen, daß Nietzsche die Gerechtigkeit lobt, wenn er schreibt: „Wenn es wirklich vorkommt, dass der gerechte Mensch, gerecht sogar gegen seine Schädiger bleibt [...], so ist das ein Stück Vollendung und höchster Meisterschaft auf Erden" (II 11: 310 f.). Drei wesentliche Aspekte dürfen dabei nicht übersehen werden. *Erstens* spricht Nietzsche keineswegs von der Gerechtigkeit, sondern von einem „gerechte[n] Mensch[en]". *Zweitens* ist der Satz nur hypothetisch („Wenn es wirklich vorkommt"), und die Bedingung ist offenbar nicht erfüllt, da sie „sogar etwas [ist], das man hier klugerweise nicht erwarten, woran man jedenfalls nicht gar zu leicht *glauben* soll" (311). Darüber hinaus nimmt Nietzsche nie derart idealistische Positionen ein: Was es nur als Ideal gibt bzw. geben kann, wird von Nietzsche einfach nicht gebilligt. *Drittens* stammt der gerechte Charakter des der Gerechtigkeit am nächsten stehenden Menschen nicht von seinem Sinn für die Gerechtigkeit, und er steht sowieso nur „der Gerechtigkeit hundert Schritte näher" als „der reaktive" Mensch (ebd.). Nur insoweit er „der aggressive Mensch, als der Stärkere, Mutigere, Vornehmere" (ebd.) ist, ist er der Gerechtigkeit nah. Er ist also primär mächtig und aggressiv und sekundär gerecht. Die Erklärung haben wir schon genannt: Die Gerechtigkeit ist ein Mittel der Macht. Die Gerechtigkeit als selbständiger Zweck bzw. als Wert wird von Nietzsche nicht nur nicht vertreten, sondern sie wird deutlich negativ bewertet. Es genüge hier der Hinweis auf ein Fragment, das knapp fünf Monate älter ist als die *Genealogie*: „gegen die Gerechtigkeit [...] Hier ist die Voraussetzung unvornehm im untersten Sinn: hier wird die Äquivalenz der Werthe von Handlungen vorausgesetzt [...]. Die ‚Gegenseitigkeit' ist eine große Gemeinheit; gerade daß Etwas, was ich thue, nicht von Einem Andern gethan werden dürfte und könnte, daß es keinen Ausgleich geben darf – außer in der ausgewähltesten Sphäre der ‚meines Gleichen', inter pares – [...] diese Grundüberzeugung enthält die Ursache der aristokratischen Absonderung von der Menge, weil die Menge an ‚Gleichheit' und folglich Ausgleichbarkeit und Gegenseitigkeit glaubt" (N 13, 11[27]).

7.3 Das Schuldgefühl entsteht nicht beim Sträfling, sondern beim gewöhnlichen Bürger (II 14–15)

Wir haben gesehen, daß Nietzsche die Reue für eine bloße Fiktion hält. Nach Nietzsche werden die Sträflinge später *entweder* rückfällig und nur noch klüger im Verbrechen (die Strafe „stärkt die Widerstandskraft", II 14: 319; „ohne Frage müssen wir die eigentliche Wirkung der Strafe vor Allem in einer Verschärfung der Klugheit suchen", II 15: 321), *oder* ihr Wille wird gebrochen und sie werden abgestumpft („Wenn es vorkommt, dass sie die Energie zerbricht und eine erbärmliche Prostration und Selbsterniedrigung zu Wege bringt"; 319). Eine dritte Möglichkeit ist aber so gut wie ausgeschlossen: „Der ächte Gewissensbiss ist gerade unter Verbrechern und Sträflingen etwas äusserst Seltenes" (ebd.). Um dies zu erklären, muß kurz erwähnt werden, woher und bei wem das Schuldgefühl schließlich erstmals zum Vorschein kommt. Die Erklärung faßt Nietzsche pointiert kurz, wenn er in II 22 vom „zum Zweck der Zähmung [des] in den ‚Staat' Eingesperrten" spricht, „der das schlechte Gewissen erfunden hat, um sich weh zu thun, nachdem der *natürlichere* Ausweg dieses Wehe-thun-wollens verstopft war" (332). Wir haben gesehen, wie der Staat die Zufügung von Leid mit der öffentlichen Strafe monopolisiert hat. Nun übt der Staat auch gegenüber dem Verbrecher ein Monopol der Gewalt aus. Zwar war der Verbrecher kein Gläubiger, sondern ein Schuldner und ein Wortbrüchiger. Er kann sich also gegen seine Bestrafung nicht auf die Gerechtigkeit berufen. Dennoch wird er wie jeder Mensch durch den Willen zur Macht bewegt und empfindet die Zufügung von Leid als eine Freude. Und der

Sträfling ist genauso eingesperrt wie der gewöhnliche Bürger, wenn nicht sogar mehr! Warum kann der Sträfling dann anders als der gewöhnliche Bürger das Schuldgefühl entwickeln? Nietzsche liefert folgende Erklärung: „Unterschätzen wir nämlich nicht, inwiefern der Verbrecher gerade durch den Anblick der gerichtlichen und vollziehenden Prozeduren selbst verhindert wird, seine That, die Art seiner Handlung an sich als verwerflich zu empfinden: denn er sieht genau die gleiche Art von Handlungen im Dienst der Gerechtigkeit verübt und dann gutgeheißen, mit gutem Gewissen verübt" (II 14: 319). Diese Erklärung scheint zunächst rätselhaft, weil sie die Frage der Schuld und die Strafe mit der Frage der Diskriminierung zu verwechseln scheint. Der Sträfling wird vom Rest der Bürger deswegen absichtlich diskriminiert, *weil* er ein Verbrechen begangen hat. Gewöhnliche Bürger werden anders behandelt. Diese normative Erklärung ist aber bei Nietzsche irrelevant, weil normative Elemente keine Erklärung liefern, sondern selber deskriptiv erklärt werden müssen.

Nietzsches Erklärung enthält aber zwei wichtige Elemente: 1. Anders als die gewöhnlichen Bürger sehen die Sträflinge meistens ihre „Widerstandskraft" gestärkt, weil sie mehr unterdrückt werden als sie; anders als der gewöhnliche Bürger muß er gegen die Macht des Staates wirklich kämpfen, *so daß er keine Verinnerlichung der Zufügung von Leid nötig hat.* Diese Erklärung überzeugt nicht. Denn warum wird der Wille mancher Menschen gebrochen, während der Wille anderer Menschen ungebrochen bleibt? 2. Anders als die gewöhnlichen Bürger, insbesondere als die Opfer, die auf ein wirkliches Äquivalent verzichten müssen (das tröstende Äquivalent ist nur ein „Kompromiß"), erlebt der Sträfling etwas, das er für ein Äquivalent halten kann: *Er wird so behandelt, wie er gehandelt hat. Mit der Strafe sind die „Schulden" getilgt.* Das Leiden seines Opfers sieht der Sträfling ja nicht, da der Staat ihn von seinem Opfer und dessen Rache getrennt hat. Es bleibt also kein Platz für eine „Schuld" übrig. Wie sieht es aber mit ihrem Bedürfnis nach der Zufügung von Leid aus? Ist es plausibel, daß sie weder nach einem äußerlichen Ausdruck, welcher im Gefängnis kaum möglich ist, noch nach einem innerlichen Ausdruck – eben dem Schuldgefühl – sucht?

In II 12–13 will Nietzsche zeigen, daß die Institution der Strafe nicht mit einem Zweck, sondern mit einer „ganzen Synthesis von Sinnen" zu erklären ist, so daß u. a. die Erweckung des Schuldgefühls nicht der Zweck der Strafe sein kann. Als Bilanz von II 12–13 kommt Nietzsche zur Ablehnung der folgenden These: „Die Strafe soll den Werth haben, das *Gefühl der Schuld* im Schuldigen aufzuwecken, man sucht in ihr das eigentliche instrumentum jener seelischen Reaktion, welche ‚schlechtes Gewissen', ‚Gewissensbiss' genannt wird" (II 14: 318). In II 14–15 versucht Nietzsche seinen Leser von *einer ganz anderen These* zu überzeugen: Die Sträflinge – und vielleicht auch zumindest bis zu einem bestimmten Entwicklungspunkt die Herrscher – sind die einzigen, bei denen das Schuldgefühl nicht aufgeweckt wird. Wenn Nietzsche in II 22 das schlechte Gewissen durch die Erfindung „des zum Zweck der Zähmung in den ‚Staat' Eingesperrten", „um sich wehe zu thun" erklärt, so sollte dies um so mehr für den buchstäblich eingesperrten Sträfling gelten. (Deleuze 1991, 139 f. verallgemeinert zu Recht Nietzsches Bemerkung: „Was immer der Grund dafür sein mag, warum eine aktive Kraft verfälscht und der materiellen Bedingungen ihres Vollzugs beraubt und von dem abgetrennt wird, was sie kann – *sie wendet sich nach innen, sie wendet sich gegen sich selbst*"; vgl. auch Murphy/Hampton 1988, 104) Foucaults *Überwachen und Strafen*, ein von Nietzsches Thesen und Methoden bekanntlich zutiefst beeinflußtes Werk, vertritt in diesem Punkt eine entgegengesetzte These: „Im klassischen Zeitalter gab es zwar eine allgemeine Bezugnahme auf die Schuld, aber die Bereiche der Sünde, des Rechtsbruchs und des schlechten Betragens blieben insoweit voneinander getrennt, als sie unterschiedlichen Kriterien und Instanzen unterworfen waren (Buße, Gericht, Einsperrung). Die Einkerkerung [so wie sie seit der Zeit Benthams stattfindet] mit ihren Überwachungs- und Bestrafungsmechanismen funktioniert hingegen in einer relativen Stetigkeit und Einheitlichkeit" (1976, 385). Und Foucault beschreibt die Wirksamkeit dieses Systems: „Das Problem liegt augenscheinlich eher in dem großen Aufstieg der Normalisierungsanlagen: in der ungeheuren Ausweitung ihrer Machteffekte mit Hilfe neu eingesetzter Erkennungsmöglichkeiten" (1976, 394).

Diese zweite These ist nicht nur unplausibel und übertrieben, sondern auch für die Fortsetzung der Genealogie des Schuldgefühls in der zweiten Abhandlung überflüssig: Die Schuld betrifft die Untertanen des Staates im allgemeinen; der Fall der Sträflinge spielt dabei keine Rolle. Vielleicht stellt sich heraus, daß die zweite These von II 14–15 in mancher Hinsicht durch das aus der Zeit der Romantik stammende Bild des Verbrechers als eines Unikums bzw. eines Genies geprägt ist.

Im allgemeinen zeigt sich diese Passage, die als ausdrückliches Leitziel die Ablehnung einer möglichen Erklärung der Entstehung durch das Schuldgefühl hat, als eine Genealogie der Strafe und der Gerechtigkeit, als Kompromiß bzw. als „Synthesis von Sinnen". Trotz der attraktiven Originalität dieser beiden Genealogien erscheint ihre konstitutive Schwäche, wenn wir in dieser Passage vergebens nach dem Ansatz einer Antwort auf die Frage suchen, wie wir heute das Strafsystem reformieren sollten. Allenfalls könnte die Antwort – an den Machthaber – zynisch lauten: „Halte das Monopol der Strafe, um Deine Macht zu zeigen, und bestrafe so, daß die Bürger nicht beunruhigt werden, und nicht stärker". Wir fragen auch nach der Gerechtigkeit des Strafsystems. Und in dieser Hinsicht sowie in vielen anderen öffentlichen Angelegenheiten besteht die (Straf-)Gerechtigkeit nicht in einem Tausch, in dem die Gleichheit keine Rolle spielt. Für uns bedeutet öffentliche demokratische Gerechtigkeit vielmehr die auf alle Menschen bezogene Universalisierbarkeit der Prinzipien; und in der Strafgerechtigkeit soll schließlich auch der Verbrecher (wieder)integriert bzw. resozialisiert werden. Nietzsche mag der glänzende Inspirator von Foucaults *Überwachen und Strafen* und von Foucaults genealogischer Methode sein; aber die Genealogie hilft uns wenig, sobald wir uns fragen, wie wir mit der Institution der Strafe umgehen sollten. Und die deskriptive Erklärung, nach der die Bevölkerung angeblich retributivistisch gestimmt sei, überzeugt wenig, weil uns die gegenwärtige öffentliche Debatte doch die starke Forderung nach Sicherheit – vor allem durch spezialpräventive Unschädlichmachung – zeigt. Vielleicht lebt unser Strafsystem von einer Illusion, aber diese Illusion erweist sich doch als eine durchaus stabile, anerkannte und (relativ) wirksame Ordnung. Kommt es dann wirklich auf eine mögliche illusorische Herkunft an, die noch zu beweisen bliebe?

Literatur

Deleuze, G. 1991: Nietzsche und die Philosophie, Hamburg.
Dühring, E. 1875: Cursus der Philosophie als streng wissenschaftlicher Weltanschauung und Lebensgestaltung, Leipzig.
Fichte, J. G. 1970: Grundlage des Naturrechts nach Principien der Wissenschaftslehre. Zweiter Theil oder Angewandtes Naturrecht, in: Gesamtausgabe Bd. I 4, 1–165.
Foucault, M. 1976: Überwachen und Strafen. Die Geburt des Gefängnisses, Frankfurt/M.
Hegel, G. W. F.: Grundlinien zur Philosophie des Rechts, in: Werke in 20 Bänden, Frankfurt/M. [7]1980, Bd. VII.
Hobbes, T. 1839: Leviathan or the matter, form, and power of a commonwealth ecclesiastical and civil, in: English Works, hrsg. v. W. Molesworth, London, Bd. 3.
Kant, I.: Die Metaphysik der Sitten. Erster Teil: Metaphysische Anfangsgründe der Rechtslehre, in: Gesammelte Schriften, hrsg. v. d. Königlich Preußischen Akademie der Wissenschaften, Berlin 1902 ff. (Akademie-Ausgabe), Bd. VI, 203–372.
Merle, J.-Ch. 2003: Fichtes Begründung des Strafrechts. In: Fichte-Studien, Bd. 24, 73–83.
Murphy, J.G./Hampton, J. 1988: Forgiveness and Mercy, Cambridge.
Orsucci, A. 2001: Genealogia della Morale. Introduzione alla Lettura, Rom.
Ottmann, H. 1987: Philosophie und Politik bei Nietzsche, Berlin.

8

Richard Schacht

Moral und Mensch
(II 16–25)

Nietzsches *Zur Genealogie der Moral* nimmt, zusammen mit dem zeitgleichen und ebenso wichtigen fünften Buch der *Fröhlichen Wissenschaft*, einen zentralen Platz in seiner letzten, drei Jahre kurzen Periode philosophischer Aktivität zwischen *Also sprach Zarathustra* und seinem Zusammenbruch ein. Und seine „genealogischen" Untersuchungen bieten somit nicht nur einen Beitrag zur Umwertung der „Moral" und der Werte, sondern auch eine Umdeutung unserer erreichten menschlichen Realität und eine neue Sicht unserer menschlichen Möglichkeiten im Lichte dieser Umdeutung. So ist Nietzsche z. B. am schlechten Gewissen interessiert, am Schuldgefühl, und zwar nicht als an einem seltsamen Thema der moralpsychologischen Pathologie, sondern eher als an einem gefährlichen und doch sehr bedeutsamen anthropologischen Phänomen. Nietzsche legt nahe, daß wir ohne Schuldgefühle nicht wären, was wir sind, und daß auch unsere menschlichen Möglichkeiten nicht die gleichen wären.

8.1 Die naturalistische Umdeutung der menschlichen Realität

Die Zweite Abhandlung der *Genealogie*, in der Nietzsche dieses Phänomen erörtert, ist Teil eines seit langem bestehenden, viel größeren Projekts der Umdeutung und Umwertung. Er faßte es zum erstenmal etwa 15 Jahre zuvor, in *„Über Wahrheit und Lüge"*, ins Auge; und er kündigte es zum erstenmal explizit zu Beginn von *Menschliches-Allzumenschliches* an, indem er „die historische Philosophie" lobte, „welche gar nicht mehr getrennt von der Naturwissenschaft zu denken ist" (MA I 1: 2, 23), und einen neuen

Ansatz zum Verständnis der menschlichen Natur forderte, der ebenso historisch wie naturalistisch sein werde. Dieser Appell könnte ebenso als Vorwort zur *Genealogie* dienen. „Alle Philosophen", schreibt er auf eher hyperbolische Weise, „haben den gemeinsamen Fehler an sich": „Unwillkürlich schwebt ihnen ‚der Mensch' als eine aeterna veritas [...] vor [...]. Mangel an historischem Sinn ist der Erbfehler aller Philosophen [...]. Alles aber ist geworden; es giebt *keine ewigen Thatsachen* [...] – Demnach ist das *historische Philosophiren* von jetzt ab nöthig und mit ihm die Tugend der Bescheidenheit" (MA I 2: 2, 24 f.).

Was laut Nietzsche nötig ist, ist eine für Entwicklung und Geschichte sensible, biologisch begründete und konsequent naturalistische Neuinterpretation unserer etwas umgedeuteten menschlichen Realität, die ihre Natur ihrer irdischen und kontingenten Geschichte verdankt. Er wiederholt diesen Punkt in der *Fröhlichen Wissenschaft* (FW 109) und in *Jenseits von Gut und Böse* (JGB 230). In der *Genealogie* ist es sowohl in der ersten als auch in der zweiten Abhandlung sein Ausgangspunkt; in beiden Abhandlungen verfolgt er diesen Kurs.

Für Nietzsche ist es wichtig anzuerkennen, daß zutrifft, was er uns durch Zarathustra mitteilen läßt: „der Erwachte, der Wissende sagt: Leib bin ich ganz und gar, und Nichts ausserdem; und Seele ist nur ein Wort für ein Etwas am Leibe" (Za I 4: 4, 39). Aber es ist nach seiner Einsicht ebenso wichtig und wahr, daß die Arten von Umwandlungen zur Sorte von Wesen, die wir sind, die im langen Verlauf der Menschheitsgeschichte stattfanden, für eine sehr lange Zeit nicht bloß biologische Angelegenheiten waren. Vielmehr kamen sie unter gewissen Formen von gesellschaftlichen und kulturellen Umständen zustande, die auch zu den Bedingungen ihrer Möglichkeit gehören. Das Wechselspiel von Natur und Kultur ist eines der allgemeinen Themen von Nietzsches entwicklungsorientierter philosophischer Anthropologie; und seine Gedanken zu diesem Wechselspiel in der Zweiten Abhandlung der *Genealogie* sind dafür zentral.

In *Jenseits von Gut und Böse* sind diese Interessen sehr evident – ebenso ein erhöhtes Interesse für die Folgen, falls und wenn soziale und kulturelle Bedingungen bestehen, die bewirken und dazu beitragen, was Nietzsche „diese Entartung und Verkleinerung des Menschen zum vollkommenen Heerdenthiere" nennt, was zu einer „Verthierung des Menschen" führt und das an den Menschen geknüpfte Versprechen ausrottet (JGB 203: 5, 127 f.). Und in diesem Zusammenhang verleiht er einem Aspekt seines Denkens Ausdruck, der auch in der *Genealogie* bedeutsam ist: seine Anhängerschaft zur Lamarckschen Theorie bezüglich der Idee der biologischen Vererbbarkeit von Merkmalen und Fähigkeiten, die von Lebewesen – einschließlich von Menschen – im Verlauf ihres Lebens erworben wurden. „Es ist aus der Seele eines Menschen nicht wegzuwischen, was seine Vorfahren am liebsten und beständigsten gethan haben [...]. Es ist gar nicht möglich, dass ein Mensch *nicht* die Eigenschaften und Vorlieben seiner Eltern und Altvordern im Leibe habe: was auch der Augenschein dagegen sagen mag. Dies ist das Problem der Rasse" (JGB 264: 5, 218 f.). Nietzsches Version des Lamarckismus führt ihn zur Annahme, daß in den Arten von Entwicklungen, welche menschliche Einstellungen, Werte und das Verhalten betreffen, viel auf dem Spiel steht; denn zusätzlich zu den sehr grundlegenden biologischen Unterschieden unter den menschlichen Wesen gibt es so manches an ihnen, das langfristig völlig plastisch ist, aber innerhalb einer gegebenen Generation nur in ganz geringer Weise – besser gesagt: die Dispositionen und Fähigkeiten, die an aller Steigerung des Lebens beteiligt sind, können sich nur langsam und mit Schwierigkeit entwickeln, und sie können allzu leicht verloren gehen.

Nietzsche hatte diese Sorgen, als er seine Aufmerksamkeit dem Projekt einer „Genealogie der Moral" zuwandte. Er war seit langem davon überzeugt, daß Moral eine Schlüsselrolle spielte für „das erste grosse Ziel" in der Entwicklung der Menschheit; „die Abtrennung des Menschen von den Thieren" (MA II, II 350: 2, 702) oder was er manchmal auch „unsere Ent-Thierung" nennt. Sein Projekt einer entgöttlichten, naturalistischen und historisch-bewußten Umdeutung unserer Menschheit führte ihn verständlicherweise dazu, sowohl über die Moral in der Perspektive ihrer Auswirkung auf die menschliche Realität nachzudenken, als auch über die menschliche Realität mit Rücksicht darauf, auf welche Weisen diese von der Moral betroffen wurde. Ich glaube, daß auf diese Weise die ganze *Genealogie* angemessen und fruchtbar gelesen werden kann. Hier muß ich mich auf die letzten zehn Abschnitte der *Zweiten Abhandlung* beschränken, und damit auf seine Diskussion dessen, was er „das ‚schlechte Gewissen'" nennt, „diese unheimlichste und interessanteste Pflanze unserer irdischen Vegetation" (II 14: 320).

8.2 Die Entstehung des schlechten Gewissens

Das letzte Drittel der Zweiten Abhandlung der *Genealogie* ist in mancher Hinsicht der philosophische und rhetorische Höhepunkt des ganzen Buches. Es enthält den Schlüssel zu Nietzsches Konzeption der „Genealogie" von etwas viel Wichtigerem als selbst dem Phänomen des schlechten Gewissens: von unserer bestehenden Menschheit, und von einer höheren, noch zu erreichenden Menschheit, welche die bestehende Menschheit als Anlage in sich trägt. „Es ist eine Krankheit, das schlechte Gewissen, das unterliegt keinem Zweifel", schreibt er, „aber eine Krankheit, wie die Schwangerschaft eine Krankheit ist" (II 19: 327). Das Schuldgefühl ist nicht die Selbstbestrafung als Verinnerlichung der Institution und Praxis der Strafe, die Nietzsche im ersten Teil dieser Abhandlung mit der Erschaffung von Gedächtnis und Zuverlässigkeit in Zusammenhang bringt. Es ist Selbst-Folterung, wie er ausführt, mit der man sich selber eine sublimierte Form von Gewalt antut, die anderen anzutun man unfähig ist. Und es sind genau die Möglichkeiten, die damit eröffnet werden – „als die Folge einer gewaltsamen Abtrennung von der thierischen Vergangenheit" –, die er so faszinierend und vielversprechend findet. „Fügen wir sofort hinzu, dass andrerseits mit der Thatsache einer gegen sich selbst gekehrten, gegen sich selbst Partei nehmenden Thierseele auf Erden etwas so Neues, Tiefes, Unerhörtes, Räthselhaftes, Widerspruchsvolles *und Zukunftsvolles* gegeben war, dass der Aspekt der Erde sich damit wesentlich veränderte" (II 16: 323).

Eine Erweiterung desselben hochgestimmten Bildes kommt im zweitletzten Abschnitt der Zweiten Abhandlung (II 24), in Nietzsches Lobgesang auf den „Menschen der Zukunft", zum Ausdruck. Dieser „Besieger Gottes und des Nichts" wird ebenso wenig länger an der „Krankheit" des schlechten Gewissens leiden wie an anderen Pathologien der „Sklavenmoral" und der asketischen Ideale; ganz so wie dieser „schöpferische Geist" von „drängender Kraft" die Herrenmoral der Ersten Abhandlung ebenso weit hinter sich gelassen haben wird wie die Zügellosigkeit jener, die nicht Herren ihrer selbst sind. Aber der Weg zu einer solchen übermenschlichen, höheren Menschheit im Geiste des Zarathustra war nur möglich unter der Bedingung des Phänomens des schlechten Gewissens – nicht nur im negativen Sinne als ein Preis, der auf dem Weg dahin entrichtet werden muß, sondern auch im positiven Sinne, als eine Art von bewußtseinsverändernder schwerer Prüfung, von der die ganze Fähigkeit zur Erlangung einer solchen Menschheit genealogisch und vielleicht auch psychologisch abhängt.

Diese höhere Menschheit übertrifft sogar das „souveraine Individuum", das früher in der Zweiten Abhandlung (II 2) gepriesen wurde und für welches das Phänomen des schlechten Gewissens in einer entscheidenden Hinsicht ebenfalls unverzichtbar war. Denn es ist der Schlüssel zur eigentlichen Kreativität dieses kreativen Geistes, daß er für Nietzsche der Schlüssel ist zur „Erlösung dieser Wirklichkeit", dieses Lebens und dieser Welt, „vom Fluche, den das bisherige Ideal auf sie gelegt hat" (II 24: 336). Die

8 MORAL UND MENSCH

Qualitäten des „souverainen Individuums" sind ein Teil der Verfassung und der „grossen Gesundheit" dieser vorgestellten Form höherer Menschheit; aber sie sind nicht genug – denn, bewundernswert wie sie sind, sind sie doch kein Rezept für Kreativität, ebenso wenig wie die erfinderische Verschlagenheit, die Nietzsche für ein Merkmal hält, das wir der „Sklaven"-Mentalität verdanken.

Zurück zu Abschnitt 16: Versuchen wir, Nietzsches Denken an dieser Stelle zu verstehen. Er schreibt: „Ich nehme das schlechte Gewissen als die tiefe Erkrankung, welcher der Mensch unter dem Druck jener gründlichsten aller Veränderungen verfallen musste, [...] als er sich endgültig in den Bann der Gesellschaft und des Friedens eingeschlossen fand" (II 16: 321 f.).

Auch das Gedächtnis und die Strafen, die erforderlich waren, um es hervorzubringen, zusammen mit der damit verknüpften Berechenbarkeit und Fähigkeit zu kalkulieren, werden in der Zweiten Abhandlung als Folgen dieser menschlichen Sozialisation gedeutet. Aber hier wird eine andere Art von Dynamik ins Auge gefaßt. In dieser neuen Welt hatten diese „der Wildniss, dem Kriege, dem Herumschweifen, dem Abenteuer glücklich angepassten Halbthiere [...] ihren alten Führer nicht mehr, die regulirenden unbewusst-sicherführenden Triebe" (322), die ihrer Art vor der Ankunft von „Gesellschaft und Frieden" so gut dienten. Die Umstände des sozialen Lebens wollten es, daß sie diese Triebe kontrollierten und sich stattdessen auf „Denken, Schliessen, Berechnen, Combiniren von Ursachen und Wirkungen" verließen, kurz: „auf ihr ‚Bewusstsein', auf ihr ärmlichstes und fehlgreifendstes Organ!" (ebd.) Die Entwicklung dieser Fähigkeiten erhielt damit einen enormen Anstoß. Das Problem, das in der Pathologie des schlechten Gewissens resultierte, war nach Nietzsches Dafürhalten nicht die Schwäche der kognitiven Fähigkeiten unserer Vorfahren, sondern eher die unverminderte und nun plötzlich gebremste Stärke ihrer Triebe: „und dabei hatten jene alten Instinkte nicht mit Einem Male aufgehört, ihre Forderungen zu stellen! Nur war es schwer und selten möglich, ihnen zu Willen zu sein" (ebd.).

Was waren diese alten Instinkte? Jene, die Nietzsche erwähnt, bilden eine seltsame Liste: „Die Feindschaft, die Grausamkeit, die Lust an der Verfolgung, am Überfall, am Wechsel, an der Zerstörung" (323). Wir können sie vielleicht am besten verstehen als zahlreiche verschiedene Formen eines primordialen Aggressionstriebes, der seinerseits jene fundamentalste Disposition zum Ausdruck bringt, die Nietzsche „Wille zur Macht" nennt. Sie wurden von „furchtbaren Bollwerken" gebremst – „Strafen gehören zu diesen Bollwerken", wie er bemerkt –, die so gewaltig sind, daß sogar diese aggressiven Halbtiere davon abgeschreckt wurden, sie in der alten direkten

Weise auszuleben. Und an dieser Stelle führt er eine Konzeption von Trieb-„Hemmung" und „Verinnerlichung" ein, die in der Möglichkeit der Sublimation gipfelt, welche eines der Kennzeichen und zentralen Merkmale seiner philosophischen Psychologie und Anthropologie ist. „Alle Instinkte, welche sich nicht nach Aussen entladen, *wenden sich nach Innen* – dies ist das, was ich die *Verinnerlichung* des Menschen nenne: damit wächst erst das an den Menschen heran, was man später seine ‚Seele' nennt. Die ganze innere Welt, ursprünglich dünn wie zwischen zwei Häute eingespannt, ist in dem Maasse aus einander- und aufgegangen, hat Tiefe, Breite, Höhe bekommen, als die Entladung des Menschen nach Aussen *gehemmt* worden ist" (II 16: 322).

Auf diese Weise, so legt Nietzsche nahe, wurden die gehemmten oder unterdrückten Triebe sowohl verpflichtet als auch befähigt, „neue und gleichsam unterirdische Befriedigung" zu suchen. Es ist wichtig, hier zu bemerken, daß er, während er solchermaßen glaubt, die Triebe und Instinkte seien derart für einen Richtungswechsel und einen Grad von Veränderung in ihrer Ausdrucksweise zugänglich gewesen, zumindest in diesem Stadium nicht annimmt, sie seien einer fundamentaleren und vollständigen Reduktion auf einen bloßen Bestand von affektiver Energie oder selbst einer größeren Umwandlung fähig, die ihren Charakter ganz dramatisch verändern würde. Sie mögen sich verkleiden oder sich umorientieren; aber ihren ursprünglichen Grundcharakter haben sie erhalten. Und so kam es, daß diese aggressiven Triebe, ohne ihren Grundcharakter zu verlieren, auf das einzige verfügbare Ziel gerichtet wurden. „Alles das gegen die Inhaber solcher Instinkte sich wendend; *das* ist der Ursprung des ‚schlechten Gewissens'" (323).

Es gibt in der Tat noch eine weitere Wendung in dieser Geschichte; denn das Ziel dieser Triebe war noch etwas spezifischer gesagt nicht „der Besitzer solcher Instinkte", sondern vielmehr *diese Instinkte selber*, in ihren offeneren und unverhüllteren Formen. Das schlechte Gewissen gereicht zu „einer Kriegserklärung gegen die alten Instinkte, auf denen bis dahin seine Kraft, Lust und Fruchtbarkeit beruhte", unter Aufwendung „unterirdischer" Formen genau dieser Instinkte zu deren Bekämpfung. So kam es zu „einer gegen sich selbst gekehrten […] Thierseele auf Erden" (ebd.).

Nietzsche charakterisiert diese Entwicklung treffend als „etwas so Neues […] dass der Aspekt der Erde sich damit wesentlich veränderte" – nicht nur deswegen, weil dieser Kampf „die Folge einer gewaltsamen Abtrennung von der thierischen Vergangenheit, eines Sprunges und Sturzes gleichsam in neue Lagen und Daseins-Bedingungen" war, sondern auch (und noch wichtiger) wegen dem, was daraus entstand. Denn dies war nicht nur der

Anfang dessen, „was man später seine ‚Seele' nennt." Es war auch der Anfang eines Verinnerlichungsprozesses, der unter Umständen verfeinert wurde von einem rohen, selbsterfleischenden und selbstzerstörerischen Unterdrückungs- bzw. Umlenkungs-Mechanismus zu einer wirklichen Beherrschungs- und Sublimierungsfähigkeit, die den Weg öffnet zur Steigerung des Lebens und zur Rechtfertigung von Nietzsches extravaganter Rhetorik. Am Ausgangspunkt dieser Entwicklung, wie er ihn sich vorstellte, gab es allerdings ein grausames Schauspiel: Dieses elende enttäuschte Geschöpf, das „aus sich selbst ein Abenteuer, eine Folterstätte, eine unsichere und gefährliche Wildnis schaffen mußte – dieser Narr, dieser sehnsüchtige und verzweifelte Gefangene wurde der Erfinder des ‚schlechten Gewissens'" (ebd.).

8.3 Das schlechte Gewissen als Ursprung der Kultur

Nietzsches Analyse des schlechten Gewissens besagt, daß es die Erfahrung einer Folter, d. h. der Ausdruck von *Gewalt* ist, die wir uns selber angetan haben. Es wird mithin für etwas gehalten, was der „Abtötung des Fleisches" verwandt ist, welche die Asketen praktizierten: Sie versuchten, die Forderungen der Begierde zum Schweigen zu bringen, und verschlimmerten die Enttäuschung der unerfüllten Wünsche durch Maßnahmen der Selbstquälerei darüber, daß man überhaupt den Wunsch hatte. Und gleichwohl wird es mit dem Elan getan, welcher der wilden Ausgelassenheit des Berserkers gleicht, dem es eine ähnliche Art von Genugtuung verschafft, einem Gegner Gewalt anzutun. Dieser Elan ist ein Beispiel für das Entzücken und die Befriedigung, von der Nietzsche annimmt, daß sie den Ausdruck jedes Grundtriebes von Wesen begleiteten, die mit einer gewissen Empfindungsfähigkeit ausgestattet sind, verstanden als ein Mechanismus der Verstärkung. In allen Fällen dieser Art, sagt er, ist ein – euphemistisch gesprochen – *„Instinkt der Freiheit"* am Werk, oder, „in meiner Sprache geredet: der Wille zur Macht" (II 18: 326).

Nietzsche stellt sich eine viel machtvollere Dynamik bei der Geburt des schlechten Gewissens vor, als es zum erstenmal in das menschliche Leben trat und seine schicksalsvollen Umwandlungen der menschlichen Wirklichkeit begann, als heute erforderlich ist, um es zu realisieren. Der Ursprung des schlechten Gewissens ist eines; seine moderne Kultivierung und Realisierung ist ein anderes und folgt nicht dem Drehbuch, das Nietzsche im Abschnitt 17 bietet, um anzuzeigen, wie es wohl zum erstenmal in Erscheinung trat. (Seine eher phantasievolle Ausarbeitung der Erzählung in Begriffen von „irgend einem Rudel blonder Raubtiere" muß nicht wörtlich verstanden werden, und muß sicher nicht historisch korrekt sein, um seine Anliegen und seinen Fall zu verteidigen. Nietzsche muß hier lediglich in der Lage sein, mit einem Beispiel zu zeigen, daß man nichts Erhabeneres anzuführen braucht als die ganz und gar naturalistischen Elemente dieser *Art von Erzählung*, die er erzählt, um dem anstehenden Phänomen gerecht zu werden. Und seine Erzählung scheint diese Anforderungen gewiß zu erfüllen.)

Nietzsche möchte hier hauptsächlich nachweisen, daß das Phänomen des schlechten Gewissens seinen Ursprung von einer *abrupten* Abwandlung der Existenzbedingungen der menschlichen Bevölkerung nehmen mußte, und daß dies dieser Bevölkerung von einer anderen Gruppe *aufgezwungen* werden mußte, welche „fortarbeitete, bis ein solcher Rohstoff von Volk und Halbthier endlich nicht nur durchgeknetet und gefügig, sondern auch *geformt* war" (II 17: 324). Der letzte Punkt spiegelt seine Lamarcksche Überzeugung wider, daß ein Merkmal, das von Mitgliedern einer bestimmten Bevölkerung unter bestimmten Umständen erworben werden kann, ein Teil dessen wird, was, bei hinreichender Verstärkung durch eine genügend lange Reihe von Generationen, spätere Generationen durch Vererbung erwerben.

Beinahe noch wichtiger ist der erste Punkt: „dass jene Veränderung keine allmähliche, keine freiwillige war und sich nicht als ein organisches Hineinwachsen in neue Bedingungen darstellt, sondern als ein Bruch, ein Sprung, ein Zwang" (ebd.), der sich zu rasch zutrug für die „wilde" aggressive Natur der eroberten Bevölkerung, die geschwächt und in einen Zustand verwandelt war, der nicht zu viel mehr fähig war als zum Ressentiment und den Ausflüchten des „sklavischen" und „priesterlichen" Typus. Es ist Nietzsches zentrale Behauptung, die besagt: „dieser zurückgedrängte, zurückgetretene, in's Innere eingekerkerte und zuletzt nur an sich selbst noch sich entladende und auslassende Instinkt der Freiheit [oder: ‚Wille zur Macht']: das, nur das ist in seinem Anbeginn das *schlechte Gewissen*" (325). Und der Grund, warum Nietzsche glaubt, daß dies schnell geschehen mußte, ist seine Annahme, daß uns dieser „Instinkt", bevor das Phänomen des schlechten Gewissens *uns eingepflanzt* sein würde, allzu bald *ausgetrieben worden wäre*, wenn der Prozeß der sozialen Einzwängung abgestufter verlaufen wäre. (War es uns allerdings einmal eingepflanzt, so hat es bestanden und – so scheint Nietzsche zu denken – konnte mit dem Aufwand der gewöhnlichen Praktiken der Kindererziehung und der richtigen Sorte von Kulturanpassung und Wertindoktrination weiter bestehen.)

8 MORAL UND MENSCH   123

Aber das ist noch nicht alles. Denn Nietzsche ist fasziniert von dem seltsamen Vergnügen, welches das schlechte Gewissen nicht nur begleitet, sondern ein Teil davon ist. Und hier klammert er sich an die Vorstellung der Grausamkeit und der Freude, die sie bereiten kann, auch wenn dies für unsere moderne Empfindsamkeit abstoßend sein mag. Denn wenn wir, wie er annimmt, schon lange mit einer Tendenz ausgestattet waren, aus der Zufügung von Leiden Freude zu schöpfen (vielleicht um uns um so mehr gegen die Leiden zu behaupten und zu wappnen, die uns auf diese Weise zugefügt zu werden pflegen), dann wird diese ganze Tendenz übernommen, wenn sich jemandes angeborene Aggressivität gegen ihn selber gekehrt hat; und das Resultat ist „diese unheimliche und entsetzlich-lustvolle Arbeit einer mit sich selbst willig-zwiespältigen Seele, welche sich Leiden macht, aus Lust am Leidenmachen […]" (II 18: 326).

Die Geschichte hat noch einen anderen Teil, der für Nietzsche direkt von dem soeben erwähnten herrührt. Und er macht den Grund offenbar, warum er so nachdrücklich vom Verheißungsvollen dieses Phänomens spricht, trotz seines allzumenschlichen Ursprungs und seiner Pathologie. Der Satz, dem der soeben zitierte Abschnitt entstammt, beginnt und fährt wie folgt fort: „Diese heimliche Selbst-Vergewaltigung, diese Künstler-Grausamkeit, diese Lust, sich selbst als einem schweren widerstrebenden leidenden Stoffe eine Form zu geben […], dieses ganze *aktivische* ‚schlechte Gewissen' hat zuletzt – man erräth es schon – als der eigentliche Mutterschooss idealer und imaginativer Ereignisse auch eine Fülle von neuer befremdlicher Schönheit und Bejahung an's Licht gebracht und vielleicht überhaupt erst *die* Schönheit […]" (II 18: 326). Nietzsche gibt hier meiner Meinung nach folgendes zu bedenken: Dadurch, daß unserer psychologischen Konstitution, wie sie zuvor geformt war, die Fähigkeit zum schlechten Gewissen hinzugefügt wurde, ist die Art von Sublimationsprozeß möglich gemacht worden, der den Weg öffnete zu allen nachfolgenden Steigerungen des menschlichen Lebens bis jetzt und für die Zukunft. Schon das Bild in diesem Abschnitt ist höchst aussagekräftig dafür, wie er sich diese Entwicklung vorstellt: Das Gewissen war nicht nur der *Anstoß* zu dieser Entwicklung oder selbst ihr *Katalysator*: Es war ihr „*Mutterschooss*".

Nur an einem solchen Ort der Geburt, behauptet Nietzsche, konnte die kreativ vergeistigende Umwandlung unserer bloß tierischen Vitalität beginnen, die ihn zur extravaganten Sprache der Schlußfolgerung im Abschnitt 16 bewegt. Denn der Schlüssel zu aller solchen Umwandlung ist der Zwang, sich selber zu *etwas anderem* hinzuwenden, *als was man ist* – ein Zwang, der in seinen Anfängen die Form einer „Kriegserklärung gegen die alten Instinkte" (II 16: 323) annehmen mußte, gegen den Menschen selbst,

„sein ganzes thierisches altes Selbst", und die zu ihrer Unterstützung begleitet werden mußte von einem tiefen Entzücken – von einer überwältigenden „Lust, sich selbst als einem schweren widerstrebenden Stoffe eine Form zu geben." (II 18: 326). Auf diese Weise ist man befähigt, in einem tieferen, grundlegenderen und vollständigeren Sinne genau das *zu werden, was man ist*, indem man eine verklärte Version dessen wird, was man in sich selber als Anlage hatte. Aber das ist genau die „Selbstüberwindung" und selbsterfüllende Selbstverwirklichung, um die es Nietzsche vom Anfang bis zum Ende im Tiefsten ging und die im *Zarathustra* als „der Sinn der Erde" gefeiert wurde. So beschließt er die Zweite Abhandlung mit dem ehrfürchtigen Hinweis auf Zarathustra, damit er nicht für sich selber in Anspruch nehme, „was allein *Zarathustra* freisteht", die Rolle des Herolds des „Übermenschen" (II 25: 337).

Nietzsches Anliegen könnte hier nicht klarer sein: Niemals hätte es irgend einen Anstoß zur „Selbstüberwindung" oder zur Selbstverwandlung gegeben oder auch nur geben können, wären die Menschen nicht irgendwie von einer machtvollen Unzufriedenheit und sogar einer Aversion gegen ihre bestehende Art getrieben worden. Und während diese Haltung in späteren Zeiten eine verfeinerte Form annehmen mochte, so glaubt er doch, daß sie nur als ein roher, lasterhafter und gleichwohl wollüstiger Selbsthaß begonnen haben kann: „Was wäre denn ,schön', wenn nicht erst der Widerspruch sich selbst zum Bewusstsein gekommen wäre, wenn nicht erst das Hässliche zu sich selbst gesagt hätte: ,ich bin hässlich'?" Und wie hätte eine solche Haltung gestützt werden können, hätte nicht ein machtvolles Entzücken daran mitgespielt? Und wie läßt sich die Tatsache eines solchen Entzückens erklären, wenn nicht mit dieser Annahme (die Nietzsche macht): „diese Lust gehört zur Grausamkeit" (II 18: 326), das Entzücken, von dem er annimmt, das es zuerst mit der Gewalt gegen andere verbunden war?

So kommt es, daß wir bei Nietzsche die Behauptung finden, daß alles, was mit „höherer Kultur", künstlerischer Kreativität und selbst intellektueller Integrität zu tun hat, seine Wurzeln in der Grausamkeit hat – Grausamkeit gegen sich selber an erster Stelle, aber auch Grausamkeit gegen andere, deren gewöhnliche menschliche Realität damit auch verschmäht wird. Aber dies ist lediglich die ruppige und bilderstürmerische Art, mit der Nietzsche sagen will, daß alle solchen Phänomene, welche den höheren Menschen betreffen, weder hätten entstehen noch erhalten werden können ohne eine Unzufriedenheit mit den geringeren Formen des Menschseins, unseren eigenen inbegriffen. Und solche Unzufriedenheit würde zu nichts führen, würde sie nicht damit zusammentreffen, daß wir vor langer

Zeit mit einem Elan, Dinge zu tun, die Leiden verursachen, ausgestattet wurden. Ist man nicht bereit und fähig, grausam mit sich selber zu sein, so wird man auch nicht fähig sein, so zu handeln, um seiner eigenen Unzufriedenheit mit sich selber zu begegnen, und diese Unzufriedenheit wird nur Selbsthaß und Ressentiment erzeugen. Dies erklärt Nietzsches Sorge, daß wir, wenn uns dieser Elan ausgetrieben würde, die Fähigkeit verlieren würden, mit uns selber hart zu sein, was der Schlüssel für alle „Selbstüberwindung" und alle schöpferische Verklärung des menschlichen Lebens ist, die es von der Sinnlosigkeit erlösen könnte. Und dies erinnert an eines der hauptsächlichen Themen von *Schopenhauer als Erzieher*, an die grundlegende Idee, der Nietzsche klar verpflichtet bleibt, und in deren Licht wir ihm nun dabei zusehen können, wie er versucht, ihr und ihrer menschlichen Möglichkeit mittels einer Genealogie naturalistischen Sinn zu verleihen. „Kultur", hatte er dort geschrieben, „ist das Kind der Selbsterkenntniss jedes Einzelnen und des Ungenügens an sich" (SE 6: 1, 385).

8.4 Schuldgefühl, Religion und Aggressionstrieb

Nietzsche befaßt sich anschließend mit dem, was er für die am meisten pathologische Form des schlechten Gewissens hält, die er auf ihre Stufe verweist, indem er eine Version einer dreistufigen Geschichte der Menschheit anbietet, die man häufig in seinen Schriften antrifft. In jedem dieser drei Zeitalter, so nimmt Nietzsche an, wurde das Material unserer Menschheit geformt und umgeformt, sofern verschiedene Bedingungen ihre Spur hinterließen. In diesem Verlauf der historischen Entwicklung wurde das Schuldgefühl intensiviert, indem es mit „der religiösen Voraussetzung" verknüpft wurde; das menschliche Wesen, in dem das schlechte Gewissen erzeugt wurde, ergriff die Idee eines „Gottes", der „die letzten Gegenstände, die er zu seinen eigentlichen und unablöslichen Thierinstinkten zu finden vermag", verkörpert, und dann deutet er „diese Thier-Instinkte selbst um als Schuld gegen Gott" (II 22: 332).

Das mag sich schließlich als eine Art von *felix culpa* erweisen, nämlich angesichts der psychologischen Fähigkeiten, zu deren Entwicklung die Schuld laut Nietzsche beitrug; aber während es eine unvermeidbare Konsequenz dieser „Einkerkerung" des „Tier-Menschen" in eine soziale Ordnung sein mochte, daß das schlechte Gewissen zu einer psychologischen Realität wurde, so war doch ihre Verknüpfung mit dieser Art von Religiosität nicht unvermeidbar. Nietzsche läßt es sogar zu, daß „an sich die Conception von Göttern nicht nothwendig zu dieser Verschlechterung der

Phantasie führen muss", was er mit dem Beispiel „der griechischen Götter" zu zeigen vermeint. Er legt in der Tat nahe, daß die Griechen ihre sehr verschiedenen Konzeptionen der Götter eher benutzen, „gerade um sich das ‚schlechte Gewissen' vom Leibe zu halten", als um es zu intensivieren (II 23: 333).

Nietzsche erklärt hier nicht, wie das angeblich funktioniert haben soll. Aber diese Frage stellte sich ihm lange zuvor, und er hat in seinem frühen, unveröffentlichten Essay „Homers Wettkampf" eine vielversprechende Antwort gefunden (vgl. 1, 783–792). Kurz: Anstatt ihre Aggressivität zu unterdrücken, zu verinnerlichen und gegen sich selbst zu richten, lernten sie, dieselbe durch verschiedene Formen des Wettkampfs zu sublimieren, in dem sie nun weiterhin Aggressivität in sozial akzeptablen Formen gegeneinander ausdrücken konnten, was sich als überwältigende kulturelle Bereicherung auswirkte.

Dies ist ebenfalls Nietzsches bevorzugte Lösung; und ihre Verfügbarkeit als eine lebenstüchtige Alternative entspricht zweifellos den hoch gesteckten Hoffnungen, mit denen er die Zweite Abhandlung beschließt. Anders als Freud, der keinen Weg zur Lösung des Problems des „Unbehagens in der Kultur" sah, hielt es Nietzsche zumindest für menschenmöglich, die Herrschaft des schlechten Gewissens und die daraus resultierende „Feindschaft gegen das Leben" zu beenden, ohne entweder in Barbarei zurückzufallen oder die Menschheit so zu schwächen, daß das ganze Phänomen der Selbstüberwindung verschwinden würde, zusammen mit allem, was das menschliche Leben ebenso interessant wie aufwühlend macht.

Die Erfindung des schlechten Gewissens war Segen und Fluch (wie jedermann zu Nietzsches Zeit vermutlich wußte oder hätte wissen sollen). Und Nietzsche glaubte, daß es möglich sein sollte, zu bewahren, was damit gewonnen wurde, selbst wenn man dadurch nicht nur die den Schuldkomplex intensivierende Religiosität hinter sich bringen mußte, sondern auch die verallgemeinerte Feindseligkeit gegenüber unseren „natürlichen Neigungen", was lange Zeit ihre grundlegende Stoßrichtung war. Eine auf Sublimation, nicht auf Repression gegründete Kultur ist zumindest menschenmöglich, und zwar mit kreativen, nicht mit bloß destruktiven Ventilen für die Aggressivität, welche für Nietzsche der Herzschlag der Vitalität ist, in einem reichen Spektrum von Wettkampfarten, die es erlauben, Aggressivität in einem feierlichen Rahmen auszuleben und auch zu kontrollieren. Er stellt sich an einer anderen Stelle ähnliche Sublimationen von anderen menschlichen Grundtrieben vor, die für das menschliche Gedeihen gleichermaßen wesentlich sind; zwei seiner bevorzugten Beispiele dafür sind Wollust und Selbstsucht (vgl. „Von den drei Bösen" in Za III 10: 4, 235–240).

8.5 Zwei Lesarten von ‚Genealogie'

Blickt man zurück auf die Geschichte, die Nietzsche in diesen zehn Abschnitten, die mit II 16 beginnen, und die er tatsächlich in allgemeinerer Form auch in der ersten und zweiten Abhandlung der *Genealogie* erzählt, so mag man sich wohl fragen: Woher weiß Nietzsche das alles? Die Antwort lautet natürlich, daß man nicht wirklich sagen kann, daß er irgendetwas davon weiß – selbst wenn manches richtig und wichtig ist. Was er anstellt, ist Spekulation, in einer Art und Weise, die von seinem Gespür für jüngste Entwicklungen im evolutionären und biologischen Denken inspiriert ist, ein Versuch, mit einer plausiblen naturalistischen Auffassung gewisser Phänomene anzutreten, die er für die Genealogie der Moral und für die Vielfalt unter den Menschen, die bereits entstanden und menschenmöglich ist, für entscheidend hält. Er beabsichtigt zweierlei: seine Leser von der Idee zu überzeugen, daß nichts Bedeutenderes hätte der Fall sein müssen (und wahrscheinlich auch nicht stattfand) als Entwicklung von der Art, auf die er sich in seinen „Bloß so"-Geschichten à la Kipling bezieht, die in der Entstehung von Moralvorstellungen und Menschen resultierten, wie wir sie kennen, und für den ganz besonderen hypothetischen Ansatz zu plädieren, den er mit Rücksicht auf die Entfaltung dieser Genealogie vorschlägt.

Nietzsche zögert nicht, sich in beiden Hinsichten weit vorzuwagen. Dies nicht etwa darum, weil er entweder übertrieben voreilig oder entschieden dogmatisch wäre. Es trifft schon eher zu, daß er glaubt, philosophische Experimente seien auf folgende Weise durchzuführen: Man nimmt gewisse Ideen, die plausibel, gut begründet und vielversprechend erscheinen, man führt sie (und schmückt sie) durch Interpretation aus – allerdings im Bewußtsein der Möglichkeit, daß es sich nur um Hypothesen und Interpretationen handelt, und daß sich gute Gründe einstellen können, um sie neu zu überdenken und zu revidieren. Schließlich ist es mehr der Geist als der Buchstabe, auf den es in diesem Unternehmen am meisten ankommt.

Aber wir bleiben immer noch mit drei großen Fragen zurück. Erstens: Was sollen wir mit dieser Analyse der Genealogie und des Charakters des schlechten Gewissens anfangen? Zweitens: Was sollen wir mit jenen Aspekten dieser Auffassung der menschlichen Natur anfangen, die im Zusammenhang mit dieser Analyse und diesem Phänomen ans Licht befördert werden? Und drittens: Was sollen wir mit dieser Art von philosophischer Psychologie und Anthropologie, wie sie hier dargestellt wird, anfangen?

Es gibt gewiß so etwas wie das schlechte Gewissen, das Schuldgefühl. Ob allerdings alles, was zurecht so genannt werden kann, die von Nietzsche gebotene Analyse stützt, ist weit fragwürdiger. Man wird vielleicht denken, daß der Autor des ersten Abschnitts der dritten Abhandlung, der so sensibel für das Faktum ist, daß „überhaupt das asketische Ideal dem Menschen so viel bedeutet hat" (III 1: 339), im gleichen Maß sensibel für dieses Phänomen sei. Und man wird vielleicht denken, daß jemand, der so sensibel für den Entwicklungscharakter alles Menschlichen ist, mehr zu sagen hätte als das, was Nietzsche in der Zweiten Abhandlung über seine Entwicklung und Umwandlungen nach seiner Genesis vorbringt, die so lange zuvor stattfand. Aber abgesehen von der Feststellung, daß die Dinge völlig anders verliefen, als sie mit der griechischen oder als sie mit der christlichen Art von Religiosität verbunden waren, sagt Nietzsche in dieser Zweiten Abhandlung so wenig darüber, daß man den Eindruck gewinnt, er denke, daß es jetzt um dieselbe grundlegende Sache geht, um die es von Anfang an ging, wobei die verschiedenen Arten von Religiosität lediglich dazu dienen, ihre Intensität zu verringern oder zu verstärken. Und das scheint in hohem Maße fragwürdig.

Es scheint jedenfalls in hohem Maße fragwürdig, *es sei denn*, daß es Nietzsche in erster Linie um eine fundamentale Anthropologie geht, *und* daß er in dieser Beziehung recht hat. Falls er an das schlechte Gewissen *nicht nur* als eine bloße Episode in der kulturellen und psychologischen Geschichte der verschiedenen menschlichen Gruppen denkt, die sich zufälligerweise in ähnlichen Linien entfalten, sondern vielmehr als eine psychologische Fähigkeit und Disposition, die in ähnlichen Konstellationen von menschlichen Umständen kultiviert wurde *und* Bestandteil der eigentlichen Konstitution der menschlichen Seele wurde, bevor die ursprüngliche Dynamik Zeit für einen Wandel fand, *dann* ergibt seine Behandlung des Gewissens als etwas, was seiner Natur nach relativ festgelegt ist, mehr Sinn. Es wäre mit anderen solchen Fähigkeiten und Dispositionen verwandt, die er auf ähnliche Weise als psychologisch begründet betrachtet – etwa jene, die er mit dem „Bann bestimmter grammatischer Funktionen" (JGB 20: 5, 35) in *Jenseits von Gut und Böse* assoziiert. Und das ist in der Tat die Weise, wie er meines Erachtens hier denkt. Falls es andere Phänomene gibt, die genauso genannt werden oder genannt werden könnten, obwohl sie tatsächlich völlig verschieden sind und es für sie verschiedene Genealogien und eine andere Dynamik gibt, so mag es eben so sein (könnte Nietzsche sagen); aber sie sind ganz einfach nicht das, worüber er spricht, und werden – nur wegen der Armut und der Oberflächlichkeit der Alltagssprache – in einen Topf geworfen mit dem Phänomen, über das Nietzsche *tatsächlich* spricht.

Habe ich in diesem Punkt recht, dann bietet Nietzsche eine weit weniger umfassende „Genealogie der Moral" – und auch der Gewissensbisse und

Schuldgefühle – an, als er vorzuschlagen scheint und vielleicht auch vorzuschlagen meint. Und von der anderen Seite betrachtet bietet er viel mehr in der Form einer ehrgeizigen Theorie unserer erlangten psychologischen Verfassung, als gewöhnlich anerkannt wird. Meine zweite Frage ist daher weitreichender als die erste.

Aber auch hier scheint es mir so, daß Nietzsche weniger leistet – oder jedenfalls weniger wirklich Interessantes – als man hoffen könnte und als er zu versprechen scheint. Es spricht kaum etwas für den biologischen Lamarckismus, den er akzeptiert und zugrundelegt. Nimmt man ihn beim Wort, so ist es sogar schwieriger, seine Konzeption der Veränderlichkeit der Beschaffenheit verschiedener Bereiche der Menschheit durch Vererbung und Kumulation und Verstärkung über eine Reihe von Generationen ernst zu nehmen, als seine Fabeln darüber, was sich in der Vorgeschichte zutrug oder zugetragen haben muß. Denn im Falle dieser Fabeln genügt es, daß sie die Plausibilität dieser generellen Art von Theorie erhärten – was wir im ersten Fall nicht einmal vernünftigerweise hoffen können.

Doch die Dinge stehen nicht so schlecht für Nietzsche, wie sie hier auf den ersten Blick erscheinen mögen. Denn auf der Ebene der Kultur ist menschliches Leben unbedingt eine Lamarcksche Angelegenheit, in dem Sinne nämlich, daß erworbene kulturelle Merkmale gewiß weitergegeben werden können, intensiviert und eingepflanzt durch alle Mittel der Erziehung, die menschliche Wesen über die Jahrtausende ersonnen haben – selbst wenn sie damit nicht die geringste Spur beim Akteur hinterlassen, die für eine Weitergabe von Merkmalen auf biologischer Ebene verantwortlich wäre. Und Dinge, die durch die Kultur tief eingepflanzt werden, können etwas erlangen, was sich dem funktionalen Äquivalent von Fixierungen auf der biologischen Ebene *annähert* – außer daß dieses funktionale Äquivalent in Zeiten des kulturellen Umbruchs sehr schnell verschwinden kann, zum Besseren wie zum Schlechteren.

Überdies sollte man nicht annehmen, soziale und kulturelle Phänomene und Veränderungen auf der Ebene der biologischen Vererbung gehörten zwei völlig verschiedenen Welten an, und nichts, was sich auf der ersten Ebene zutrage, könne innerhalb einer für Menschen bedeutungsvollen Periode in der Zeit auf unsere biologisch vererbbare Konstitution eine mögliche Auswirkung haben. Nietzsche mag z. B. recht haben, wenn er annimmt, daß die Sozialisierung unserer Spezies etwa innerhalb der vergangenen 30.000 bis 40.000 Jahre mit einer signifikanten Umwandlung eines weiten Bereiches unserer Fähigkeiten und Dispositionen verbunden war, auch wenn er sich darüber täuschte, wann und wie und warum genau es sich zutrug. Und er mag selbst in der Annahme recht haben, daß gewisse

Formen der sozialen und kulturellen Bedingungen einen Einfluß gehabt haben könnten auf das, was wir nun verschiedene Genpoole nennen würden, mit dem Resultat von bemerkbaren Veränderungen der Merkmale der assoziierten menschlichen Populationen, auf eine Weise, welche seine Rede von „Züchtung" und „Domestikation" als angemessener erscheinen lassen würde, als man annehmen möchte, auch wenn nicht in Übereinstimmung mit seinen Spekulationen darüber.

Kurz: wenn wir von meiner zweiten zur dritten Frage übergehen und denken, Nietzsche habe nicht so sehr versucht, eine bestimmte Menge von Lehrmeinungen zur Genealogie und dem daraus resultierenden Charakter der Moral und der Menschen zu vertreten, sondern er habe versucht, Philosophen dazu anzuregen, über die Art von Faktoren nachzudenken, die wahrscheinlich ihre Entwicklung ausmachten und beeinflußten, dann können wir solchen Schriften wie der Zweiten Abhandlung der *Genealogie* gute Noten erteilen. Sie ist immerhin ein Teil eines Werkes, das bescheiden genug den Titel trägt *Zur Genealogie der Moral*. Es mag sich (wie der Untertitel besagt) um eine „Streitschrift" handeln; aber es ist nicht eine definitive und dogmatische Behauptung über *die* „Genealogie der Moral" und beansprucht es nicht zu sein. Es wird von Anfang an festgehalten, nämlich in der Vorrede, daß „eine solche Kenntnis weder bis jetzt da war, noch auch nur begehrt worden ist" (Vorwort 6: 253). Aber es ist nur ein Beginn.

8.6 Moralgenealogie und die ‚Philosophie der Zukunft'

Die *Genealogie* ist mehr als ein „Vorspiel einer Philosophie der Zukunft": Sie ist intendiert als ein Beitrag zu einer solchen Philosophie. Und Nietzsche ist kühn genug – getragen von dem Gefühl, daß seine Ideen über diese Angelegenheiten das Thema eines „Grundwillen[s] der Erkenntniss" sind (Vorwort 2: 248). Aber es entspricht ganz dem Geist seines Bestrebens, ihn als jemand zu verstehen, der der *Suche* nach der besten naturalistischen, evolutionären und historisch ausgefeilten Interpretation und Einsicht verpflichtet ist, die wir von unserer menschlichen Realität, wie sie zustande kommen mußte, erlangen können, und nicht so sehr als jemand, der sich auf die bestimmten, von ihm vorgetragenen Hypothesen, Behauptungen und Mutmaßungen festlegt – mit der Stellung und dem Ergebnis der Genealogie des schlechten Gewissens als einem typischen Fall.

Nietzsche glaubt, daß dies einige der interessantesten und wichtigsten Dinge sind, über die ein Philosoph nachdenken kann und soll; und er versucht uns insbesondere in der Zweiten Abhandlung der *Genealogie* zu zeigen, wie man dabei seines Erachtens am besten vorgehen könnte. Er stellt Vermutungen an, so gut er es kann, und dabei fordert er alle und jeden dazu auf, in die Auseinandersetzung einzutreten, nicht nur um ihm Fehler nachzuweisen, sondern um seine Versuche und Experimente zu verbessern. Heute wäre er weder Lamarckist, noch würde er von uns verlangen, als Nietzscheaner Lamarckisten zu sein. Vielmehr würde er sich wünschen, daß wir die bestmöglichen Genealogen und Interpreten der Moral und unserer selbst als Erkennende und als Menschen würden – philosophische Psychologen und Anthropologen, die es lohnend finden würden, über die Themen dieses Essays und Buchs mitzureden. Auf diese Weise können wir ihm als Autor, Philosoph und Erzieher am besten treu bleiben. Wir können ebenso viel von seinen Einsichten wie davon lernen, daß wir darüber nachdenken, wo und warum und wie er in die Irre ging. Und wir können noch mehr davon lernen, indem wir darauf achten, was er zu tun versuchte.

Ich möchte sogar einen Schritt weiter gehen. Einige von Nietzsches Mutmaßungen, die mehr im Geiste von Lamarck sind, können sich sehr wohl als durchaus richtig in der Zielrichtung, wenn auch nicht als Volltreffer herausstellen, indem wir von der fortschreitenden geisteswissenschaftlichen und historischen Reflexion und Forschung Gebrauch machen und sie auf diejenigen menschlichen Phänomene, auf die er unsere Aufmerksamkeit lenkt, beziehen, und zwar im Geiste der Anmerkung, mit der er die Erste Abhandlung beschließt – die Forschung heranziehend, um sich zu korrigieren, wo er der Korrektur bedarf. Denn seine Intuitionen waren oft besser als seine Versuche, sie theoretisch auszuarbeiten – was nicht überraschend ist für jemanden, dessen philosophische Bestrebungen und Visionen weit über ihn hinausgingen, und keineswegs zu seiner Schande. Es gehört zu den interessanteren Aufgaben, die die von ihm vorgestellten „Philosophen der Zukunft" erwarten, herauszufinden, wo er entschieden recht hatte, selbst wenn er sich entscheidend irrte. Ich glaube, daß es oft der Fall war. Und es gibt keinen besseren Beleg dafür als die Zweite Abhandlung der *Genealogie*.

Aus dem Englischen übersetzt von Jean-Claude Wolf

Literatur

Schacht, R. 1993: Nietzsche, London / New York (bes. Kap. V und VII).
Schacht, R. (Hrsg.) 1994: Nietzsche, Genealogy, Morality. Essays on Nietzsche's *Genealogy of Morals*, Berkeley.
Schacht, R. 1995: Making Sense of Nietzsche, Urbana / Chicago (bes. Kap. 10 und 11).
Schacht, R. (Hrsg.) 2001: Nietzsche's Postmoralism. Essays on Nietzsche's Prelude to Philosophy's Future, Cambridge / New York.

9

François Guéry

Die asketischen Ideale der Künstler und der Philosophen (III 1–10)

Wenn man die Hauptfrage einer Genealogie der Moral vertieft, indem man den Wert und den Sinn der asketischen Ideale untersucht, so bietet der hier analysierte Abschnitt eher einen zweitrangigen Nutzen: Er erhellt eine vernachlässigte Seite Nietzsches, des verschlossenen, sich selbst analysierenden Denkers, der seinen eigenen, einzigartigen Typus untersucht sowie diejenigen, ihm sehr nahen (Künstler, Asket, Philosoph), die ihm bei dessen Aufklärung helfen. Die Abschnitte des denkwürdigen Buches von Gilles Deleuze, *Nietzsche und die Philosophie*, über den Typus des asketischen Priesters haben diese Verwandtschaft zu sehr vernachlässigt und stattdessen die Unvereinbarkeit stärker betont.

In diesem Abschnitt wird das asketische Ideal weiterhin im Zusammenhang der Entstehung der moralischen Ideale betrachtet, dem unmittelbaren Thema der Genealogie. Aber dieses Ideal erlaubt es, eine Untersuchung zu eröffnen, die gleichzeitig weiter angelegt (Ursprung der Ideale im allgemeinen) und persönlicher ist (Beschaffenheit der Neigungen des Denkers Nietzsche), weil er eine Analogie zwischen den Künstlern und den Denkern zieht. Eine solche Analogie interessiert Nietzsche mindestens seit der *Geburt der Tragödie*, wegen der verwirrenden Zwillingshaftigkeit, die er sich zwischen Wagner und sich selbst vorstellt (Wagner als Maske, um über sich selbst zu sprechen, wie er in *Ecce Homo* zugibt). Unter diesem Gesichtspunkt ist der Text der *Genealogie* die Wiederaufnahme einer endlosen Analyse, die eine Untersuchung über den modernen Typus darstellt, über seine Stärken und seine Schwächen, sowie über den Typus des höheren Menschen in seiner „Unzeitgemäßheit".

In den zehn ersten Abschnitten der dritten Abhandlung kann man dem Gang eines Beweises folgen, der schließlich den Sieg der asketischen Ideale erklärt, die seit zwei Jahrtausenden dominieren.

Nietzsche beginnt damit, eine Abfolge von „Fällen" zu präsentieren, von denen nur die beiden ersten im Detail analysiert werden: die Künstler und die Philosophen. Die spöttischen Bemerkungen über die Frauen, denen das asketische Ideal eine Liebenswürdigkeit wie eine *morbidezza* „auf schönem Fleische" (339) verleiht, bleiben ohne Folgen, und die asketischen Priester und die Wissenschaftler, die von den Philosophen unterschieden werden, ziehen die gesamte spätere Untersuchung auf sich.

Die betreffenden zehn Abschnitte gliedern sich in zwei beinahe gleich starke Teile: Vier über die Künstler (2–5) und die anderen über die Philosophen (6–10). Das Ergebnis ist von Anfang an sichtbar: Bei den Künstlern haben die asketischen Ideale keine oder eine vielfältige Bedeutung; bei den Philosophen ist diese klar und gerechtfertigt, denn sie finden darin die günstigsten Bedingungen für die Entwicklung ihres Typus, ohne dabei das diesseitige Leben zu verurteilen. Dies ist ihre Stärke und ihre Schwäche: Der Philosoph ist dem krankhaften Kontext des Ideals gegenüber gleichgültig; er benötigt es nur als vorübergehenden Schutz oder als eine täuschende Maske: Er wird also von vornherein von denjenigen übertroffen, die daraus eine schreckliche Waffe gegen das Leben machen, und zudem hat er es nicht auf „Kraft" abgesehen, d. h. auf die dauerhafte Beherrschung seiner Epoche, sondern auf die Erhöhung seines eigenen Typus. Höherer Typus, herrschender Typus – das sind nicht die gleichen Ziele und auch nicht die gleiche Geschichte. Künstler und Philosophen profitieren von der Zivilisation, um sich zu entfalten; sie bestimmen diese weder, noch versuchen sie, sie zu ihren Gunsten zu verdrehen, im Sinne von Macht.

Die Künstler befinden sich in dieser Hinsicht in einer zweideutigen Lage, die im vorhinein die von Nietzsche verfolgte Interpretationslinie bestimmt. Die asketischen Ideale sind ihnen mehr fremd als gleichgültig. Dadurch sind die Künstler angesichts einer Gefahr, von der sie nichts ahnen, verwundbar; ihr Hang zu gefallen setzt sie ohne Vorbereitung oder Gegengift dieser Gefahr aus. Die Untersuchung als Ganze ist eine implizite Antwort auf eine Frage, die sich erst später offenbart: Wie kann man dem asketischen Ideal in seiner mächtigsten Form, als endemische Krankheit und als Verdrehung der Kultur, entgegentreten? Im Detail betrachtet, ebnen die beiden in sich nicht asketischen Typen, die Künstler und die Philosophen, durch ihre Bedeutungsverdrehungen den Weg für eine schreckliche Antwort: Der eine wie der andere sind sie gegenüber seiner Vorherrschaft entwaffnet. Für den Wissenschaftler gilt das gleiche, wie die

Untersuchung am Ende der dritten Abhandlung zeigen wird. Allein der „asketische Priester" wird übrig bleiben, ein Hexenmeister, dem das Ideal die absolute Waffe verschafft.

9.1 Kann der Künstler asketisch sein?

Der naive Künstler, der an den Defekten der Kultur unschuldig ist, kann den asketischen Idealen keine „Bedeutung" geben, weshalb er sich nicht gegen sie verteidigen kann: Dies ist der Gegenstand der ersten Gedankenganges, der sich auf den Einzelfall Richard Wagner konzentriert. Er ist hier ganz allein sowohl der typische Vertreter als auch der Typ selbst in seiner Reinheit. Anhand dieser Gelegenheit wird ein bereits alter Gedankengang aufgegriffen, der darin bestand, das Scheitern des Bayreuther Meisters in seinem Versuch, die deutsche Kultur wiederzubeleben, darzustellen.

Nietzsche versucht zu zeigen, daß die schwächsten Typen den stärkeren weichen und sich von ihnen beeinflussen lassen, wie eine Kopie die charakteristischen Eigenschaften des Originals übernimmt. Der Künstler nimmt in seiner Schwäche gegenüber dem Ideal ausgearbeitetere Formen an, wie sie der Philosoph für ihn darstellt, da er in sich selbst keinen unabhängigen „Halt" (359) findet. Den „Fall" und das „Beispiel" davon liefert also Wagner, und zwar dadurch, daß er am Ende vor dem Ideal der Keuschheit kapituliert, die neben der Armut und der Demut ein Bestandteil des asketischen Ideals ist, das den Wunsch zum Verzicht auf die Welt darstellt.

Es ist bemerkenswert, daß Nietzsche gerade dieses Beispiel auswählt, denn wenn es auch nicht wirklich typisch für den Musiker der Zukunft ist, so ist es doch typisch für Schopenhauer. Bei diesem kommt es aber nicht erst am Ende zum Vorschein, sondern in einer ständigen Inspiration, die Nietzsche mehrfach angeprangert hat, insbesondere im zweiten Buch des *Zarathustra* („Von der unbefleckten Erkenntnis"). Die Argumentation mag schwach und die Anfeindungen gegen Wagner ohne ernsthafte Tragweite erscheinen. Es geht nicht um seine Musik und auch nicht um seine Vorstellung von Kunst. Nietzsche erinnert daran, daß Wagner ein frühes Projekt, das 1868, in der Zeit der „Meistersinger", entworfen worden war, aufgegeben hatte – eine Oper, die den Titel „Die Hochzeit Luthers" tragen sollte. Wagner erwähnte sie damals kurz in seinem Tagebuch. Nietzsche rückt dieses wagemutige Projekt an das Thema aus dem Spätwerk heran, das er im dritten Abschnitt analysiert, nämlich an das Thema des „Parsifal", mit dem Sieg der Keuschheit über die Sinnlichkeit im zweiten Akt.

9.2 Die Schwäche des Typus des Künstlers

Der dritte Abschnitt nimmt die Wurzel des Schlechten in Angriff, an dem der Künstler angesichts des asketischen Ideals leidet: Er schützt sich nicht davor. Er hat den „verzagte[n], unsichere[n], uneingeständliche[n] Willen ..., ganz eigentlich Umkehr, Bekehrung ... zu predigen" (343). In den dreißiger und vierziger Jahren des Jahrhunderts hatte er dagegen unter den „jungen Deutschen" die von Feuerbach ausgerufene „gesunde Sinnlichkeit" verkörpert. Die Krankheit am Willen des Künstlers liegt also in dieser schließlichen, verhängnisvollen Unsicherheit und Verzagtheit, die ihn zur Kapitulation vor etwas stärkerem als er selbst zwingt.

Es geht hier um den Typus des Künstlers, und nicht um die Kunst als Wille, als Wille zu schaffen, dessen erlösender Wert am Ende des Textes eine wichtige Rolle spielen wird. (Zur Unterscheidung zwischen der Kunst in ihrer gesellschaftlichen Funktion und der Kunst als Wille zur Macht ist *Nietzsche II* von Heidegger am überzeugendsten.)

Diese notwendige Trennung ereignet sich im vierten Abschnitt, wo die irreale Situation des Künstlers eine fatale Auflösung findet, die wiederum an Wagner illustriert wird. Das Ideal ist für das Dasein so unabdingbar, daß der Fall des Künstlers die Gelegenheit dazu bietet, diese Notwendigkeit zu beweisen (das Gegenteil wäre unmöglich). Ohne Ideal „fällt" der Künstler in eine unerträgliche und krankhafte Wirklichkeit. Gerade das Fehlen eines asketischen Ideals scheint der Grund für die Empfindlichkeit des Künstlers zu sein, der Opfer eines asketischen Rückfalls ist. Dieses Paradoxon wird folgendermaßen dargelegt: Weil er nicht das ist, was er erschafft, weil er zu einer innerlichen Unwirklichkeit verurteilt ist, weil er nicht sein eigenes Sein fühlt, ist er versucht, in die Wirklichkeit zurückzukehren (die äußere Wirklichkeit, die Gegenwart), um er selbst „zu sein". Sein unsicherer Wille täuscht ihn jedoch auf dramatische Weise, denn er kennt ein Werden, aber ein verfehltes, er verwirklicht sich gemäß den herrschenden Typen seiner Epoche, und so beherrscht ihn die Epoche.

Wenn Wagner sich mit seinem Werk, seinem *Parsifal*, von seinen Zeitgenossen verabschiedet hat, der die erneuerten Werte des christlichen Mittelalters, d. h. Keuschheit, Frömmigkeit, Selbstaufopferung, in den Vordergrund stellt, so ist dies also das Symptom dafür, daß seine Selbstverwirklichung scheitert.

9.3 Das asketische Ideal, zu stark für den Künstler

Aber der abschließende fünfte Abschnitt entfernt sich vom Fall Wagner und ergänzt einige Bemerkungen über die Bedeutung der asketischen Ideale, deren Untersuchung zu einem klaren, eindeutigen und absolut negativen Schluß kommt: Für die Künstler haben sie keinerlei Bedeutung. Um eine solche zu haben – dies ist das positive Ergebnis der Analyse –, müßte der Künstler eine eigene Beschaffenheit haben, etwas Eigentliches. Asketische Ideale und Herrschaft über sich selbst sind die zwei Seiten derselben Wirklichkeit, desselben Ethos. Abhängig, unterworfen, ein bloßes Spielzeug der Launen eines Publikums, das seinerseits beeinflußt wird, fehlt ihm diese Unabhängigkeit „in der Welt und gegen die Welt" (344), die seinen Wertungen ein wirkliches Gewicht geben würde. Deshalb wird der Rückfall Wagners nicht unter der Anzahl von „asketischen Phänomenen" verbucht, sondern unter den Phänomenen der Gefangennahme durch den Geschmack der anderen, also der Schwäche gegenüber der Epoche.

Hier erscheint die Bedeutung der Untersuchung über die Bedeutung selbst: Wozu dient die Askese bei einem Menschen, der die Entscheidungen, Abwägungen und Pläne seines eigenen Lebens an einem Ideal ausrichtet, das Teil seiner selbst ist, und nicht am Ideal einer Herde? Dies hätte eine Bedeutung, und wäre nicht bloße Mode oder eine vorgefundene Gewohnheit. Um sich für ein Ideal asketischen Lebens zu entscheiden, was auch immer sein Wert ist, benötigt man „Muth" (345), einen kräftigen Willen. Wenn der Künstler das Spielzeug seiner Zeit und der etablierten Gewalten ist, so muß man die Bedeutung, die mit der Entscheidung verbunden ist, gerade in diesen sich durchsetzenden Gewalten suchen. Die Untersuchung über Wagner mündet also in einer zweiten und wesentlichen Untersuchung, die Schopenhauer gilt, der Quelle von dessen „Konversion" und dem Besitzer des rätselhaften Sinns, der in der dritten Unzeitgemäßen Betrachtung als vorbildhafter Erzieher, als selbstsicherer und souveräner Richter dargestellt worden war.

Es gibt jedoch etwas Dazwischenliegendes, ein Gebiet, das beiden gemeinsam ist, wo diese Bedeutung klar zum Vorschein kommt: nämlich das Gebiet der Kunst, der Theorie der Kunst. Die Askese und die Ästhetik sind trotz allem auf gewisse Weise verbunden, und diese Verbindung hat Wagner überwältigt, als er zu der Lehre von der Verneinung des Wollens „konvertierte".

9.4 Asketisches Ideal und Kunsttheorie

Die Analyse konzentriert sich nun auf die Stellung Schopenhauers zur Kunst, auf seine Metaphysik der Kunst, speziell der Musik. Diese ist keine Darstellung wie die anderen Künste, sie ist die Sprache des Willens selbst. Diese großartige Neubewertung hat Wagner erobert und ihn überzeugt, ein Anhänger Schopenhauers zu werden. Was für ein Weg, der von der Metaphysik des Willens zu den asketischen Idealen führt, hat sie beide, einen nach dem anderen, dazu gebracht, diese Ideale zu bejahen und zu verehren? Das ist die Frage, die die folgenden Abschnitte untersuchen.

Den Text des sechsten Abschnitts hat Heidegger in *Nietzsche I* untersucht und zu widerlegen versucht. Der Streitpunkt ist dabei die Kantische Lehre vom Schönen als Gegenstand eines interesselosen ästhetischen Urteils (das Schöne gefällt durch es selbst, ohne daß sich ein subjektives Interesse darunter mischt). Nietzsche untersucht hier, wie Schopenhauer den Aspekt der Interesselosigkeit des Schönen zu Gunsten seines Systems (der Verneinung des Willens) verdreht: Anstatt daß es einem höheren, nichtsinnlichen Interesse entspricht, stellt er nun die Lösung eines Konflikts innerhalb des Individuums dar, eines Konflikts, der es selbst seiner eigenen Sinnlichkeit entgegensetzt. Er stellt durchaus ein subjektives Interesse dar, als eine falsche Lösung der unerträglichen Abhängigkeit von der Sinneslust.

Das Problem wird dasjenige der „Asketen", die sich von einer Unterwerfung unter die Sinne, von einer Versklavung durch die Diktatur der Sinne, zu befreien versuchen. Wie Nietzsche bemerkt, schrieb Schopenhauer *Die Welt als Wille und Vorstellung*, als er noch ein junger Mann war und mit seinen sexuellen Trieben nicht umzugehen wußte. Die Frage des schwierigen Übergangs von der Pubertät zum Erwachsenenalter hat Nietzsche auch zu anderen Gelegenheit beschäftigt, insbesondere als er den „Typus des Erlösers" in einer verspäteten Pubertät suchte (*Antichrist* 31 f.: 6, 201–205).

Die Sinne – worunter wir seine sexuellen Instinkte verstehen sollten – quälen ihn. Die asketische Konversion nimmt in seinen Gedankengängen den Wert einer Emanzipation oder sogar einer Erlösung durch die Flucht vor dem Sinnlichen an, das mit dem Willen in seiner individuierten Form identifiziert wird. Das reine „Schöne" ist nur die Reinigung des Willens, sein Schmerz- und Beruhigungsmittel. Wenn es so ist, dann besteht am Schönen ein starkes Interesse, und nicht eine Interesselosigkeit: Es befreit uns aus dem Gefängnis des individuellen Willens, es ist unser Retter.

9.5 Askese und Erfahrung des Denkers: Selbstanalyse

Im siebten Abschnitt beginnt die Untersuchung über den Wert der asketischen Ideale, den die Personen mit ihnen verbinden, über die gewählte und gewollte Bedeutung dieser Ideale, eine Bedeutung, die auf der Hand liegt, aber nicht genügend reflektiert wird, und die daher leicht zu Verwirrung führt. Schopenhauer, sagt Nietzsche, ist kein Einzelfall, er zeugt für den Typus des Philosophen, und zwar so sehr, daß das, was auf ihn und seine asketische Entscheidung zutrifft, einen typischen Wert besitzt, der sich ebenso auf die antiken wie auf die gegenwärtigen Philosophen erstreckt, Nietzsche eingeschlossen.

Welche Verwandtschaft könnte aber die Askese zum schöpferischen, zum höheren Leben haben, das doch das Leben schätzt und zu seinen höchsten Graden bringt, während die Askese es zu verurteilen scheint? Was ist die geheime Wahrheit des asketischen Strebens, das das Leben kastriert und es seiner sinnlichen, fleischlichen Dimensionen beraubt, die in unserer Zeit als minderwertig beurteilt werden?

Nietzsche mißt der „Verneinung" der Sexualität, d. h.: der asketischen Entscheidung, ehelos zu leben, sich des Umganges mit Frauen zu enthalten und anderswo die Quellen der Lust und der schöpferischen Inspiration zu finden, Bedeutung zu. Den Typus dieses sexuellen Asketen findet er in voller Ausprägung in seinem Lehrmeister Schopenhauer, der ihm, als Geheimnis des Lebens, keine Ruhe läßt, bis in seine letzte Periode (*Ecce homo*, und das Eingeständnis bezüglich Schopenhauers als „Maske" seines eigenen Typs). Indem er den asketischen Philosophen, der die Verneinung des Willens lobt, und andere Typen von Philosophen, die bis in die Antike zurückreichen, einander annähert, entdeckt Nietzsche eine geheime Funktion des nicht-sexuellen Ideals, das „den Körper verneint", aber das das höhere Leben des Wahrheitssuchers begünstigt: Mit der Askese gibt man seinem Dasein einen gewissen Stil. Man dient Zielen, die scheinbar gegen das Leben gerichtet sind, die aber in Wirklichkeit an ein bestimmtes Leben geknüpft sind, das innerhalb der Masseninstitutionen einen anderen Platz einnimmt, als man erwarten müßte (vgl. III 8). Es geht ihr um die Befreiung der Geistigkeit, die Freisetzung der Bedingungen eines „Lebens des Geistes", der die wahrhafte Funktion des Körpers ist, der zum Leitfaden genommen wird. Mit dem Geist sucht sich der Körper selbst und „foltert" sich, wie es auch in aller Stärke das zweite Buch des *Zarathustra* ausspracht (jedoch nicht auf asketische Art und Weise).

Der Fall Schopenhauer ist ein Paradebeispiel für den ambivalenten Zugang zur Frage nach der „Bedeutung der asketischen Ideale": Wie gezeigt wurde, stellen diese Ideale für ihn, in der Form einer ästhetischen Askese (die Entscheidung für die reine Schönheit als Heilmittel gegen die Gewalttätigkeit der Sinne), einen Wert der Verneinung des Willens in seiner individuierten Form dar, d. h. in der Form, die seine persönliche Individualität durch die Erfahrung kennt, was sein wichtigstes Problem ausmacht. Ausgehend von diesem individuellen und besonders deutlichen Fall, weitet Nietzsche nun seine Analyse schrittweise aus, bis sie schließlich den Typus des Philosophen in allen Zeiten umfaßt, mit einigen besonderen Exemplaren wie ihm selbst als Gegenbeispiel.

Das Geständnis beginnt also unter einer Tarnung: Schopenhauer wird zum Laboratorium einer Genealogie der Ideale, so wie Nietzsche selbst sie gekannt hat. Ist denn Schopenhauer wirklich der einzige, von dem man sagen kann, daß er gerne Feinde hatte, daß er sich gerne über sie aufregte, und daß Hegel, die Frauen, die Sinnlichkeit, das Dasein selbst ein Vorwand für einen paradoxen Genuß waren, den Genuß, das zu hassen, was verführerisch ist und dem man nicht nachgibt? Das Motiv des Hasses dringt hier frei hervor, als unvergleichliche Freude und Genuß des griesgrämigen Philosophen, der meint, die Weisheit erlangen zu können, indem er niederschreit, was ihn stört, nämlich die Quellen der Lust der Menge, und der sie dadurch dennoch genießt. Nietzsche versucht hier, den Quellen einer Lust daran, sich von der Menge abzuheben, auf die Spur zu kommen, einer Lust, die er selbst schon immer gepflegt hat.

Die Verallgemeinerung nimmt einen engeren Weg: Seit der Typus des Philosophen besteht, haben allein die Sinne seinen Haß auf sich gezogen. „Askese" bedeutet hier: Verzicht auf die Freuden der Sinne, selbst auf die unschuldigste Sinnlichkeit. Ein solcher asketischer Verzicht bei einem gesamten Typus muß interpretiert und seine „Bedeutung" ermittelt werden, und dies ist das Thema der gesamten dritten Abhandlung, das an dieser Stelle am intensivsten behandelt wird.

Wenn die Sinnlichkeit Glück bringt, so ist sie dennoch nicht mit einem Optimum an Macht zu verwechseln, d. h. mit der Verwirklichung eines höheren Typus durch eine bestimmte Individualität. Unter dieser Bedingung wäre der Verzicht auf dieses Glück keine Verringerung des Lebens, sondern die negative Bedingung für eine positive Vermehrung der Kräfte, die zur Erfüllung einer gewissen Absicht beitragen sollen. „Askese" bedeutet hier Disziplin, Entscheidung, zielgerichtetes und vollkommen freiwilliges Opfer für ein Besser-Sein oder vor allem eine Erhöhung des Daseins. Das ist die gesuchte und endlich gefundene Bedeutung. Die asketischen Ideale haben einen „Sinn", einen rational vertretbaren Wert, und bewirken nicht nur rein negativ den Verzicht auf das, was den Wert des Lebens ausmacht.

9 ASKETISCHE IDEALE DER KÜNSTLER UND PHILOSOPHEN

Man kann ebenfalls sagen, daß die asketischen Ideale, wenn sie auch eine Bedeutung haben, jedoch keine im strengen Sinne asketische, sondern eine disziplinierende Bedeutung haben, im Dienst einer Vermehrung der Macht des Typus „Mensch" und einer Erhöhung dieses Typus. Eine gewaltige Verachtung der bescheidenen Vergnügen der Menge geht Hand in Hand mit diesem Instinkt der Erhöhung, der das, was der Masse genügt, als verachtenswert ablehnt. Ein moralischer Aristokratismus bildet das Ferment der herrschenden Leidenschaft zu einer exklusive Tätigkeit, die persönliche Unabhängigkeit verschafft und diese gleichzeitig voraussetzt. Daher nennt Buddha das Kind, dessen Geburt ihm gemeldet wird, eine Fessel (Rahula), und dieses Ereignis bewegt ihn dazu, seinen Wohnort zu verlassen, anstatt daß es ihn dort festhält. Nietzsche findet hier den Namen der höheren, aus Leidenschaft geborenen Kraft, die es rechtfertigt, die Bequemlichkeiten der seßhaften Existenz auf diese sehr verträgliche Weise zu „opfern": Es ist der *Geist*.

9.6 Das persönliche Geständnis

Mit dem achten Abschnitt beginnt das nun persönliche Geständnis, die Selbstanalyse, die sich mit der Analyse des Typus mischt, dessen historische Niederlage am Ende der laufenden Abhandlung ins Gedächtnis gerufen und verstanden wird.

Der freie Geist ist befreit, leicht, ätherisch. Er muß sich also von den zahlreichen, wohlbekannten Kräften des Daseins, die ihn zu Boden ziehen, losgemacht haben. Wenn er auf diese Weise von dem Ballast, das das Leben der Sinne darstellt, befreit ist, so bleiben immer noch viele Lasten übrig, die der Geist ausscheiden muß: „Lärm, Geschäfte, Pflichten, Sorgen" (352).

Auch im Inneren muß man sich befreien. Selbst die Art der Ernährung ist nicht ohne Bedeutung, auch nicht die lästigen, drückenden Gedanken, wie diejenigen, die einem der verletzte Stolz aufzwingt. Nietzsche hat diese Gedanken, diese Vorkehrungen an anderer Stelle hinreichend zugegeben, so daß nicht daran zu zweifeln ist, daß er hier von sich selbst spricht, als Typus im Entstehen. In die Wüste zu gehen, ist das Thema vieler Passagen des *Zarathustra*. Hier nimmt die Wüste konkrete Formen an und bekommt ein Gesicht, nämlich das von Venedig, mit seinem „schönsten Studirzimmer, der Piazza di San Marco, Frühling vorausgesetzt, insgleichen Vormittag, die Zeit zwischen 10 und 12" (353). In der Korrespondenz mit Paul Rée nimmt diese Erinnerung einen Platz ein.

Das Pathos der Distanz wird hier in seiner asketischen, aber nicht moralisierenden Bedeutung angeführt, in seinem Wert als freie Wahl des Besseren. Gegenüber dem, was verstört, behindert, die Suche nach der kreativen geistigen Natur des Denkers lähmt, hält man besser eine Distanz ein. Der Lärm des Reiches darf nicht bis zum freien Geist vordringen, und hier macht sich Nietzsche einen Scherz daraus zu präzisieren, von welchem Reich er spricht: „Persien, man versteht mich!" (353).

Askese bedeutete ursprünglich „Armut, Demut, Keuschheit", und die Gegenstände, von denen sich der freie Geist abwendet, sind „der Ruhm, die Fürsten und die Frauen" (354), wobei er das Geständnis äußert, daß dies sie (die Frauen) nicht daran hinderte, dennoch zu kommen. Nietzsches Anspielungen auf sein Liebesleben sind selten, diese hier ist kaum hörbar, aber durchaus vorhanden. Unter „Armut" muß man die Entscheidung für Bedingungen verstehen, die einem Leben, dem der herrschende Geschmack fremd ist, günstig sind, also für ein Leben in der Verborgenheit, wie Epikur sagte, weitab vom Rampenlicht. Durch die Demut ist man abseits des Zugriffs der Mächtigen, es geht also nicht darum, die „Komödie der Wahrheit" zu spielen und ostentativ für sie zu leiden, sondern darum, konsequent zu handeln, was in keiner Weise bedeutet, daß Nietzsche hier keinen Unterschied zwischen wahr und falsch anerkennt, vielmehr geht es ihm um den Unterschied zwischen „spielen" und „handeln".

Was die Frauen betrifft, so stehen diese für das Problem der Nachwelt, die durch das Werk hinreichend gesichert ist. Der freie Geist ist übrigens selbst schaffend und sogar schwanger, mütterlich (vgl. die schon erwähnte Passage des *Zarathustra*: „Von der unbefleckten Erkenntnis"), was ihn von den Spielen der Verführung abhält oder davon verschont. Schopenhauer ist „asketisch" gewesen, weil er die Verführung der Leidenschaft zu stark als Rivale seiner eigenen Leidenschaft empfunden hat (die Sinne gegen den Geist), während Nietzsche anscheinend die richtige Distanz halten konnte.

9.7 Die Frage der Bedeutung des asketischen Ideals

Schließlich muß rekapituliert und ein Ergebnis formuliert werden, was im neunten und zehnten Abschnitt geschieht. Das Problem ist nicht so sehr, daß er den asketischen Idealen eine Bedeutung geben konnte, auch wenn er selbst nicht asketisch ist: Es besteht vielmehr darin, daß die Quelle eines Mißverständnisses aufgedeckt wurde, nämlich davon, daß die Philosophen das Abgleiten in die Askese, das die „Moral" als dominierende Struktur darstellt, falsch verstanden haben. Die Bedeutung der asketischen Ideale zu

9 Asketische Ideale der Künstler und Philosophen

suchen, heißt dazu beizutragen, der Genealogie einer dominierenden Struktur nachzuspüren, die von der Zustimmung der Massen gestützt wird, und heißt nicht, den außergewöhnlichen Typus auszumachen, der innerhalb ihrer Grenzen existiert.

Mehrmals wiederholt Nietzsche, daß der Philosoph, der diese hegemonial gewordenen Ideale untersucht, ihnen gegenüber in Wirklichkeit kein guter Richter ist, da er sie selbst benutzt, sei es auch in einer pervertierten Art, und da er als transhistorischer Typus mit ihnen gemeinsame Sache macht. Man mußte sich mit dem Typus des Priesters abfinden und mit ihm eine Verbindung eingehen, um den Instinkt der Wahrheit zu bewahren, diesen außergewöhnlichen lebensnotwendigen Widerspruch, der demjenigen Gewalt antut, der ihn benutzt (*nitimur in vetitum*, wir gehen in die verbotene Richtung). Der Priester, als vorher erschienener, kontemplativer Typus, hat diesem widernatürlichen Instinkt eine schützende und täuschende Verkleidung geliefert, einen Schleier, der seine paradoxe Entwicklung verdeckt. Genau genommen ist die Selbstzerstörung oder die Selbstfolterung als ein asketischer Instinkt Teil des Hangs zum Wahren, da das Wahre kein Wert des Lebens ist, sondern am Leben verübte Gewalt. Die asketischen und die philosophischen Instinkte berühren sich, so daß ihr Unterschied noch genauer gefaßt werden muß, was später geschehen wird. Dies soll hier kaum vorweggenommen werden: Dort, wo Schopenhauer den Hauptkonflikt gesehen hat, nämlich zwischen der sinnlichen und der geistigen Leidenschaft, sieht Nietzsche nichts von Bedeutung, denn die entscheidende Grenze verläuft für ihn zwischen einer hegemonialen Leidenschaft, die also von der großen Masse geteilt wird, und der aristokratischen Leidenschaft *par excellence*, nämlich der schmerzhaften Wahrheit. Der Priester hat die Leidenschaft zu dominieren, also zu täuschen, während der Philosoph diejenige des Geistes hat, die den Hang dazu hat, sich nicht selbst zu täuschen. Die *libido dominandi* ist die zur Herrschaft gewordene Leidenschaft, und der Geist bleibt beherrscht, schwach, dazu gezwungen, sich unter Lumpen zu verstecken.

Nietzsche gesteht in diesen Passagen etwas Schreckliches: Sein Hang macht ihn denjenigen ähnlich, die die große historische Niederlage erlitten haben, nämlich diesen Aristokraten, die durch die lügnerische Askese der Priester und der Anführer der Masse erdrückt wurden. Das, was er kultiviert, der Hang zu Wahrheiten, die schwächen und die töten, entfernt ihn aus der Sphäre der herrschenden Mächte. Der geschichtliche Überblick über die Niederlage der Wissenschaften krönt diesen Teil der *Genealogie der Moral*.

9.8 Bilanz, Perspektiven

Was die Untersuchung über die Entstehung der Moral betrifft, so kann die Bedeutung der Überlegungen dieser zehn Abschnitte begrenzt erscheinen: Da die Philosophen aufgrund einer unreflektierten Entscheidung Asketen sind, haben sie mit dem entsprechenden Ideal zu tun und sind daher keine unparteilichen Richter, die dessen Wüten bewerten könnten; sie sind zu den asketischen Praktiken hingezogen, ohne jedoch den moralischen Aberglauben an ein „Gut und Böse" außerhalb der Welt zu teilen. Das asketische Ideal erscheint zugleich als etwas Ethisches und damit Relatives, das davon abhängt, welche Lebensweise man gewählt und wie man diese gestaltet hat, sowie auch als ein explosiver Bestandteil einer Moderne, die mit der antiken Vorstellung eines reichen, vielfältigen und tragischen Lebens, das seine Grenzen und seinen unvermeidlichen Verlust akzeptiert, gebrochen hat.

Die Annäherung der beiden Fälle: desjenigen der durch Zufall dazu gewordenen „Asketen" und desjenigen der Verächter des Daseins, die dessen Wert ausgeschöpft haben, zeigt einen bedeutenden Unterschied, ja sogar einen unversöhnlichen, einem verirrten Werden entsprungenen Gegensatz zwischen den beherrschten höheren Typen und den herrschenden Typen an, die ihnen die Macht weggenommen haben.

Das Diptychon genügt nicht, es ist in Wirklichkeit ein Triptychon, denn die Künstler gehen auf der Seite der Philosophen in die Untersuchung der höheren Typen ein, die mit der Askese in einem Zusammenhang stehen. Aber an diesem Punkt ist die Symmetrie sehr unvollkommen, und der Künstler erweist sich als weniger wertvoll als der Philosoph, wenn es darum geht, die „Bedeutung des asketischen Ideals" zu verstehen, eine Bedeutung, die in einem ursprünglich nicht-moralischen Bereich gesucht werden muß, da schließlich eine „Genealogie der Moral" gebildet werden soll.

Sicher, zwischen der Leidenschaft der Wahrheit und derjenigen der Schönheit gibt es keinen Gegensatz, sondern eine Rangfolge, die Zarathustra mit Nachdruck betont. Es gibt sogar einen erwünschten und empfohlenen Übergang, der als Einweihung in das wahrhafte Glück dargestellt wird, dieses Glück, das nicht nur Macht ist, und das deren Ausbreitung krönt („Stendhal, der das Schöne einmal une promesse de bonheur nennt", III 6; und: *Zarathustra*, Zweiter Teil, Von den Erhabenen). Aber das Kunstwerk ist die eine Sache, der Künstler als Typus eine andere. Wenn der Künstler von der Askese unversehrt ist und ihrer nicht bedarf, oder wenn das Bedürfnis, das er nach ihr empfindet, ihm unbekannt ist, da es mit

9 ASKETISCHE IDEALE DER KÜNSTLER UND PHILOSOPHEN

verschiedenen, widersprüchlichen ethischen Elementen durchsetzt ist, so ist seine Beziehung zum Geist arm und oberflächlich, weit davon entfernt, durch Schönheit das voll zu verwirklichen, was beim Philosophen nur Geist des Ernstes und der Schwere wäre. Es ist irritierend, wie wenig Aufmerksamkeit dem Künstler als nicht-asketischem Typus in den Abschnitten 4 und 5 gewidmet wird. „Eliminieren wir zunächst die Künstler..." (III 5: 344).

Eine Erklärung liegt darin, daß die Rechnung, die Nietzsche mit dem Zeitgeist offen hat, ihn einem Paar aus einem Künstler und einem Philosophen gegenüberstellt, und daß sich in diesem Paar, das die zeitgenössischen Spuren eines Ursprungs der Askese als nicht-moralische Ethik darstellen soll, jenseits oder diesseits von Gut und Böse, ein unreines und unvollendetes Bündnis zeigt, nämlich dasjenige zwischen einer Kunst, die demagogisch wird, und einem Denken, das zunächst frei ist, aber schließlich durch seine inneren Spannungen zerrissen wird. Mit der Kunst geschieht das gleiche wie mit der modernen Wissenschaft, von der Nietzsche in der *Fröhlichen Wissenschaft* schrieb, daß sie gleichzeitig überall in Deutschland in Mode ist, ohne jedoch die wahrhafte Freiheit des Geistes darzustellen, die die Modernen von ihr erwarten, um sich von der Metaphysik zu emanzipieren. Dieses Thema wird am Ende der 3. Abhandlung wiederaufgegriffen und unterstrichen. Wie beim Künstler, so gibt es auch beim Wissenschaftler eine ihm eigene Unbedenklichkeit, eine undisziplinierte Leichtigkeit, die nach einer äußeren Stütze verlangt: Nicht vom Künstler geht die entscheidende Bewegung aus. Der Künstler ist abhängig, er ist weder stabil noch genügt er sich selbst, er ist offen für äußere Einflüsse. Wagner „hätte" nicht als Asket enden „dürfen", als Verneiner der Sinnlichkeit. Seine Kapitulation entfernt ihn aus der bedeutsamen Sphäre, derjenigen der starken und wahren Seiten einer gewissen Askese im Sinne einer Loslösung von den Sinnen. Welches ist die vorherrschende Leidenschaft des Künstlers? Warum solch eine Verformbarkeit, solch eine Verletzlichkeit gegenüber den Zeiten, der Diktatur der Moden, dem Einfluß der zeitgenössischen Kräfte? Wohl doch, um zu gefallen, um der Epoche ihre Lieblingsmelodie zu spielen, um den Baum seinen Früchten zum Opfer zu bringen, da diese Früchte dem Geschmack des Publikums entsprechen oder entsprechen müssen, während der Baum als solcher ihm gleichgültig bleibt?

Die Verformbarkeit des Künstlers führt dazu, über das Dionysische nachzudenken, über den Dämonen, durch den man spielt, in eine andere Haut schlüpft, hinter einem von außen erhaltenen Befehl verschwindet. Als Prinzip des Vielfältigen hat das Dionysische nicht in sich selbst die vereinigende

Kraft, die zu der disziplinierten Herrschaft einer Leidenschaft über die anderen führen könnte; es schlägt daher, wenn es sich selbst überlassen bleibt, in die Hysterie um, als eine Komödie, die vor dem Publikum und zu dessen Vergnügen ausgebreitet wird. Nietzsche wird später, in den „Streifzügen eines Unzeitgemäßen", diesen Gedanken der Schwächen des Künstlers wiederaufnehmen, ein Gedanke, mit dem seine Betrachtungen über alle anderen öffentlichen und weitverbreiteten Leidenschaften seiner Zeit vervollständigt werden. Schauspielerei, Harlekinade, Buntheit des Kostüms – dies sind die „Funktionen des Künstlers", seine Posen und Haltungen. Ästhetizismus, und nicht etwa die Leidenschaft des Schönen, dieses vollendeten Glücks.

Die Mehrdeutigkeit betrifft auch das Denken. Zwischen der Askese der Priester und derjenigen der Wahrheitssucher, einer entlehnten Askese, besteht eine täuschende Nähe. Wenigstens sollte diese Nähe täuschend bleiben und keine Beständigkeit gewinnen. Die „wahre Welt" hängt davon ab; diese Welt, die das Objekt der Suche des Denkers, aber auch die schreckliche Waffe des Priesters ist, sein scheußliches Ideal, das er dazu benutzt, das Dasein abzuwerten. Darin liegt die nur zu große Nähe der beiden Ideale, der beiden Ethiken: Sie beide machen aus dem Leben des Körpers eine Illusion, dieses Körpers, der leidet, begehrt und Grausamkeiten zufügt, wenn man sich seinem Gesetz unterwirft. Der unzeitgemäße Denker, der sich durch sein an sich aristokratisches Begehren nach Wahrheit am Rande der Gesellschaft wiederfindet, übernimmt am Ende die asketische Lüge von der anderen Welt, weil er das Gesetz des Begehrens zu sehr fürchtet, ein Gesetz, das das anfängliche Hindernis gegenüber einem der Erkenntnis geweihten Leben darstellt.

Ein letzter Schritt muß noch getan werden, um den Bankrott des Denkens, der denkenden Lebensweise, zu zeigen: Es wird mit einem Symptom des degenerierenden, geschwächten, kranken Lebens identifiziert. Hier behauptet Nietzsche, was er verneinen könnte, wenn man seine eigene Erfahrung und seinen persönlichen Fall zugrunde legt, denn er bejaht die Werte des aufsteigenden Lebens, während sich das seine, wie er selbst gesteht, im Niedergang befindet. Er leugnet also, was ihm bei Schopenhauer als ein Geständnis erscheint, nämlich daß das Denken mit einem Niedergang der Lebenskräfte zusammengeht und von ihm profitiert. Dies ist das gesuchte heimliche Einverständnis zwischen Priestern und Denkern als kulturellen Typen, ein Einverständnis, das das Denken zugleich zugeben und anprangern muß, um trotz allem dem Wert der Wahrheit treu zu bleiben. Man sollte konsequent bis zum Ende gehen und sagen, daß die Wahrheit sich im Niedergang befindet und dieser systematisch aus ihr entspringt, es sei denn, daß eine unverständliche Kraft es erlauben würde, daß die Suche nach einer schmerzhaften Wahrheit uns trotz allem nicht erreicht.

Es sind andere Figuren, die es Nietzsche erlauben, die Krankheit der Moderne zu diagnostizieren, die aus Schwäche, aus der Masse und einer historisierenden Demagogie besteht: Eduard von Hartmann, Eugen Dühring. Ohne sie wäre die Krankheit der Moderne nicht so sehr sichtbar, so offensichtlich, und der Typus des Unzeitgemäßen, der von Schopenhauer verkörpert wird, bliebe für Nietzsche nur ein Hinweis. Aber der „Fall Wagner" zwingt ihn dazu, seinen früheren Lehrmeister weiterhin als ein Gegenbeispiel zu nehmen, denn er ist daran schuld, daß die „Musik der Zukunft" in die fromme Täuschung einer anderen, erhabenen Welt umgeschlagen ist, die die unsere beurteilt, verdammt und verletzt und deren schmerzhafte Antithese darstellt. Das Denken und die Wahrheit sind durch diese Tatsache dazu imstande, Komplizen der Herrschaft über die Schwachen und der Herrschaft der Schwachen zu sein, wie es für die beiden betreffenden Autoren offensichtlich ist, die beiden Mode-Denker, Interpreten des Geistes der Rache und des Hasses.

Aus dem Französischen übersetzt von Matthias Katzer

Literatur

Deleuze, G. 1962: Nietzsche et la philosophie, Paris; dt.: Nietzsche und die Philosophie, München 1976.
Heidegger, M. 1996f: Nietzsche I und II, in: Gesamtausgabe, Bd. 6.1 und 6.2, Frankfurt/M.
Kant, I. 1908: Kritik der Urteilskraft, in: Gesammelte Schriften, hrsg. v. d. Königlich Preußischen Akademie der Wissenschaften, Berlin 1902 (Akademie-Ausgabe), Bd. V, 165–485.
Schopenhauer, A. 1986: Die Welt als Wille und Vorstellung, Frankfurt/M.

Werner Stegmaier

Die Bedeutung des Priesters für das asketische Ideal. Nietzsches ‚Theorie' der Kultur Europas (III 11–22)

10.1 Einleitung

In der *Genealogie der Moral* ist der Abschnitt III 11–22 deutlich abgegrenzt. Er führt die vorausgehenden Abschnitte zu den Fragen: Was bedeuten asketische Ideale für Künstler? und Was bedeuten sie für Philosophen? nicht einfach fort. Denn es geht in III 11–22 nicht so sehr darum, was asketische Ideale für Priester bedeuten, sondern darum, was ‚der Priester' für ‚das' asketische Ideal bedeutet. Zuvor war noch von „asketischen Idealen" (III 1: 339 u. ö.), jetzt ist nur noch vom „asketischen Ideal" die Rede. Der Begriff ‚Priester' ist auch nicht auf den Bereich des Kults und der Kirche beschränkt. Nietzsche stellt vielmehr nun eine „grundsätzlichere Frage", nämlich „,Was bedeutet aller Ernst?'". ‚Der Priester' erscheint als „Repräsentant des Ernstes überhaupt", und damit, so Nietzsche, „wird es ‚Ernst'" (III 11: 361).

Ernst wird es dann, wenn entschieden gehandelt wird, und der Ernst ist am größten, wenn die Entscheidungen das Überleben betreffen. Nietzsche hat in der *Genealogie der Moral* das Überleben der Kultur Europas im Blick. Er sieht ihr Überleben in der Gefahr der Erstarrung und des Niedergangs und führt diesen Niedergang auf das Wirken asketischer ‚Priester' zurück.

Unter ‚Kultur' kann man im allgemeinen das verstehen, was in einer Gesellschaft selbstverständlich ist. Nietzsche bestimmt sie in seinen *Unzeitgemäßen Betrachtungen* im Blick auf die alten Griechen als „Einheit des künstlerischen Stiles in allen Lebensäußerungen eines Volkes" (UB I, II: 1, 163 u. 274). Später läßt er den Zusatz „künstlerisch" fallen (vgl. FW 40) und beschränkt die Bestimmung auf die „Bedingungen für die Entstehung der Menschen, ihre Ernährung, Erziehung, Unterricht" und „die Formen und Gewohnheiten der höheren Sittlichkeit" (vgl. MA I 23 f.: 2, 44 f.). Während sich Kulturen „früher unbewusst und zufällig entwickelten", ließen sich Kulturen nun vergleichen, und so finde unvermeidlich ein „Auswählen" unter ihnen statt. Darum könne und müsse man nun auch „mit Bewusstsein beschliessen, sich zu einer neuen Cultur fortzuentwickeln" (ebd.).

Auch wenn die Kulturtheorie inzwischen enorm erfolgreich geworden ist, überrascht Nietzsche noch immer durch die Radikalität, mit der er sie angeht. Er betrachtet die Kultur Europas mit dem Blick des Ethnologen. Er setzt nicht mehr selbstverständlich ihre Überlegenheit über andere, zum Teil viel ältere Kulturen voraus, sondern vermutet im Gegenteil, der Erfolg ihrer weltverändernden Wirkung, in dem Europa ihre Stärke sieht, könne auf einer Schwäche beruhen und sich bald auch als solche herausstellen, wenn Europa sich nicht umorientiere. Im Abschnitt III 11–22 der *Genealogie der Moral* spitzt er seine Analyse und Kritik der Kultur Europas am schärfsten zu.

Nach Nietzsche hat die ‚Moral' des ‚asketischen Ideals' die europäische Kultur möglich gemacht und seither geprägt. Die europäische Kultur hat sich selbst nicht so, sondern in entscheidenden Phasen der Antike und der Moderne als Aufklärung verstanden und damit ihr Wesen zuerst in einer theoretischen und dann erst in einer moralischen Leistung gesehen. (Kant kehrte zwar das Verhältnis schon um, wurde im 19. Jahrhundert jedoch seinerseits als vorrangig theoretischer Philosoph verstanden.) Nietzsche interpretiert die europäische Kultur insofern gegen ihr Selbstverständnis. Doch er wußte, wie stark auch sein eigenes Denken von dieser Kultur geprägt war. So ging er in der Spur der Aufklärung weiter, legte sein Philosophieren (spätestens seit *Menschliches, Allzumenschliches*) aber nun als Aufklärung der Aufklärung an. Ins Zentrum dieser Aufklärung der Aufklärung stellte er immer entschiedener ‚die Moral' und bringt sie in der *Genealogie der Moral* schließlich auf den Begriff der Moral des asketischen Ideals der Priester. Er wollte, wie er sich notierte, „so weit die Aufklärung ins Volk treiben, daß die Priester alle mit schlechtem Gewissen Priester werden" und dadurch „die unbewußte Tartüfferie aus dem Leibe des europäischen Menschen wieder heraus[...]bringen" (N 11, 25[294]). Dabei mußte (und muß) er mit starken Widerständen all derer rechnen, die sich der Moral „Alt-Europa[s]" (Za IV, „Unter Töchtern der Wüste" 1: 4, 380) verpflichtet fühlen. Um von ihnen überhaupt gehört zu werden, bediente er sich einer zunehmend provokativen und aggressiven Sprache, die es zuweilen schwer macht, die gedanklichen Strukturen im Auge zu behalten, die er entfaltet.

10.2 Der Ansatz von Nietzsches ,Theorie' der Kultur Europas

Um das Nicht-Selbstverständliche, Unwahrscheinliche der europäischen Kultur und Moral kenntlich zu machen, stellt Nietzsche sie gezielt in eine nicht-moralische Sicht. Er setzt bei der „solitären Raubthier-Species Mensch" an, die sich noch keiner Ordnung unterworfen hat, sondern in der alle „geborene ,Herren' " sind (III 18: 384). Er geht also davon aus, daß die biologische Art Mensch aus Individuen bestand (und noch bestehen könnte), die so weit wie möglich auf eigene Faust ihr Leben und Überleben sichern wollen – ohne ,Moral'.

Zur Deutung, wie die Moral unter die Menschen kam und was sie bei ihnen bewirkte, bot sich zu Nietzsches Zeit der evolutionstheoretische Ansatz an. Wieweit Nietzsche im einzelnen Darwin folgte oder widersprach, kann hier offenbleiben (vgl. Stegmaier 1987, Moore 2002). In jedem Fall hat Nietzsche in seinem Denken der Evolution bei den Individuen angesetzt und philosophisch alles darangesetzt, sie entgegen der „zunehmende[n] Verdummung und Vergemeinerung Europa's" (N 11, 25[71]) wieder für die Evolution freizusetzen („Grundfehler: die Ziele in die Heerde und nicht in einzelne Individuen zu legen!" N 12, 5[108]). Das sollte auch und gerade gegenüber ,der Moral' gelten. Sie in die Evolution einzubeziehen, widerspricht jedoch ihrem Selbstverständnis und insbesondere ihrem Verständnis in der europäischen Philosophie, wie Nietzsche sie vor Augen hat. Danach war von Platon bis Kant auf der Unbedingtheit und damit auch auf der Zeitenthobenheit der Moral bestanden worden. Nicht nur die Geltung ihrer Normen sollte von nichts Zufälligem und Zeitlichem abhängig, schon die Frage nach ihrer Genesis ausgeschlossen sein. Nietzsches ,Genealogie der Moral' ist darum eine philosophische Kritik des Unbedingtheitsanspruchs der Moral und nur sehr begrenzt eine historisch gemeinte „Entstehungsgeschichte" (I 1: 256): „wir haben", wie es in der Vorrede heißt (6: 253), „eine Kritik der moralischen Werthe nöthig, der Werth dieser Werthe ist selbst erst einmal in Frage zu stellen – und dazu [!] thut eine Kenntniss der Bedingungen und Umstände noth, aus denen sie gewachsen, unter denen sie sich entwickelt und verschoben haben".

Der Bruch mit dem Tabu der Unbedingtheit der Moral schloß „die Entwerthung der bisherigen Werthe" (N 12, 2[131]) im ganzen ein. Nietzsche sah seine Aufgabe nicht darin, diese Entwertung herbeizuführen, sondern lediglich darin, nachdrücklich deutlich zu machen, daß sie schon eingetreten war: „Das ganze europäische System der menschlichen Bestrebungen fühlt sich theils sinnlos, theils bereits ,unmoralisch'." Nietzsche nannte dies den „europäischen Nihilismus" (ebd.). Er machte ihm Angst, und darum suchte er nach Möglichkeiten seiner Überwindung.

Sofern er auch selbst von der – nun nihilistisch gewordenen – europäischen Moral geprägt war und unvermeidlich unter ihrem „Commando" dachte (a. O., 12, 2[163]), konnte er sie folgerichtig nicht zum Gegenstand einer unabhängigen, nicht-zirkulären Theorie machen. Er wollte darum nur „Räthselrater" (III 24: 399) sein, „um den Umkreis menschlicher Werthe und Werth-Gefühle zu durchlaufen und mit vielerlei Augen und Gewissen, von der Höhe in jede Ferne, von der Tiefe in jede Höhe, von der Ecke in jede Weite, blicken zu können", und das hieß für ihn zugleich: „Kritiker und Skeptiker und Dogmatiker und Historiker und überdies Dichter und Sammler und Reisender […] und Moralist und Seher und ‚freier Geist'" (JGB 211: 5, 144). Als solcher „Räthselrather und Freund der Sphinx gleich jedem geborenen Europäer" (N 11, 38[5]) versuchte er „vielleicht ausschweifende Vermuthung[en]" (FW 354: 3, 590). So entwarf er sich, wenige Wochen vor der Niederschrift der *Genealogie der Moral*, am 10. Juni 1887, im schweizerischen Lenzer Heide ein provisorisches Raster von Hypothesen (N 12, 5[71]). Dort spricht er statt vom ‚asketischen Ideal' von der „christliche[n] Moral-Hypothese" als dem Kern des „europäischen Nihilismus". Deren Entstehung und Durchsetzung war, so Nietzsches Hypothese, die Reaktion auf eine schwere evolutionäre Not, behob diese Not jedoch nicht, sondern verschlimmerte sie noch und machte sie nun lebensbedrohlich.

Die Not der Spezies Mensch überhaupt liegt nach Nietzsche darin, daß ihre Evolution extrem schnell verlief: Der Mensch ist „unfestgestellter als irgend ein Thier sonst" (III 13: 367). Die Evolution der Spezies Mensch verlief so schnell, daß sie nach physiologischen Maßstäben nicht oder jedenfalls noch nicht lebensfähig, ‚gesund' sein konnte – der Mensch ist „das kranke Thier" (ebd.). Sein Spezifikum, die „Bewusstheit", ist, so Nietzsche schon in der *Fröhlichen Wissenschaft* (Nr. 11), „die letzte und späteste Entwickelung des Organischen und folglich auch das Unfertigste und Unkräftigste daran" und könnte sich als kurzfristiger „Fehlgriff" der Evolution erweisen (3, 382 f.). Im V. Buch der *Fröhlichen Wissenschaft* (Nr. 354) schließt Nietzsche daran die „Vermuthung" an, daß „das Bewusstsein überhaupt sich nur unter dem Druck des Mittheilungs-Bedürfnisses entwickelt hat", das heißt: im Zug der Vergemeinschaftung der Menschen (3, 591). In der zweiten Abhandlung der *Genealogie der Moral* leitet er von dieser Vergemeinschaftung wiederum die Entstehung des „schlechten Gewissens", also das moralische Bewußtsein ab, auch dies als Vertiefung der „Erkrankung" der Spezies Mensch und Risiko für ihr Überleben (II 16: 321 f.). Daran

10 Die Bedeutung des Priesters

hätten sich, wie Nietzsche dann in den hier zu interpretierenden Abschnitten der dritten Abhandlung ausführt, aus unterschiedlichsten Gründen immer neue Gefährdungen angeschlossen, „etwa als Folge der Kreuzung von zu fremdartigen Rassen (oder von Ständen – Stände drücken immer auch Abkunfts- und Rassen-Differenzen aus: der europäische ‚Weltschmerz‘, der ‚Pessimismus‘ des neunzehnten Jahrhunderts ist wesentlich die Folge einer unsinnig plötzlichen Stände-Mischung); oder bedingt durch eine fehlerhafte Emigration – eine Rasse in ein Klima gerathen, für das ihre Anpassungskraft nicht ausreicht (der Fall der Inder in Indien); oder die Nachwirkung von Alter und Ermüdung der Rasse (Pariser Pessimismus von 1850 an); oder einer falschen Diät (Alkoholismus des Mittelalters; der Unsinn der Vegetarians, welche freilich die Autorität des Junker Christoph bei Shakespeare für sich haben); oder von Blutverderbniss, Malaria, Syphilis und dergleichen (deutsche Depression nach dem dreissigjährigen Kriege, welcher halb Deutschland mit schlechten Krankheiten durchseuchte und damit den Boden für deutsche Servilität, deutschen Kleinmuth vorbereitete)" (III 17: 378).

Die „Krankhaftigkeit" des Menschen, in die ihn seine extrem schnelle Evolution versetzt hat, werde freilich von ihm gar nicht als solche empfunden. Sie falle ihm nicht auf, weil sie für ihn zur „Normalität" geworden sei (III 14: 367). Auf das Prekäre, Unwahrscheinliche dieser Normalität müsse darum erst aufmerksam gemacht werden. Eben das aber sei bisher durch die „christliche Moral-Hypothese" verhindert worden. Denn sie sei ihrerseits vom Leiden der Menschen an der evolutionären Not hervorgetrieben worden. Der europäische Mensch habe in dieser Not mit der christlichen Religion und Moral ein grosses, mutiges Experiment gewagt, indem er aus der Not eine Tugend machte, das heißt: das Leiden selbst als Wert begriff: „Sein Nein, das er zum Leben spricht, bringt wie durch einen Zauber eine Fülle zarterer Ja's an's Licht; ja wenn er sich verwundet, dieser Meister der Zerstörung, Selbstzerstörung, – hinterdrein ist es die Wunde selbst, die ihn zwingt, zu leben ..." (III 13: 367). Durch diese Ja's wird das Nein erfolgreich verdeckt: Was lediglich einem „physiologische[n] Hemmungsgefühl" entsprang, gilt nun in „psychologisch-moralischer" Deutung als zeitlose Tugend (III 17: 378). Religion und Moral werden tabuiert, „als undiskutirbar empfunden": „die Praxis: das will heißen, die Nützlichkeit, mit einander sich über die obersten Werthe zu verstehen, hat hier eine Art Sanktion erlangt" (N 13, 14[108]). Die „christliche Moral-Hypothese" als Tabu „herrschend" geworden (ebd.). Mit seiner *Genealogie der Moral* will Nietzsche sie wieder diskutierbar machen.

10.3 Die Sinnstruktur der europäischen Kultur nach Nietzsche

a. Das asketische Ideal

Wenn im Abschnitt III 11–22 der *Genealogie der Moral* die ‚christliche Moral-Hypothese' unter dem Namen des ‚asketischen Ideals' als tabuierter Kern der europäischen Kultur herausgestellt wird, was ist dann ein Ideal und inwiefern ist es asketisch?

Ein Ideal ist, so Nietzsche, etwas höchst Unwahrscheinliches, eine „ungeheuerliche Werthungsweise", die in Europa gleichwohl zu einer „der breitesten und längsten Thatsachen, die es giebt" (III 11: 362), geworden ist. Ein Ideal gibt eine „Werthung unsres Lebens" (ebd.) im ganzen vor, richtet alles Denken und Handeln auf sich aus und verleiht ihm dadurch Sinn, einen allen und allem gemeinsamen Sinn. So „verhütete", wie Nietzsche in seinem Lenzer Heide-Entwurf notiert, die „christliche Moral-Hypothese", (1.) „daß der Mensch sich als Menschen verachtete", indem sie ihm, „im Gegensatz zu seiner Kleinheit und Zufälligkeit im Strom des Werdens und Vergehens", „einen absoluten Werth" verlieh, (2.) „daß er gegen das Leben Partei nahm", indem sie „der Welt trotz Leid und Übel den Charakter der Vollkommenheit ließ", also dem Übel Sinn gab, und (3.) „daß er am Erkennen verzweifelte", indem sie „ein Wissen um absolute Werthe beim Menschen an[setzte] und [...] ihm somit gerade für das Wichtigste adäquate Erkenntniß [gab]" (a. O., 12, 211). Die Gedanken eines absoluten Werts, der Vollkommenheit der Welt und der adäquaten Erkenntnis hatten die christlichen Theologen ihrerseits, so Nietzsche, von Platon übernommen („Christenthum ist Platonismus für's ‚Volk'", JGB, Vorrede: 5, 12). Nach dem berühmten Höhlengleichnis im Dialog *Der Staat* gibt die Idee des Guten in der Tat allem andern seinen Wert, läßt es in seiner Vollkommenheit sehen und in seiner Wahrheit erkennen. Die Idee des Guten selbst kann man jedoch, wie im Gleichnis dramatisch dargestellt wird, nur mit größter Anstrengung, unter Einsatz und Gefahr des eigenen Lebens und dennoch nie ganz und auf Dauer zu Gesicht bekommen. So hat sie schon hier die Gestalt eines Ideals, d. h. eines Ziels, das unablässig angestrebt wird, ohne daß es je wirklich erreicht werden könnte.

Um ein Ideal anzustreben, sind Disziplin, Anstrengung, Verzicht, also Askese nötig, und insofern ist das Ideal ein asketisches Ideal. Im Mönchtum des christlichen Mittelalters galten Armut, Demut und Keuschheit als solche asketischen Ideale. Von dort nimmt Nietzsche den Begriff auf (vgl.

N 12, 5[42]), um ihn nun philosophisch zu erweitern und zu vertiefen. Ihn fasziniert die paradoxe Struktur eines asketischen Ideals: daß es nicht erreicht werden kann, entwertet es nicht nur nicht, sondern motiviert um so größere Anstrengungen, es zu erreichen, und dies, je ferner es rückt. Es ist nicht nur enttäuschungsresistent, sondern wirkt sogar selbstbestärkend: einerseits motiviert das Ideal die Askese, andererseits treibt die Askese das Ideal um so höher, je mehr sie sich ihm entgegenarbeitet. Dies ist, unter dem Gesichtspunkt der Evolution, das eigentlich Unwahrscheinliche. In seiner Selbstbezüglichkeit aber steigert es nicht nur die asketischen Leistungen, sondern wird auch von der jeweiligen Umwelt, von allen zufälligen und zeitlichen Lebensbedingungen unabhängig. Es etabliert und stabilisiert sich *meta-physisch*, jenseits der natürlichen Bedingungen des Lebens, als dessen dauernde Sinngebung. Eben damit aber schließt es sich in sich ab und die weitere Evolution von Sinnstrukturen aus. Es wird endgültig, und darin liegt sein ‚Ernst'. ‚Der' Mensch glaubt nun mit gutem Gewissen stehenbleiben zu können.

Durch die christliche Religion, so Nietzsche, wurde dieses Endgültigkeits-Ideal, anders als es in der Philosophie möglich war, weiter durch die Kirche stabilisiert, die es in Dogmen formulierte und für deren Durchsetzung und Wahrung sorgte. So erhielt es neben institutioneller Stabilität auch politische Macht. Doch da das asketische Ideal nicht dem Christentum entsprang, sondern ihm vorausging, konnte es auch dann noch ‚herrschend' bleiben, als das Christentum seine allgemeine Verbindlichkeit verlor. Es konnte auch nach dem ‚Tod Gottes' die Menschen noch zu ‚ungeheuerlichen' Anstrengungen anspornen, nun zu Anstrengungen im Namen ‚des' Menschen für ‚den Fortschritt' in der Wissenschaft und der ‚Verbesserung' der Lebensbedingungen der Menschheit, denen sich Europa in der Moderne immer stärker verpflichtet fühlte. Die Besetzung der selbstbezüglichen Sinnstruktur des asketischen Ideals wechselte, es selbst blieb erhalten.

Dadurch, daß sich das asketische Ideal in seiner Selbstbezüglichkeit von den jeweiligen Lebensbedingungen unabhängig gemacht hatte, blieb es jedoch auch leer. Nietzsche pointiert das am Ende der *Genealogie der Moral* sehr scharf. Danach ist der Wille, der dem asketischen Ideal gehorcht, „ein Wille zum Nichts" (III 28: 412). So bewirkt das asketische Ideal, das dem Leben Sinn geben und es vor dem Nihilismus bewahren sollte, das Gegenteil davon, es steigert den Nihilismus noch, und die Leere wächst weiter, wenn dem Ideal seine religiös-dogmatische Ausstattung entzogen wird. Im Lenzer Heide-Entwurf notiert Nietzsche: „Die Dauer, mit einem ‚Umsonst', ohne Ziel und Zweck, ist der lähmendste Gedanke, namentlich noch, wenn man begreift, daß man gefoppt wird und doch ohne Macht <ist>, sich nicht foppen zu lassen." (a. O., 12, 213).

Dieses Gefoppt-Werden schließt selbst die Aufklärer der Aufklärung ein. Sie bleiben dem asketischen Ideal auch dann noch verhaftet, wenn sie erkennen, daß es sie ‚foppt‘: da sie ebenfalls in seiner Sinnstruktur denken, fällt es auch ihnen schwer, es als unwahrscheinlich zu denken. Die Ausrichtung des asketischen Ideals hat nach Nietzsche in Europa und seinem Wirkungskreis den Sinn von ‚Sinn‘ so tief geprägt, daß ihm ein anderer Sinn von ‚Sinn‘ kaum zu vermitteln ist. Die Moral des Sich-Anstrengens auf ein unerreichbares Ziel hin ist so sehr zu unsrer Lebensform geworden, daß wir sie, selbst wenn wir es wollten, nicht einfach abwerfen können: „In's Grosse gerechnet, so hat sich das asketische Ideal und sein sublim-moralischer Cultus, diese geistreichste, unbedenklichste und gefährlichste Systematisirung aller Mittel der Gefühls-Ausschweifung unter dem Schutz heiliger Absichten auf eine furchtbare und unvergessliche Weise in die ganze Geschichte des Menschen eingeschrieben; und leider nicht nur in seine Geschichte ..." (III 21: 392).

Unter dem Gesichtspunkt der Evolution ist die Sinnstruktur des asketischen Ideals gleichwohl „ein Selbstwiderspruch" (III 11: 363), eine, wie Nietzsche im Anschluß an psychiatrische Studien von Charles Féré formuliert, „methodisch erzeugte folie circulaire" (AC 51: 6, 231). Doch auch die fortdauernde Aufrechterhaltung eines solchen Selbstwiderspruchs muß auf irgendeine Weise der Erhaltung des Lebens gedient haben, zumindest für einige Tausend Jahre. Nietzsche vermutet, daß sie etwas Schlimmeres, Schwereres verdeckte, das keinesfalls zutage treten, das unbedingt tabu bleiben sollte. So mußte es in der Sicht ‚der‘ Moral etwas Schändliches, Unmoralisches sein. Nietzsches These – schon in den ersten beiden Abhandlungen der *Genealogie der Moral* – ist: Im Namen des asketischen Ideals haben die ‚Schwachen‘, ‚Schlechtweggekommenen‘, ‚Ohnmächtigen‘ sich vereinigt und mit ihrer ‚Herdenmoral‘, durch die sie einander wechselseitig ihren ‚absoluten Wert‘ garantieren, eine dauerhafte Macht gegen die ‚solitär‘ auf sich selbst vertrauenden ‚Starken‘ gewonnen, dadurch die Schwäche dauerhaft gemacht und die weitere Stärkung des Menschen verhindert. So heißt es jetzt: „das asketische Ideal entspringt dem Schutz- und Heil-Instinkte eines degenerirenden Lebens, welches sich mit allen Mitteln zu halten sucht und um sein Dasein kämpft" (III 13: 366). Das Ideal jenseits des Lebens sollte ablenken von einem Leben, das nicht zu ertragen war, und zwar die ablenken, für die es nicht zu ertragen war, die ‚Schwachen‘, ‚Schlechtweggekommenen‘, ‚Ohnmächtigen‘. Die Ablenkung aber war, so Nietzsche, das Werk des ‚asketischen Priesters‘.

b. Der asketische Priester

‚Priester' (von griechisch *presbyteros*) ist im Wortsinn der Ältere, Ehrwürdige, jemand, der die Autorität hat, letzte Entscheidungen zu treffen. In Sachen der Religion sind dies Entscheidungen darüber, wie göttliche Worte oder Zeichen zu verstehen sind. Sofern Priester hier zuletzt entscheiden, können sie erhebliche Macht ausüben – und darum des ‚Priesterbetrugs' bezichtigt werden. ‚Priesterherrschaft', ‚Priesterbetrug' waren 1887, in dem Jahr, in dem Nietzsche die *Genealogie der Moral* niederschrieb und Bismarcks ‚Kulturkampf' zum Abschluß kam, zu politischen Kampfbegriffen geworden. Seit Ende des 18. Jahrhunderts konnte jegliche ‚Hierarchie' im Zeichen der ‚Priesterherrschaft' als ‚Geistesknechtschaft' und ‚unredliche, betrügerische, zum eigenen Vorteil genutzte Machtausübung' angegriffen werden, zunächst im Wortsinn einer ‚heilig-religiös-kirchlichen Herrschaft', dann jeglicher ‚ideologischer' Herrschaft über die Gesellschaft im liberalen Staat (vgl. Koselleck u. a. 1982). Nietzsche durfte also, indem er ‚den Priester' einführte, mit dem nahezu reflexhaften Widerwillen seiner Zeit rechnen.

Dennoch klagt er ‚den Priester' nicht an, sondern sucht seine Funktion zu ‚erraten'. Er gesteht ihm ein „gute[s] Gewissen" zu bei dem, was er tut, und den „tiefsten Glauben" an dessen „Nützlichkeit, ja Unentbehrlichkeit" (III 20: 388). Der gute Glaube des Priesters ist der Glaube an das asketische Ideal, dessen „Repräsentant" er nach Nietzsche ist. Repräsentant zu sein, ist seinerseits eine moralische Verpflichtung. Der Repräsentant hat seinen Wert nicht in sich selbst, sondern in dem, was er repräsentiert, und er wird daran gemessen, ob er es ‚gut' repräsentiert. So muß sein ganzes Streben darauf gerichtet sein, dem Repräsentierten zu entsprechen – was er nie wirklich erreichen kann. Man sieht: Dies ist die Struktur des asketischen Ideals selbst, sie wiederholt sich in der Lebensform des ‚Priesters', und insofern wird es gerade beim ‚Priester' mit ihr ernst.

Beispiele für ‚Priester' nennt Nietzsche nicht, mit Ausnahme von Eugen Dühring, an den er III 14 „nochmals" erinnert. Man wird zuerst an den Apostel Paulus denken, den Nietzsche im Abschnitt I 16 erwähnt und dann in *Der Antichrist* als den herausstellt, der die „evangelische Praktik" Jesu (AC 33: 6, 205) in Dogmen des Christentums transformiert habe. Dort heißt es: „Sein Bedürfnis war die Macht; mit Paulus wollte nochmals der Priester zur Macht, – er konnte nur Begriffe, Lehren, Symbole brauchen, mit denen man Massen tyrannisiert, Heerden bildet" (AC 42: 6, 216). Der Hinweis auf Dühring zeigt jedoch, daß für Nietzsche der Typus des Priesters ebenso und mehr noch der Moderne zugehört. Er läßt sich allgemein als „Medium" (N 7, 8[68]) verstehen, als „Zwischenperson", sei es „zwischen Gott und den Anderen" (N 13, 14[199]) oder als „Mundstück des ‚An-sich' der Dinge", als „Telephon des Jenseits" (III 5: 346). Und als „bloss[es] Mundstück, bloss[es] medium übermächtiger Gewalten" erlebte Nietzsche auch sich selbst, etwa in der Erfahrung der „Inspiration" seines *Also sprach Zarathustra*, bei der er „nie eine Wahl gehabt" habe und für die ihm darum nur „der Begriff Offenbarung" passend schien (EH, Za 3: 6, 339). ‚Priester' sind für Nietzsche demnach nicht nur Mittler zwischen den Menschen und Gott, sondern alle, die der Öffentlichkeit etwas ‚vermitteln', das sich ohne sie nicht äußern kann. Dazu gehören nach Nietzsche Gelehrte und Literaten, „schwätzende prahlerische Thunichts-gute", die „leidende Volks-Schichten", und „Politiker von Berufs wegen, welche sich wohl befinden und Nothstände vor einem Parlament mit starken Lungen ‚vertreten'" (N 11, 34[162]), und auch der von ihm früher so verehrte Richard Wagner, der seinen eigenen Wagnerianismus organisierte (Nietzsche nennt ihn in seinen Notizen nun einen „alten dick-umräucherten Oberpriester, der über alle erdenklichen gerade ihm gänzlich entzogenen und verbotenen Bereiche des Denkens seine dunklen Gefühle wie Offenbarungen verlautbart"; N 11, 41[2]7).

Moderner ‚Priester' ist in aktueller Sprache damit jeder, der über ‚Definitionsmacht' in öffentlichen Belangen verfügt und über die entsprechenden ‚Medien', sie durchzusetzen, jeder, der auf diese Weise die Werte einer Gesellschaft mitbestimmt, denen sie ihre Anstrengungen widmen soll (vgl. Braatz 1988). Wie der Priester im alten Wortsinn muß er sich seine Autorität jedoch selbst erwerben, als Schöpfer von Symbolen und Semantiken, die den jeweils aktuellen Nöten der Menschen Sinn geben und sie dadurch erträglich machen. Dazu braucht er scharfe Beobachtungsgabe und Geschick, mit den übrigen Medien umzugehen. Wiewohl er dabei im Namen eines Dritten spricht, das er repräsentiert – dazu gehören auch die Werte einer Gesellschaft –, und wiewohl er damit nur den ‚Schwachen' hilft, die auf seine Sinngebung angewiesen sind, liegt darin doch eine Leistung, die ihn den ‚Starken' an die Seite stellt. Nietzsche weiß diese Leistung durchaus zu schätzen: „Stellt man sich […] erst einmal in die Perspektive, wie der Priester sie allein kennt und hat, so kommt man nicht leicht zu Ende in der Bewunderung, was er unter ihr Alles gesehn, gesucht und gefunden hat" (III 17: 377).

‚Zwischenpersonen', ‚Vertreter', ‚Repräsentanten' genießen geringere soziale Achtung als Künstler, Philosophen und Wissenschaftler, von denen Originalität erwartet wird. Aber diese kommen ohne jene nicht zur Wirkung. Sie brauchen den Apparat der Kultur, den die ‚Priester' beherrschen. Die Priester ‚machen' erst Kultur.

10.4 Befunde:
Die akute Not der europäischen Kultur und die kontraproduktiven Heilmittel des asketischen Priesters

Nietzsche läßt die *Genealogie der Moral* düster enden, mit jenem „Willen zum Nichts", dem „Widerwillen gegen das Leben", der dem asketischen Ideal zu verdanken sei. Der „erlösende Lichtstrahl" des Gedankens der ewigen Wiederkehr des Gleichen (Za III, Die sieben Siegel 1: 4, 287), den er in seinem Lenzer Heide-Entwurf noch erwogen hatte, kommt nicht mehr zur Sprache (Stegmaier 1999). Nietzsche rechnet hier lediglich noch mit der „Selbstaufhebung" des Christentums durch das „christliche Gewissen", das es herangezüchtet habe, das sich „zum wissenschaftlichen Gewissen, zur intellektuellen Sauberkeit um jeden Preis" emanzipiert habe und das sich nun gegen die Religion wende (III 24: 409 f.). Aber hier zitiert er lediglich einen früheren Aphorismus aus der *Fröhlichen Wissenschaft* (Nr. 357).

Nietzsches Befunde aus der Analyse der Kultur seiner Zeit lauten wie folgt: Den asketischen Priestern könnte es vollends gelingen, „ihr eignes Elend, alles Elend überhaupt den Glücklichen in's Gewissen zu schieben: so dass diese sich eines Tags ihres Glücks zu schämen begönnen und vielleicht unter einander sich sagten: ,es ist eine Schande, glücklich zu sein! es giebt zu viel Elend!' ..." (III 14: 370 f.). Gelungen sei ihnen schon, das asketische Ideal tief im europäischen Menschen festzusetzen, indem sie mit Hilfe „paradoxer und paralogischer Begriffe wie ,Schuld', ,Sünde', ,Sündhaftigkeit', ,Verderbniss', ,Verdammniss'" das Ressentiment, die Abneigung gegen all das, was nicht der Sinngebung des asketischen Ideals folgt, gegen die leidenden Menschen selbst wendeten, so daß diese sich für ihr Leiden nun selbst verantwortlich machten. Die „schlechten Instinkte aller Leidenden" würden so „zum Zweck der Selbstdisciplinirung, Selbstüberwachung, Selbstüberwindung" ausgenützt (III 16: 5, 375). Erfolg hätten die asketischen Priester damit haben können, weil sie zugleich Mittel zur Erleichterung der Leiden gefunden, damit aber auch wieder eine todkranke Kultur perpetuiert hätten: „Hypnotisirungs-Mittel" wie pessimistische Religionen (III 17: 379), Ablenkungs-Mittel wie mechanische Arbeit und gegenseitige Wohltaten (III 18), Unterhaltung durch „grosse Affekte" (III 20: 388).

10.5 Nietzsches hypothetisches Verfahren: Bedingungen und Konsequenzen

All dies kann, davon waren wir ausgegangen, nicht Gegenstand einer Theorie im strengen Sinn sein, einer Theorie, die nicht selbst in ihren Gegenstand impliziert ist. Man könnte ansonsten auch Nietzsche selbst als ‚Priester' eines neuen ‚Ideals' betrachten, des Ideals, wie er es in der Vorrede der *Genealogie der Moral* formuliert, der „höchste[n] Mächtigkeit und Pracht des Typus Mensch" (253). Das spräche für Nietzsche freilich nicht gegen das neue Ideal, sondern gegen seine Theoretisierbarkeit. Denn gerade der Wille zu ‚reiner' Theorie hänge noch am alten, asketischen Ideal und seiner „Begriffs-Fabelei, welche ein ‚reines, willenloses, schmerzloses, zeitloses Subjekt der Erkenntniss' angesetzt" habe und sich „contradiktorische[r] Begriffe wie ‚reine Vernunft', ‚absolute Geistigkeit', ‚Erkenntniss an sich'" bediene (III 12: 365). Nietzsche zeigt schon durch die Form seiner Schrift, daß er eine Theorie im strengen (asketischen) Sinn nicht anstrebt. Er weist die *Genealogie der Moral* schon im Untertitel als „Streitschrift" aus. Von einer Streitschrift erwartet man nicht Theorien, sondern Kampfansagen, die zur eigenen Stellungnahme herausfordern. Entsprechend arbeitet Nietzsche mit starken Zuspitzungen, groben Plausibilisierungen und metaphorischen Unterscheidungen (wie krank–gesund und schwach–stark). Besonders aber setzt er das Mittel ein, das er auch auf Seiten der Moral des asketischen Ideals am Werk sieht, die faszinierende Affekt-Inszenierung – nun aber nicht mehr, um das Tabu der Moral zu bestärken, sondern um mit ihm zu brechen: „Die drei Abhandlungen, aus denen diese Genealogie besteht", wird er rückblickend in *Ecce Homo* schreiben (6, 352), „sind vielleicht in Hinsicht auf Ausdruck, Absicht und Kunst der Überraschung, das Unheimlichste, was bisher geschrieben worden ist." Es geht also nicht so sehr um Argumente, die zu bestätigen oder zu verwerfen wären, sondern um Distanzgewinn gegen ‚die Moral' und ihr asketisches Ideal überhaupt. Darum vermeidet Nietzsche seinerseits, sich auf bestimmte Argumente, Methoden und Standpunkte festzulegen, und wo er es doch zu tun versucht ist, erweckt er bald wieder Zweifel. So auch im hier ausgelegten Abschnitt: „… Grund genug, nicht wahr, Alles in Allem, dass wir Psychologen heutzutage einiges Misstrauen gegen uns selbst nicht los werden? …" (III 20: 387). Er nimmt, um sich Spielräume offenzuhalten, bewußt gegensätzliche Standpunkte ein, gibt sich zugleich als Christ und Antichrist, als Nihilist und „Antinihilist" (II 24: 336). Soweit er sich auch zur Kritik der Moral der „schändlich vermoralisirten Sprechweise" bedienen muß (III 19: 385), sucht er sie zugleich (durch mitunter waghalsige Etymologien) zu entfremden.

Seine ‚Methode', dort Distanz zu gewinnen, wo Distanz am schwersten ist, beim asketischen Ideal, das das europäische Denken geprägt hat, ist, wenn man hier noch von ‚Methode' sprechen kann, der Perspektivismus, die gezielte Entgegensetzung unterschiedlicher Perspektiven. Im hier ausgelegten Abschnitt sind das vor allem die ‚physiologische' und die ‚psychologische', die er in einer (metaphorisch-) medizinischen zusammenführt, indem er sich, nach einer Formel, die er sich schon früh zurechtgelegt hat (vgl. N 7, 23[15]), als „Arzt der Cultur" darstellt. Auch ein Arzt kann krank sein und dennoch so viel Distanz zu Kranken haben, daß er deren Krankheit erkennen und heilen kann.

Arzt in diesem Sinn ist nach Nietzsche auch der asketische Priester (III 16–20) – mit dem Unterschied, daß er lediglich Symptome kuriere, ohne an die Ursachen heranzugehen (III 21). Doch gerade bei psychosomatischen Leiden – und darum handelt es sich nach Nietzsche – sind Symptome und Ursachen schwer zu unterscheiden. Nietzsche zieht darum weitere Anhaltspunkte heran, vor allem soziohistorische und sozialpsychologische wie „Heerdenbildung" (III 18: 383), Verbreitung pessimistischer Religionen (III 17) oder Häufung „religiöse[r] Neurosen" (III 21: 392), für die er, zumeist ohne sie eigens auszuweisen, als „Fingerzeige" (III 22: 393) auf zeitgenössische Forschungen zurückgreift (vgl. Orsucci 2001). So entsteht ein wirkungsvolles Hypothesengeflecht, ein wirkungsvolleres als manche Theorie.

Entsprechend groß war und ist die Verlegenheit der Theoretiker vor dieser ‚Theorie', die der Sache nach keine sein kann. Dennoch bot sie eine Reihe von Anschlußmöglichkeiten: in der christlichen Theologie für die Rückbesinnung von der ‚christlichen Moral-Hypothese' auf die ‚evangelische Praktik' Jesu, die schon vor Nietzsche mit Schleiermachers Rückgang auf das ‚Gefühl schlechthinniger Abhängigkeit' eingesetzt hatte, und in den Geistes- und Sozialwissenschaften für Georg Simmel, Max Weber und später Sigmund Freud (vgl. besonders *Das Unbehagen in der Kultur*) zu umfassenden Kulturtheorien. In jüngster Zeit stehen der Sache nach die konstruktivistisch-systemtheoretische Soziologie von Talcott Parsons bis Niklas Luhmann und die analytisch-phänomenologisch orientierte Kultursoziologie Nietzsche nahe (vgl. Giesen 1999). Die Philosophie hinterfragte im Anschluß an die *Genealogie der Moral* die Bedingungen der Theorie (insbesondere von Theorien der Moral) und der Repräsentation als solcher, so insbesondere Michel Foucault, Gilles Deleuze und Jacques Derrida. Die Ethik schließlich könnte aus der *Genealogie der Moral* Anstöße zu einem

Umgang mit Moral gewinnen, der ihre möglichen Ursprünge in Leiden, Schwäche, anhaltender Ohnmacht und Ressentiment berücksichtigt, darum selbstgerechte Dogmatisierungen vermeidet und statt dessen versucht, anderen Moralen anderer gerecht zu werden. In diese Richtung sind einerseits Emmanuel Levinas und andererseits wieder Niklas Luhmann gegangen, beide wohl in Kenntnis von Nietzsches Werk, aber beide auch in deutlicher Distanz zu ihm.

Literatur

Braatz, K. 1988: Friedrich Nietzsche. Eine Studie zur Theorie der Öffentlichen Meinung, Berlin/New York (Monographien und Texte zur Nietzsche-Forschung, Bd. 18), bes. Kap. 4: Die Öffentliche Meinung in Nietzsches Moralkritik, 175–275.

Brusotti, M. 2001: Wille zum Nichts, Ressentiment, Hypnose. ‚Aktiv' und ‚reaktiv' in Nietzsches Genealogie der Moral, in: Nietzsche-Studien 31, 107–132.

Giesen, B. 1999: Kollektive Identität. Die Intellektuellen und die Nation 2, Frankfurt am Main.

Koselleck, R./Hilger, D./Rausch, H. 1982: Art. „Herrschaft", Art. „Hierarchie", in: O. Brunner/W. Conze/R. Koselleck (Hrsg.), Geschichtliche Grundbegriffe. Historisches Lexikon zur politisch-sozialen Sprache in Deutschland, Bd. 3, Stuttgart, 1 ff., 103 ff.

Moore, G. 2002: Nietzsche, Biology and Metaphor, Cambridge.

Orsucci, A. 2001: La Genealogia della morale di Nietzsche: introduzione alla lettura, Rom.

Schacht, R. 1994 (Hrsg.): Nietzsche, Genealogy, Morality: Essays on Nietzsche's „Genealogy of Morals", Berkeley.

Stegmaier, W. 1987: Darwin, Darwinismus, Nietzsche. Zum Problem der Evolution, in: Nietzsche-Studien 16, 264–287.

Stegmaier, W. 1994: Nietzsches ‚Genealogie der Moral'. Werkinterpretation, Darmstadt.

Stegmaier, W. 1997: Levinas' Humanismus des anderen Menschen – ein Anti-Nietzscheanismus oder Nietzscheanismus?, in: W. Stegmaier/D. Krochmalnik (Hrsg.), Jüdischer Nietzscheanismus, Berlin/New York (Monographien und Texte zur Nietzsche-Forschung, Bd. 36), 303–323.

Stegmaier, W. 1999: Von Nizza nach Sils-Maria. Nietzsches Abweg vom Gedanken der Ewigen Wiederkehr, in: Entdecken und Verraten. Zu Leben und Werk Friedrich Nietzsches, hrsg. im Auftrag der Stiftung Weimarer Klassik von A. Schirmer und R. Schmidt, Weimar 1999, 295–309.

Trillhaas, W. 1983: Nietzsches „Priester", in: Nietzsche-Studien 12, 32–50.

Charles Larmore

Der Wille zur Wahrheit (III 23–28)

11.1 Fromme und freie Geister

Im fünften Buch der *Fröhlichen Wissenschaft*, wo sich Nietzsche stolz zu den „Furchtlosen" zählt, traut er es sich zu, darzulegen, „inwiefern auch wir" – damit will er andeuten, wie er allein der eigentlich Furchtlose sei – „noch fromm sind" (FW 344: 3, 574). Diese letzte Frömmigkeit, die er in Frage stellen will, ist der Glaube an den unbedingten Wert der Wahrheit.

Ein Hauptartikel des Ethos der Wissenschaft lautet, so Nietzsche, daß die persönlichen Überzeugungen der Forscher ohne Belang sind, soweit es um die Annahme oder Ablehnung von Hypothesen geht. Wissenschaft sei organisierte Skepsis; sie stehe unter der „Polizei des Misstrauens". So einfach ist es aber nicht, bemerkt unser Philosoph, denn es gibt keine voraussetzungslose Wissenschaft, und ihr tiefstes Vorurteil ist, daß Wahrheit „noth thue", daß „im Verhältniss zu ihr alles Uebrige nur einen Werth zweiten Rangs" hat. Woher dieser Wille zur Wahrheit?, fragt Nietzsche. Und warum nicht täuschen, und nicht sich täuschen lassen?

Diese Passage stellt einen bedeutenden Schritt in der Entwicklung des Nietzsche'schen Denkens dar. Zu dem fünften Buche der *Fröhlichen Wissenschaft* („Wir Furchtlosen") gehörig, ist sie erst in der Neuausgabe von 1887 erschienen und nimmt eine Frage auf, die er schon am Anfang von *Jenseits von Gut und Böse* (1886) kurz eingeführt hat. „Gesetzt, wir wollen Wahrheit," hat er dort bei seiner Aufdeckungsarbeit an den „Vorurtheilen der Philosophen" gefragt, „*warum nicht lieber Unwahrheit?*" (JGB 1: 5, 15). Die Wichtigkeit des Abschnitts 344 der *Fröhlichen Wissenschaft* läßt sich aber am besten ermessen, wenn wir in Rechnung stellen, wie wesentlich sich das darin dargelegte Argument für den Abschluß von Nietzsches letztem großen Werke, der (Ende 1887 erscheinenden) *Genealogie der Moral*, erweist.

Denn bekanntlich rückt die Frage nach dem Willen zur Wahrheit wieder ins Zentrum der Diskussion in den abschließenden Abschnitten (III 23–28) dieses Buches, wo Nietzsche die Rolle des asketischen Ideals in der Konstitution der modernen Wissenschaft zum Thema macht. Daß Wahrheit den Rang eines unantastbaren Zieles annimmt, sei nicht bloß ein Ausdruck der asketischen Verneinung der proteischen, wertschaffenden Dynamik des Lebens. Der Wille zur Wahrheit sei „jenes [asketische] Ideal selbst in seiner strengsten, geistigsten Formulierung, esoterisch ganz und gar, alles Aussenwerks entkleidet, somit nicht sowohl sein Rest, als sein *Kern*" (III 27: 409). Im fünften Buch der *Fröhlichen Wissenschaft* hat Nietzsche sein Wunschbild des „freien Geistes" skizziert: „eine Lust und Kraft der Selbstbestimmung, eine *Freiheit* des Willens [...], bei der ein Geist jedem Glauben, jedem Wunsch nach Gewissheit den Abschied giebt, geübt, wie er ist, auf leichten Seilen und Möglichkeiten sich halten zu können und selbst an Abgründen noch zu tanzen" (FW 347: 583). Freie Geister sind aber nicht eigentlich frei, stellt er jetzt klar, solange sie noch an die Wahrheit *glauben*, d. h. solange sie davon ausgehen, einem „unbedingten Willen zur Wahrheit" unterworfen zu sein (III 24: 400).

Zwar fehlt es der modernen Wissenschaft immer mehr an Leidenschaft und Gewissen; daran hegt Nietzsche gar keine Zweifel. Die Wissenschaft sieht größtenteils wie eine Industrie aus, ohne Glut und Hingabe, ohne ein Ideal über sich zu haben. Sie ist zu einem Betrieb für ehrliche, zufriedene Arbeiter, und folglich auch zu einem „*Versteck* für alle Art Missmuth, Unglauben, Nagewurm, despectio sui, schlechtes Gewissen" (III 23: 397) geworden. In diesem Maße ist fast jede Spur eines unbedingten Willens zur Wahrheit aus der modernen, zur Routine gewordenen Wissenschaft verschwunden. Man denkt bloß daran, seinen Auftrag zu erledigen und seinen Aufstieg zu fördern.

In seiner Kritik an der Wahrheitsfrömmigkeit denkt Nietzsche aber sowohl an die großen Architekten der modernen Wissenschaft als auch an ihre zeitgenössischen Nachfolger, „die letzten Idealisten der Erkenntniss, in denen allein heute das intellektuelle Gewissen wohnt und leibhaft ward" (III 24: 398 f.). Nur bezüglich solcher Figuren hätte es einen Sinn zu sagen, sie seien schließlich nicht – entgegen ihrem eigenen Selbstverständnis – wirklich „freie Geister". (Denn von Freiheit haben die bloßen Angestellten des Wissenschaftsbetriebs nicht einmal geträumt.) Sie sind nicht frei, weil sie immer noch an den absoluten Wert der Wahrheit glauben. In dieser Hinsicht bleiben sie immer noch fromm. Sie nehmen ihr „Feuer noch von jenem Brande, den ein Jahrtausende alter Glaube entzündet hat, jener Christen-Glaube, der auch der Glaube Plato's war, dass Gott die Wahrheit ist, daß die Wahrheit *göttlich* ist" (III 24: 401). Zu den Asketen der Wahrheit rechnet er sogar die französischen Positivisten seiner Zeit, jene Fatalisten der *petits faits*, wie er sie benennt. Auch sie, obgleich in kleinerem Maßstab, wegen ihres „Stehenbleiben-*Wollen[s]* vor dem Thatsächlichen" (III 24: 399) im Gegensatz zu aller Interpretation, widmen sich der Wahrheit, so wie sie wenigstens dieselbe verstehen.

In der *Genealogie* wie in jenen früheren Schriften erklärt sich Nietzsche bereit, den Willen zur Wahrheit endlich in Frage zu stellen. „Man sehe sich", fordert er, nachdem er ein Stück aus dem oben erwähnten Abschnitt der *Fröhlichen Wissenschaft* selbst zitiert hat, „die ältesten und die jüngsten Philosophien an: in ihnen allen fehlt ein Bewusstsein darüber, inwiefern der Wille zur Wahrheit selbst einer Rechtfertigung bedarf, hier ist eine Lücke in jeder Philosophie" (III 24: 401). Diese Lücke will Nietzsche natürlich nicht so sehr ausfüllen – denn der unbedingte Wille zur Wahrheit läßt sich seines Erachtens nicht rechtfertigen – als vielmehr deren Existenz zum Bewußtsein bringen, damit man sich frei verstehe, neue und andere Wertordnungen zu stiften. Es kommt darauf an, die Wahrheit nicht mehr zu *überschätzen*, nicht mehr als „unabschätzbar" und „unkritisierbar" zu betrachten (III 25: 402).

11.2 Wahrheit und Moral

Die Aufgabe, den Willen zur Wahrheit in Frage zu stellen, erscheint dem Nietzsche der *Genealogie* (Juli und August 1887) noch dringender als zur Zeit der Entstehung des fünften Buches der *Fröhlichen Wissenschaft* (Ende Oktober 1886 bis zum Frühjahr 1887), weil es ihm inzwischen gelungen ist, die Natur des Willens zur Wahrheit deutlicher ans Licht zu bringen. Im zitierten Abschnitt 344 des früheren Buches hat Nietzsche die These vorgebracht, daß das unbedingte Trachten nach Wahrheit dem „Boden der Moral" entspringt, indem die richtige Formulierung dieses Triebs nicht „ich will mich nicht täuschen lassen", sondern „ich will nicht täuschen, auch mich selbst nicht" lautet (3, 576). Den Sinn dieser Unterscheidung werde ich später ausführlicher erläutern. Hier sei einfach bemerkt, was Nietzsche damit meint: der Wille zur Wahrheit sei genau so beschaffen wie die Verpflichtungen der Moral, er verlange Ernst, er stelle sogar eine Verpflichtung dar, die man allen gegenüber zu erfüllen hat, und durch die man sich in Konfliktfällen dazu gezwungen fühlt, ihr seine anderen Interessen zu opfern.

Nun soll es sich im Laufe der *Genealogie* herausgestellt haben, daß das Wesen der Moral darin liegt, ein „asketisches Ideal" des Lebens (besser gesagt: gegen das Leben) zu bilden. Der Begriff „asketisches Ideal" ist der umfassendere Begriff geworden, und das, was Nietzsche unter „Moral" versteht, nämlich ein auf Mitleid (Vorrede, 6) und Ressentiment (I 10) gründendes System von allgemein verbindlichen Verpflichtungen, soll nur ein Beispiel davon sein. Am Ende des Buches (III 28) fragt er sogar, ob sich der Mensch je den Sinn des Lebens als Ganzes anders als durch ein asketisches Ideal vorgestellt hat.

Das, was Nietzsche mit dem pauschalen Begriff des asketischen Ideals bezeichnen will, ist die Überzeugung, ein nie völlig erreichbares Ziel zu haben, nach dem man beharrlich, gewissenhaft und opferbereit streben muß. Damit bekomme das Leiden einen Sinn (III 28), und damit werde man imstande, denjenigen zu identifizieren, der an diesem Leiden schuld sei – nämlich sich selbst, indem man sich nicht genügend Mühe gegeben habe (III 15). Die Wahrheit selber, so weit sie als der Gegenstand einer unbedingten Forderung vorkommt, soll gerade ein Ziel dieses asketischen Typs sein, und das treffe nicht nur für die philosophische Tradition zu, sondern auch für die moderne Wissenschaft, die durch ihre Bereitschaft, alles in Frage zu stellen, und durch ihren Durst nach Systematisierung der Erkenntnisse nie zum Stillstand kommen wird.

In der *Genealogie* neigt Nietzsche also nicht mehr dazu, den Willen zur Wahrheit als ein moralisches Phänomen zu kennzeichnen. Stattdessen schreibt er ihm eine tiefere Herkunft zu, nämlich den gemeinsamen Nenner, den der Wille zur Wahrheit mit der Moral teilt – eine asketische Einstellung zum Leben. „Der Glaube an einen *metaphysischen* Werth, einen Werth *an sich der Wahrheit* […] ist allein in jenem [asketischen] Ideal verbürgt und verbrieft" (III 24: 400).

Weit davon entfernt, im Willen zur Wahrheit ein Gegen-Ideal, ein „Gegenstück" (III 23: 396) zum asketischen Ideal und zur moralischen Weltansicht zu sehen, wie man aufgrund der Kampagne so vieler Denker der Aufklärung gegen den Aberglauben und die mönchischen Tugenden und zugunsten des Rechts auf Glück und der Unschuld der Lust hätte denken können, vertritt Nietzsche also die Ansicht, daß alle drei Gebilde aus demselben Guß sind. Wille zur Wahrheit und asketisches Ideal seien „Bundesgenossen" (III 25: 402). „Was zu ihm zwingt," schreibt er, „jener unbedingte Wille zur Wahrheit, das ist der *Glaube an das asketische Ideal selbst*" (III 24: 400). Der christliche Gott, der den Menschen zur Entsagung und zur Selbstverleugnung aufforderte, wurde durch den Entschluß dazu überwunden, die verborgenen Motive solcher Gottesvorstellungen aufzudecken.

Dieser Drang zur Selbstanalyse, der die Religionskritik der Moderne antrieb, setzte aber die Ethik der Wahrhaftigkeit, der „intellektuellen Sauberkeit um jeden Preis" fort, die zum Kern der christlichen Moralität selbst gehörte. So hat Nietzsche schon im fünften Buch der *Fröhlichen Wissenschaft* (§ 357) einleuchtend argumentiert, und jetzt wiederholt er das Argument mit einem langen Selbstzitat in III 27 der *Genealogie*. (Noch einmal wird bestätigt, wie sehr die eine Schrift den Ausgangspunkt für die andere ausmacht.)

Dem Nietzsche der *Genealogie* geht es vor allem darum, eine Alternative zum asketischen Ideal zu finden, damit man endlich, wie er sagt, dem „Widerwillen gegen das Leben" (III 28: 412) entkomme. Die Suche nach dieser Alternative, das hat sich jetzt herausgestellt, kann nur über die Kritik am Willen zur Wahrheit gehen: „Von dem Augenblick an, wo der Glaube an den Gott des asketischen Ideals verneint ist, *giebt es auch ein neues Problem*: das vom *Werthe* der Wahrheit. – Der Wille zur Wahrheit bedarf einer Kritik – bestimmen wir hiermit unsre eigene Aufgabe –, der Werth der Wahrheit ist versuchsweise einmal *in Frage zu stellen*" (III 24: 401).

Der Wille zur Wahrheit ist die letzte Zuflucht und, in Gestalt der modernen Wissenschaft, die „vornehmste Form" (III 23: 396 f.) des asketischen Ideals. Gerade weil er Wahrheit über alles andere gestellt hat, hat dieser Wille dazu beigetragen, die Mechanismen zu enthüllen, die den anderen Erscheinungsformen dieses Ideals zugrundeliegen. Jetzt kommt es aber darauf an, diesen Aufklärungstrieb zur Aufklärung über sich selber zu bringen. „Welchen Sinn hätte unser ganzes Sein," so formuliert Nietzsche seine Hauptfrage, „wenn nicht den, dass in uns jener Wille zur Wahrheit sich selbst *als Problem* zum Bewusstsein gekommen wäre?" (III 27: 410). Nur wenn der moderne Mensch dieser Frage nachgeht, wird er imstande sein, über die asketische Verneinung des Lebens hinauszukommen und „jenes grosse Schauspiel in hundert Akten, das den nächsten zwei Jahrhunderten Europa's aufgespart bleibt, das furchtbarste, fragwürdigste und vielleicht auch hoffnungsreichste aller Schauspiele" (410 f.), in Gang zu setzen.

11.3 Täuschung und Selbsttäuschung

In den zitierten Passagen hat Nietzsche eine Reihe sehr guter Fragen aufgeworfen. Warum sollte Wahrheit so wichtig, so unumgänglich erscheinen, daß wir uns kaum ein Leben vorstellen können, in dem wir uns nicht nach den Meinungen richteten, die wir für wahr hielten? Woher kommt dieser Trieb, im Lichte der Wahrheit zu wohnen, anstatt eher Unwahrheit und Selbsttäuschung zu wählen? Obwohl es ein Verdienst ist, solche tiefgreifenden und gewöhnlich eher vernachlässigten Fragen auf die Tagesordnung zu setzen, scheint mir Nietzsche leider ihrer Tiefe nicht gewachsen zu sein. Seine Behandlung dieser Fragen ist letzten Endes oberflächlich, und dieses Versagen ist außerdem kein Zufall, weil es eng mit seiner Auffassung der Natur von Werten überhaupt, d. h. mit seinem sogenannten „Perspektivismus", zusammenhängt.

Um die Art und Weise zu begreifen, auf die Nietzsche die Frage nach dem Wert der Wahrheit behandelt, kehren wir am besten zum schon erwähnten Abschnitt (§ 344) des fünften Buches der *Fröhlichen Wissenschaft* zurück, das den Gedankengang am Ende der *Genealogie* in so vielen Hinsichten vorwegnimmt. Diese Passage enthält die ausführliche Analyse des Willens zur Wahrheit, auf die sich Nietzsche selber beruft, wenn er im Abschnitt III 24 der *Genealogie*, nachdem er das Thema wieder aufgenommen hat, den Hinweis hinzufügt: „Wem dies zu kurz gesagt scheint, dem sei empfohlen, jenen Abschnitt der ‚fröhlichen Wissenschaft' nachzulesen" (401). Weil die in der *Genealogie* gewährten Ausführungen in der Tat ziemlich dürftig sind, ist es am besten, seinem Rat zu folgen.

In jener früheren Schrift eröffnet er seine Diskussion mit der Feststellung, man könne zwei verschiedene Erklärungen des unbedingten Willens zur Wahrheit vorbringen. Entweder bedeute er (1) Ich will nicht täuschen, oder (2) Ich will mich nicht täuschen lassen. „Man bemerke", warnt Nietzsche, „dass die Gründe für das Erstere auf einem ganz andern Bereiche liegen als die für das Zweite" (3, 575). Warum soll die Unterscheidung zwischen diesen beiden Vorschlägen so wichtig sein?

Versteht man die erste Möglichkeit, „Ich will nicht täuschen", als gleichbedeutend mit „Ich will im allgemeinen nicht täuschen, also auch mich selbst nicht", dann, denkt Nietzsche, handelt es sich in der Tat um den unbedingten Willen zur Wahrheit. Wenn man davon ausgeht, daß man überhaupt nicht täuschen, daß man die Leute im allgemeinen – und folglich auch sich selbst in der Eigenschaft eines Menschen unter anderen – nicht täuschen sollte, dann sieht man sich einer absoluten Verpflichtung unterworfen. Daher zieht der Nietzsche der *Fröhlichen Wissenschaft* den Schluß, „hiermit sind wir auf dem Boden der Moral". Und gerade weil das Leben „auf Anschein, ich meine auf Irrthum, Betrug, Verstellung, Blendung, Selbstverblendung angelegt" ist, teilt diese unbedingte Verpflichtung zur Wahrhaftigkeit die asketische, lebensfeindliche Einstellung, die seines Erachtens das Kennzeichen aller Moral ausmacht (3, 576).

Was aber die zweite Möglichkeit betrifft, „Ich will mich nicht täuschen lassen": Wenn es einmal gelänge, sie unabhängig vom Einfluß der ersten in Betracht zu ziehen und also die Rechtfertigung einer solchen Äußerung als ein eigenständiges Problem zu behandeln, dann ist Nietzsche überzeugt, daß keine Vorstellung einer Pflicht ins Spiel kommen würde. „Man will sich nicht täuschen lassen," versichert er, „unter der Annahme, dass es schädlich, gefährlich, verhängnissvoll ist, getäuscht zu werden" (3, 575). Ein solches Urteil rührt von der Klugheit her, und weil es also auf einem Nützlichkeitskalkül basiert, bringt es keine unbedingte Verpflichtung zum Ausdruck. In der Tat ist die Berechnung nicht so eindeutig, daß man die Möglichkeit ausschließen kann, das Leben ginge oft mit einer gewissen Dosis Selbsttäuschung besser, und wie ich schon gesagt habe, ist genau das Nietzsches Meinung. Anschein und Betrug gehören zum Wesen des Lebens, so daß „Wahrheit *und* Unwahrheit sich beide fortwährend als nützlich bezeigen" (3, 576). Wenn man also die Möglichkeit des Sich-Täuschen-Lassens als eine Sache für sich betrachtet, kann es nie in den Sinn kommen zu denken, daß Wahrheit eine unbedingte Pflicht sei, daß „Wahrheit wichtiger sei als irgend ein Ding" (ebd.). Wo es um Klugheit anstatt um Moral geht, gibt es keinen unbedingten Willen zur Wahrheit.

Gerade in Nietzsches Behandlung dieser letzten Frage steckt aber meines Erachtens sein großer Irrtum. Nietzsche geht davon aus, daß, wenn wir uns nicht täuschen lassen wollen, unsere Entscheidung sich auf die vorhersehbaren Nachteile einer Selbsttäuschung stützt. Unsere Überlegungen gehen angeblich in die folgende Richtung: „Es könnte sich als schädlich erweisen, wenn ich mich täusche oder mich täuschen lasse; deswegen ist es am besten, wenn ich mich der Wahrheit anschließe". Nach dieser Betrachtungsweise wäre die Wahrheit einfach ein mögliches Ziel unter anderen, das wir annehmen oder ablehnen können, je nach unseren gegebenen Interessen.

Die Bindung an Wahrheit ist aber dem Denken nicht so äußerlich, wie Nietzsche es hier unterstellt. Im Gegenteil, das Denken ist letzten Endes ohne ein Gerichtetsein auf Wahrheit unverständlich. Es läßt sich sogar sagen, daß diese notwendige Beziehung zwischen Denken und Wahrheit den Charakter einer *Verpflichtung* hat. Denn wie kann man überhaupt denken, ohne sich verpflichtet zu fühlen, mindestens in gewissem Maße das zu beachten, was man schon für wahr hält? Auch wenn man kontrafaktisch in Betracht zieht, wie die Dinge ausgesehen hätten, wären sie nicht so verlaufen, wie sie es sind, oder auch wenn man etwas rein erdichtet, kann man nicht umhin, sich immer noch an seinen Erkenntnissen zu orientieren. Sonst wäre nicht nur unklar, was für Dinge es sind, die man der Einbildungskraft übergibt, sondern auch, wie man sich ihr Verhalten vorzustellen hätte, wenn ihre Eigenschaften und Zustände einmal nach Belieben bestimmt worden sind.

11.4 Wahrheit und Denken

Ich werde aber meinen Einwand enger formulieren, damit er sich direkt auf den Fall der Selbsttäuschung bezieht, der Nietzsche besonders lieb ist. Ohne Zweifel kommt es manchmal vor, daß man sich willentlich täuscht, d. h. daß man sich überredet, das zu glauben, was im eigenen Interesse liegt, ungeachtet dessen, daß die Wahrheit offenkundig auf der anderen Seite liegt. Es ist aber zu bemerken, daß sich die Selbsttäuschung nie im eigenen Namen verwirklicht. Man kann sich nicht täuschen bei vollem Bewußtsein, daß es ein Akt der Selbsttäuschung ist, den man durchführt. Man muß sich vormachen (gleichsam wie ein begabter Erzähler), daß die gewählte Phantasie doch wahr ist. Und was bedeutet das anderes als die Tatsache, daß es unmöglich ist, etwas zu glauben, ohne zu glauben, daß es wahr sei? Natürlich kann man vorgeben, das zu glauben, was man weiterhin als falsch betrachtet. Aber das ist Zynismus, und Zyniker sind derart, daß sie nicht eigentlich glauben, was sie sagen.

Um diesen Schluß besser zu verstehen, machen wir uns klar, was es im allgemeinen heißt, etwas zu glauben. Die Überzeugung, daß p der Fall ist, besteht nicht darin, daß der Inhalt der Überzeugung – der Gedanke, daß p – besonders lebhaft vor dem Geist schwebt. Man glaubt, daß p, indem man entschlossen ist, so zu denken, wie die angenommene Wahrheit von p es erfordert. Damit erklärt sich ein interessantes Phänomen, auf das der Philosoph G. E. Moore als erster aufmerksam gemacht haben soll (vgl. Moore 1942, 541). Die zwei Sätze „Ich glaube, daß es regnet" und „Es regnet nicht" können natürlich beide zugleich wahr sein. Aber ich kann nicht ohne Selbstwiderspruch beide zugleich behaupten, wie ich z. B. ohne Schwierigkeit die folgende Satzreihe behaupten kann: „Hans glaubt, daß es regnet, aber es regnet nicht". Moore selber erklärte das Phänomen folgendermaßen: Wenn ich behaupte, daß etwas der Fall ist, gebe ich damit zu erkennen, daß ich glaube, daß es der Fall ist. Aber man kann auch umgekehrt sagen, und das ist für unsere gegenwärtigen Zwecke relevant, daß ich das, was ich glaube, implizit für wahr halten muß, so daß ich dieser Implikation widersprechen muß, wenn ich zugleich dasselbe für falsch erkläre.

Wahrheit ist ein Wert, das ist sicher, aber sie ist kein fakultativer Wert. Es hat keinen Sinn zu fragen: „Warum nicht lieber Unwahrheit?" – als ob

es um zwei Optionen ginge, zwischen denen es uns erlaubt wäre zu wählen, wie es uns gefällt. Wie der englische Dichter John Donne einmal schrieb (in *Satire* III, „Kind pity chokes my spleen", 72–73):
„Though truth and falsehood be
Near twins, yet truth a little elder is."
(Obwohl Wahrheit und Falschheit fast Zwillinge sind,
ist doch die Wahrheit ein bißchen älter.)

Ohne eine Grundorientierung an Wahrheit ist das Denken einfach unmöglich. In *Jenseits von Gut und Böse* findet sich eine Feststellung, die auch der Kritik am Willen zur Wahrheit in der *Genealogie* zugrundeliegt: „Die Falschheit eines Urtheils ist uns noch kein Einwand gegen ein Urtheil; darin klingt unsre neue Sprache vielleicht am fremdesten. Die Frage ist, wie weit es lebenfördernd, lebenerhaltend ... ist" (JGB 4: 5, 18). Diese Redeweise ist aber nicht bloß befremdend. Letzten Endes ist sie inkohärent. So sehr ist die Falschheit eines Urteils ein Einwand gegen die Zustimmung zu ihm, daß man sich ein für falsch anerkanntes Urteil trotzdem nur zu eigen machen kann, wenn man sich einredet, daß es doch wahr sei.

Um zum Kern meines Vorwurfs zu kommen: Nietzsche sieht nicht ein, daß der Begriff der Verpflichtung schon in der Antwort zur Frage „Warum nicht sich täuschen lassen?" vorkommen muß. Entgegen Nietzsches Behauptung ist es nicht wahr, daß erst bei der allgemeinen Stellungnahme „Man sollte niemanden täuschen, auch sich selbst nicht" ein unbedingtes Sollen auf die Bühne tritt. Zwar gehört eine solche Stellungnahme zur Moral, und im vorhergehenden Argument habe ich nichts zu deren Verteidigung gesagt. In der Tat bin ich der Meinung, daß sie irrig ist und daß sie keine unbedingte Verpflichtung darstellt. Mit anderen Worten, ich stelle mich auf die Seite Benjamin Constants, der in seiner berühmten Kontroverse mit Kant ein „Recht, aus Menschenliebe zu lügen" aufrechterhalten hat.

Aber das moralische Sollen ist nicht die einzige Art von Sollen, die es gibt – das ist das Entscheidende. Es bestehen auch Verpflichtungen des Denkens, denen wir uns als unterworfen betrachten müssen, um überhaupt kohärent denken zu können. Wenn der Wille zur Wahrheit die Anerkennung einer unbedingten Verpflichtung bedeutet, nach Wahrheit zu trachten, dann ist dieser Wille schon in unserem Verhältnis zum eigenen Denken am Werk, welche Wendung unsere Beziehungen zu anderen dann auch nehmen mögen.

Warum hat Nietzsche den Willen zur Wahrheit so schlecht verstanden? Die Antwort läßt sich erkennen, wenn wir bedenken, wie sehr er anscheinend von einem bestimmten Bild gefangen ist: Auf der einen Seite soll das Denken, auf der anderen Seite sollen Werte stehen. Zwar betont Nietzsche in allen seinen Schriften unablässig, daß das Denken immer wertend ist, daß es immer dabei ist, Rangordnungen von „besser" und „schlechter", „vornehm" und „niedrig", „gut" und „böse" aufzustellen. Aber das sind seines Erachtens alles Werte, die das Denken für sich schafft, deren Gültigkeit der Mensch selber festsetzt. Das, was Nietzsche nicht einsieht, ist, daß gewisse Verpflichtungen, die Anerkennung gewisser Werte wie eben der Wahrheit, so tief im Denken verankert sind, daß sie die Bedingungen seiner Möglichkeit ausmachen. Solche Werte sind nicht vom Denken geschaffen. Im Gegenteil, nur unter ihrer Anleitung kann sich das Denken überhaupt zurechtfinden.

Das, was Nietzsche jenes falsche Bild des Denkens aufzwingt, ist sein Begriff des Lebens und die damit verknüpfte Lehre des Perspektivismus. In den oben zitierten Sätzen aus *Jenseits von Gut und Böse* hieß es, daß das Wichtige an einem Urteil nicht seine Wahrheit sei, sondern seine Fähigkeit, „lebenfördernd, lebenerhaltend" zu sein. Und im vorletzten Satz der *Genealogie* selber sagt Nietzsche vom asketischen Ideal, und darunter soll auch der Wille zur Wahrheit begriffen werden, dieses Ideal bedeute „eine Auflehnung gegen die grundsätzlichen Voraussetzungen des Lebens" (III 28: 412). Was sind diese Grundvoraussetzungen? Die Vorrede zu *Jenseits von Gut und Böse* gibt die Erklärung: „Das Perspektivische [ist] die Grundbedingung alles Lebens" (5, 12). Es ist Nietzsches Perspektivismus, der ihn blind gegenüber der normativen Konstitution des Denkens macht (Larmore 1996).

Die Leitidee von Nietzsches Perspektivismus lautet nicht bloß, daß unser Denken und Handeln immer einer bestimmten Perspektive entspringt, die durch biologische Gegebenheiten, Geschichte, gesellschaftliche Erwartungen und kontingente Interessen gebildet ist. Eine solche These mag zutreffen, aber sie ist relativ banal, und mit ihr läßt sich nicht viel leisten. Wichtig für Nietzsche war in der Tat etwas mehr, denn er verneint, daß es eine „wahre Welt" gibt, die über die Gültigkeit dieser Perspektiven entscheidet. „Als ob eine Welt übrig bliebe, wenn man das Perspektivische abrechnet!" (N 13, 14[184]). Zu diesem radikalen Schritt ist er wegen seiner Auffassung des Wesens jeder Perspektive gekommen. Perspektiven lassen sich durch die Maßstäbe kennzeichnen, mit denen sie bestimmen, was als richtig und gut gelten soll und was nicht. Diese Kriterien sind geschaffen, nicht entdeckt, darauf beharrt er ohne Unterlaß. Es gebe keine objektiven Maßstäbe, die uns dazu verpflichten, unser Denken und Handeln nach ihnen zu richten, und deren Bewußtsein eine Perspektive verkörpern könnte. Perspektiven haben diese kreative Funktion, weil sie in Nietzsches Augen Ausdruck des Lebens sind, dessen Natur darin besteht, wertschaffend zu sein. Letzten Endes bedeute dieser schöpferische Trieb des Lebens, wie bekannt, ein Streben nach Macht. „Jedes Thier", so formuliert Nietzsche sein Hauptprinzip in der *Genealogie*, „somit auch la bête philosophe, strebt instinktiv nach einem Optimum von günstigen Bedingungen, unter denen es seine Kraft ganz herauslassen kann und sein Maximum im Machtgefühl erreicht" (III 7: 350). Perspektiven sind nichts anderes als Instrumente, die im Dienst der Selbstbehauptung des Lebens stehen.

In der Vorrede zur Neuausgabe der *Geburt der Tragödie*, dem „Versuch einer Selbstkritik", den Nietzsche 1886, also kurz vor der Entstehung der *Genealogie*, geschrieben hat, faßt er seine intellektuelle Mission in diesen Worten zusammen: „Die Wissenschaft unter der Optik des Künstlers zu sehen, die Kunst aber unter der des Lebens" (GT Vorrede 2: 1, 14). Alle Werte, nicht nur die Werte der Wissenschaft, sondern auch die Ansprüche der Wahrheit selber, seien Werte, die der Mensch sich schafft, gerade wie er den schönen Schein seiner Kunstwerke gestaltet, ohne objektiv gültigen Anweisungen entsprechen zu müssen. Es handelt sich nur um das Hervorquellen des Lebens, das immer bewertet, aber immer auch anders bewerten könnte, um seine Kräfte auszuüben. Auf diese kurz vorher erschienene Erklärung seines Standpunktes bezieht sich dann Nietzsche explizit in der *Genealogie* selber (III 25). Jetzt werde klar, warum es nötig ist, „Wissenschaft als Problem" zu fassen. Die Wissenschaft, wenigstens in ihren unverdorbenen Formen, sieht in der Suche nach Wahrheit eine objektive Verpflichtung, und darum verbietet sie sich die Einsicht in die Konstruiertheit aller, auch der höchsten, Werte. Nur die Kunst, nicht die Wissenschaft, ist imstande, uns in eine positivere Einstellung zur Dynamik des Lebens zu bringen. „Die Kunst", versichert er, „in der gerade die *Lüge* sich heiligt, der *Wille zur Täuschung* das gute Gewissen zur Seite hat, ist dem asketischen Ideal viel grundsätzlicher entgegengestellt als die Wissenschaft" (III 25: 402).

11.5 Verpaßte Chancen

Dieser uneingeschränkte Perspektivismus, nach dem alle Werte unsere eigene Schöpfung sind, erklärt, warum Nietzsche den Willen zur Wahrheit so schlecht verstanden hat. Damit ist er auf einen Irrweg geraten, und zwar auf einen, der ihm die Chance gekostet hat, anderen aussichtsreicheren Gedanken nachzugehen, die er in seiner Diskussion des asketischen Ideals nur beiläufig erwähnt.

Da seine Aufmerksamkeit auf den Willen zur Wahrheit abgelenkt ist, kommt er zum Beispiel selten dazu, die besonderen Merkmale der Wissenschaft herauszuarbeiten, obgleich Wissenschaft als das Thema dieser letzten Abschnitte der *Genealogie* angekündigt wird. Die Wissenschaft selber strebt nach mehr als der Wahrheit allein. Wäre ihr nur die Wahrheit wichtig, dann bestünde der wissenschaftliche Fortschritt einfach darin, eine immer größere Liste aller Arten von Tatsachen zu sammeln, mögen sie auch noch trivial sein. Wissenschaft aber ist die systematische Suche nach Wahrheit, und das bedeutet, daß sie auch weitere Ziele als nur Wahrheit verfolgt, wie z. B. die Erklärung von Phänomenen, die Vereinheitlichung verschiedener Gebiete und die Entdeckung technisch verwertbaren Wissens. Wenn man einmal diese Zielsetzungen zum Gegenstand der Reflexion gemacht hat, ist es möglich, nach den bestimmten Interessen zu fragen, die die Wissenschaft dabei zu erfüllen versucht. Denn offensichtlich sind solche Forderungen nicht unumgänglich, nicht konstitutiv für das Denken, wie die Orientierung an Wahrheit selber es ist. Es ist schade, daß Nietzsche dieselben nicht näher untersucht.

Die Eigentümlichkeiten der Wissenschaft muß er ja ungefähr im Sinne haben, wenn er den französischen Positivisten implizit vorwirft, daß sie sich dem Tatsächlichen im Gegensatz zu aller Interpretation hingeben wollen. „Es giebt, streng geurtheilt, gar keine ‚voraussetzungslose' Wissenschaft", protestiert er (III 24: 400). Und in der Tat hat er recht: Das allein gilt als eine wissenschaftliche Tatsache, was derart gedeutet und interpretiert ist, daß es sich in ein System anderer Erkenntnisse einfügt. Aber Nietzsches Mißverständnis der Beziehung des Denkens zur Wahrheit rächt sich an der Art und Weise, auf die er dann die Rolle der „Interpretation" begreift. Das Wesen alles Interpretierens erläutert er so: „Vergewaltigen, Zurechtschieben, Abkürzen, Weglassen, Ausstopfen, Ausdichten, Umfälschen" (ebd.). Diese merkwürdige Äußerung kommt vor, weil Nietzsche davon ausgeht, daß die eigentümlichen Ziele der Wissenschaft Werte repräsentieren, die der Wissenschaftler für sich setzt, die aber keine Achtung vor dem verkörpern, was wirklich der Fall ist, d. h. kein notwendiges Gerichtetsein auf Wahrheit. Noch einmal ist also sein Perspektivismus im Spiel, wie wir sehen, wenn wir uns an die berühmte Definition dieser Doktrin aus dem Nachlaß erinnern, die (ebenfalls anläßlich seiner Kritik am Positivismus) eine zugespitzte Formulierung des gegenwärtigen Gedankens vorlegt – „Tatsachen gibt es nicht, nur Interpretationen" (N 12, 7[60]).

In Wirklichkeit treten die Ziele der Wissenschaft als Ziele auf, die man nur unter der Bedingung anstreben soll, daß die Norm der Wahrheit beachtet wird. Tiefe Erklärungen eines Phänomenbereichs zum Beispiel sind nur dann akzeptabel, wenn sie auch als wahr betrachtet werden können. Gerade wie man sich nicht täuschen kann, ohne zu glauben, daß die Illusion doch wahr ist, kann sich der Wissenschaftler keine Hypothese zu eigen machen, ohne den Anspruch dabei zu erheben, daß diese „Interpretation" richtig ist. Die Verpflichtung des Denkens der Wahrheit gegenüber hat also die Gestalt einer Randbedingung. Sie verlangt nicht von selbst die Übernahme der charakteristischen Ziele der Wissenschaft (sonst wäre jeder verpflichtet, Wissenschaftler zu werden). Aber sie stellt ein Erfordernis dar, dem das Verfolgen dieser Ziele genügen muß.

Daraus können wir eine wichtige Konsequenz ziehen: Wahrheit mag ein *unbedingtes* Gut sein, sie hat aber nicht den Rang eines *höchsten* Gutes, das den Wert alles anderen erklären und begründen kann. Damit finden wir uns in der Lage, den Scharfsinn einer weiteren Bemerkung zu verstehen, die Nietzsche am Ende des Buches macht, ohne sie leider weiter zu entwickeln.

Im letzten Abschnitt beklagt er sich über den scheinbaren Zwang, das Dasein als Ganzes unter die Autorität eines asketischen Ideals zu stellen, so daß das Leben in seiner Gesamtheit zu einer Sache des Ernstes wird. Worauf beruht diese Art von „*faute de mieux*", fragt er, wenn nicht auf dem scheinbaren Bedürfnis, eine Rechtfertigung für das unvermeidliche Leiden im Leben zu finden, damit man weiß, „wozu leiden", und darum weitermachen kann? Obwohl sich das Leiden dadurch verinnerlicht und vertieft, habe man trotzdem, und darauf kommt es an, einen Sinn des Lebens gefunden. Der Mensch sei „fürderhin nicht mehr wie ein Blatt im Winde, ein Spielball des Unsinns" (III 28: 411 f.). Ist aber diese Strategie die einzige Weise, Sinn zu erreichen? Gibt es, fragt Nietzsche, wirklich keine Alternative zum asketischen Ideal?

Diese Fragestellung ist vielversprechender als das, was Nietzsche über die Wahrheit zu sagen hat. Der Wille zur Wahrheit gibt als solcher keine Antwort auf den Sinn des Lebens, denn er bringt, wie gesagt, kein höchstes Gut zum Ausdruck. Nietzsche ist aber auf der richtigen Spur, wenn er sich gegen die Annahme wendet, unsere Existenz bekomme nur dann einen Sinn, wenn sie zum Gegenstand eines allumfassenden Ziels oder Lebensplans gemacht wird. Wenn das „asketische Ideal" wirklich etwas Zweifelhaftes ist, dann gerade in der Form dieser weit verbreiteten Annahme.

Denn in Wirklichkeit umfaßt das glückliche Leben nicht nur das Gute, das wir imstande sind, vernünftig zu planen, sondern auch das unerwartete Gute, das wir nicht vorhersehen können und das uns einfach widerfährt (Larmore 2002). Unser Leben wäre ärmer, wenn zu ihm nicht jene Augenblicke des Erstaunens und Umdenkens gehörten, in denen wir begreifen, daß frühere Entscheidungen uns zu einem nie vorgestellten Glück geführt haben, oder in denen wir erleben, daß unsere vorliegenden Zwecke durch die Einsicht, daß unsere Erfüllung anderswo liegt, in Frage gestellt werden. Wenn wir einmal solche Erfahrungen beherzigt haben, sind wir in der Lage, uns den Sinn des Lebens nicht mehr „asketisch" vorzustellen. Wir werden verstanden haben, daß für Geschöpfe wie uns das Gute erst im Laufe der Zeit und unter dem Einfluß des Zufalls Gestalt annimmt.

Nietzsche selber hat aber die Alternative zum asketischen Ideal nicht in dieser Richtung gesucht. Es ist zu vermuten, wie andere seiner Schriften es nahelegen (denn die *Genealogie* selber schweigt seltsamerweise darüber), daß er die Lösung eher im Begriff der „ewigen Wiederkehr" finden wollte (Leiter 2002, 287–288). Dieser Vorstellung nach sollte das individuelle Gute nicht das Bewußtsein seiner Kontingenz, seines Immer-auch-anders-sein-könnens, bewahren. Im Gegenteil sollte es in der rückhaltlosen Identifizierung mit dem Ganzen des eigenen Lebens bestehen, damit man willens wäre, alles wieder zu durchleben. Man würde nicht mehr asketisch einige Elemente desselben im Namen anderer verneinen oder bereuen. Nach Nietzsche läßt sich daher der Sinn des Lebens am besten durch die Devise zusammenfassen: „Werde, was du bist!" (FW 270, 335).

Daß sich aber diese Devise selbst unterminiert, daß die Forderung, sich mit dem Verlauf seines Lebens zu identifizieren, nicht umhin kann, doch eine Unterscheidung zwischen dem Subjekt der geforderten Einstellung und deren Gegenstand vorauszusetzen, ist meines Erachtens ein Zeichen dafür, wie tief und unausweichlich sich die Kontingenz durch unser Dasein zieht.

Literatur

Larmore, C. 1996: „The Nietzsche Legacy", in: Ders., The Morals of Modernity, Cambridge, Kapitel IV.
Larmore, C. 2002: „Der Begriff des Lebensplans", in: Neue Rundschau 1/2002, 41–61 (dt. Übers. des amerikanischen Originals von 1999).
Leiter, B. 2002: Nietzsche on Morality, London.
Moore, G. E. 1942: „A Reply to My Critics", in: P.A. Schilpp (Hrsg.), The Philosophy of G. E. Moore, Evanston.

Auswahlbibliographie

1. Ausgaben

Zur Genealogie der Moral. Eine Streitschrift, Leipzig 1887.
Zur Genealogie der Moral. Eine Streitschrift, in: Werke in drei Bänden, hrsg. v. K. Schlechta, München 1955, Bd. 2, 761–900.
Zur Genealogie der Moral. Eine Streitschrift, in: Nietzsche. Werke. Kritische Gesamtausgabe, hrsg. v. G. Colli/M. Montinari, Sechste Abteilung, Zweiter Band, Berlin 1968, 259–430; sowie in: Sämtliche Werke. Kritische Studienausgabe, München ³1993, Bd. 5, 245–412.

2. Gesamtdarstellungen und Hilfsmittel

Andreas-Salomé, L. 1894: Friedrich Nietzsche in seinen Werken, Wien.
Danto, A. 1998: Nietzsche als Philosoph, München 1998 (darin vor allem 161–197 und 315–336).
Deleuze, G. 1991: Nietzsche und die Philosophie, Hamburg, darin vor allem 122–160 (urspr. Paris 1962).
Gerhardt, V. 1992: Friedrich Nietzsche, München.
Heidegger, M. 1996f.: Nietzsche, in: Gesamtausgabe, Bd. 6.1/6.2, Frankfurt/M.
Higgins, K. M./Magnus, B. 1996: The Cambridge Companion to Nietzsche, Cambridge/New York.
Higgins, K. M./Solomon, R. C. (Hrsg.) 1988: Reading Nietzsche, New York.
Jaspers, K. 1936: Nietzsche, Leipzig.
Kaufmann, W. 1974: Nietzsche: Philosopher, Psychologist, Anti-Christ, Princeton.
Montinari, M. 1982: Nietzsche lesen, Berlin/New York.
Nehamas, A. 1985: Life as Literature, Cambridge/Mass.
Ottmann, H. (Hrsg.) 2000: Nietzsche Handbuch. Leben-Werk-Wirkung, Stuttgart/Weimar.
Schacht, R. 1993: Nietzsche, London/New York.
Schacht, R. 1995: Making Sense of Nietzsche, Urbana/Chicago.

3. Zur *Genealogie der Moral*, zur Ethik und Moralkritik Nietzsches

Bergmann, F. 1988: Nietzsche's Critique of Morality, in: R. C. Solomon/K. M. Higgins (Hrsg.): Reading Nietzsche, Oxford 1988, 29–45.
Berkowitz, P. 1995: Nietzsche: The Ethics of an Immoralist, Cambridge/London.
Brose, K. 1990: Sklavenmoral. Nietzsches Sozialphilosophie, Bonn.
Brusotti, M. 1992: Die „Selbstverkleinerung des Menschen" in der Moderne. Studie zu Nietzsches „Zur Genealogie der Moral", in: Nietzsche Studien 21, 81–136.
Danto, A. 1988: Some Remarks on the Genealogy of Morals, in: R. C. Solomon/K. M. Higgins (Hrsg.): Reading Nietzsche, Oxford 1988, 13–28.
Fink-Eitel, H. 1993: Nietzsches Moralistik, in: Deutsche Zeitschrift für Philosophie 41, 865–879.

Foucault, M. 1991: Nietzsche, Die Genealogie, die Historie, in: A. Guzzoni (Hrsg.): 100 Jahre philosophische Nietzsche-Rezeption, Frankfurt/M. 1991, 108–125.
Gerhardt, V. 1983: Das „Princip des Gleichgewichts". Zum Verhältnis von Recht und Macht bei Nietzsche, in: Nietzsche Studien 12, 111–131.
Gerhardt, V. 1989: Die Moral des Immoralismus, in: G. Abel/J. Salaquarda (Hrsg.): Krisis der Metaphysik. Festschrift für Wolfgang Müller-Lauter, Berlin/New York 1989, 417–437.
Gerhardt, V. 1991: Selbstbegründung. Nietzsches Moral der Individualität, in: Nietzsche Studien 21, 28–49.
Geuss, R. 1994: Nietzsche and Genealogy, in: European Journal of Philosophy 2, 274–292.
Geuss, R. 1997: Nietzsche and Morality, in: European Journal of Philosophy 5, 1–20.
Grau, G.G. 1996: Nietzsche: „Was ist vornehm?", in: Allgemeine Zeitschrift für Philosophie 21, 129–146.
Heidemann, I. 1972: Nietzsches Kritik der Moral, in: Nietzsche Studien 1, 95–137.
Heimsoeth, H. 1955: Metaphysische Voraussetzungen und Antriebe in Nietzsches „Immoralismus", Abh. der Akademie der Wissenschaften und der Literatur, Geistes- und Sozialwiss. Klasse, Wiesbaden.
Heller, E. 1991: Diesseits und jenseits von Gut und Böse. Zu Nietzsches Moralkritik, in: Nietzsche Studien 21, 10–27.
Hesse, H. 1993: Von Lämmern und Raubvögeln. Randbemerkungen zu Nietzsches „Genealogie der Moral", in: Deutsche Zeitschrift für Philosophie 41, 895–904.
Himmelmann, B. 1996: Freiheit und Selbstbestimmung. Zu Nietzsches Theorie der Subjektivität, Freiburg/München.
Höffe, O. 1994: „Ein Thier heranzüchten, das versprechen darf". Nietzsche und die aktuelle Ethik, in: Neue Zürcher Zeitung 16./16.Oktober.
Hunt, L. H. 1991: Nietzsche and the Origin of Virtue, London.
Kemal, S. 1990: Some Problems of Genealogy, in: Nietzsche Studien 19, 30–42.
Leiter, B. 2002: Nietzsche on Morality, London.
May, S. 1999: Nietzsche's Ethics and his War on 'Morality', Oxford.
Menke, Chr. 2000: Genealogie und Kritik. Zwei Formen ethischer Moralbefragung, in: Nietzscheforschung. Jahrbuch der Nietzsche-Gesellschaft, Bd. 5, hrsg. von V. Gerhardt und R. Reschke, Berlin 2000, 209–225.
Orsucci, A. 2001: La Genealogia della morale di Nietzsche. Introduzione alle lettura, Rom.
Ottmann, H. 1987: Philosophie und Politik bei Nietzsche, Berlin/New York.
Planckh, M. 1998: Scham als Thema im Denken Friedrich Nietzsches, in: Nietzsche Studien 27, 199–219.
Reginster, B. 2000: Nietzsche's „Revaluation" of Altruism, in: Nietzsche Studien 29, 199–219.
Risse, M. 2003: Origins of *Ressentiment* and Sources of Normativity, in Nietzsche Studien 32, 142–170.
Rohrmoser, G. 1981/82: Nietzsches Kritik der Moral, in: Nietzsche Studien 10/11, 328–351.
Schacht, R. 1994 (Hrsg.): Nietzsche, Genealogy, Morality. Essays on Nietzsche's „Genealogy of Morals", Berkeley.
Schacht, R. (Hrsg.) 2001: Nietzsche's Postmoralism. Essays on Nietzsche's Prelude to Philosophy's Future, Cambridge/New York.
Schank, G. 2000: „Rasse" und „Züchtung" bei Nietzsche, Berlin/New York.
Scheler, M. 1978: Das Ressentiment im Aufbau der Moralen, Frankfurt/M.
Schmid, W. 1991: Uns selbst gestalten. Zur Philosophie der Lebenskunst bei Nietzsche, in: Nietzsche Studien 21, 50–62.
Schweppenhäuser, H. 1988: Nietzsches Überwindung der Moral. Zur Dialektik der Moralkritik in Jenseits von Gut und Böse und in der Genealogie der Moral, Würzburg.

Seelmann, K. 2001: Nietzsche und das Recht, Archiv für Rechts- und Sozialphilosophie, Beiheft 77, Stuttgart.
Stegmaier, W. 1994: Nietzsches ‚Genealogie der Moral', Darmstadt.
Steinmann, M. 2000: Die Ethik Friedrich Nietzsches, Berlin/New York.
Tongeren, P. van 1989: Die Moral von Nietzsches Moralkritik, Bonn.
Waldenfels, B. 1993: Der blinde Fleck der Moral. Überlegungen im Anschluß an Nietzsches Genealogie der Moral, in: Zeitschrift für philosophische Forschung 47, 507–520.
Williams, B. 1993: Nietzsche's Minimalist Moral Psychology, in: European Journal of Philosophy 1, 4–14.
Zittel, K. 2003: Ästhetisch fundierte Ethiken und Nietzsches Philosophie, in: Nietzsche Studien 32, 103–123.

4. Zur Ersten Abhandlung

Brenneke, D. 1976: Die blonde Bestie. Vom Mißverständnis eines Schlagworts, in: Nietzsche Studien 5, 113–145.
Koecke, C. 1994: Zeit des Ressentiments, Zeit der Erlösung. Nietzsches Typologie temporaler Interpretation und ihre Aufhebung in der Zeit, Berlin/New York.
Porter, J. I. 1998: Unconscious Agency in Nietzsche, Nietzsche Studien 27, 214–237.
Scheler, M. 1978: Das Ressentiment im Aufbau der Moralen, Frankfurt/M.
Wiehl, R. 1973: Ressentiment und Reflexion. Versuchung oder Wahrheit eines Theorems von Nietzsche, in: Nietzsche Studien 2, 61–90.

5. Zur Zweiten Abhandlung

Kerger, H. 1988: Autorität und Recht im Denken Nietzsches, Berlin.
Mohr, J. 1977: Nietzsches Deutung des schlechten Gewissens, in: Nietzsche Studien 6, 1–15.
Risse, M. 2001: The Second Treatise in On the Genealogy of Morals: Nietzsche on the Origin of Bad Conscience, in: European Journal of Philosophy 55–81.

6. Zur Dritten Abhandlung

Babich, B. E. 1994: Nietzsche's Philosophy of Science. Reflecting Science on the Ground of Art and Life, Albany, darin vor allem 175–227.
Janaway, C. 1997: Nietzsche's Illustration of the Art of Exegesis, in: European Journal of Philosophy 5, 251–268.
Wilcox, J. T. 1998: That Exegesis of an Aphorism in Genealogy III: Reflections on the Scholarship, in: Nietzsche Studien 27, 448–462.

7. Einflüsse und Wirkungen

Ansell-Pearson, K. 1991: Nietzsche contra Rousseau. A Study of Nietzsche's Moral and Political Thought, darin v. a. 102–151.

Crawford, C. 1984: Nietzsche's Mnemotechnics, the Theory of Resentment, and Freud's Topographies of the Psychical Apparatus, in: Nietzsche Studien 14, 281–297.

Golomb, J./Wistrich, R. S. (Hrsg.) 2002: „Nietzsche, Godfather of Fascism?". On the Uses and Abuses of a Philosophy, Princeton/Oxford.

Kloch-Kornitz, P. von 1963: Der Gorgias Platons und die Philosophie Friedrich Nietzsches, in: Zeitschrift für philosophische Forschung 17, 586–603.

Nussbaum, M. C. 1993: Mitleid und Gnade. Nietzsches Stoizismus, in: Deutsche Zeitschrift für Philosophie 41, 831–858.

Redding, P. 1993: Child of the English Genealogists. Nietzsche's Affiliation with the Critical Historical Mode of the Enlightenment, in: P. Patton (Hrsg.): Nietzsche, Feminism & Political Theory, London 1993, 204–224.

Schatzki, T.R. 1993: Ancient and Naturalistic Themes in Nietzsche's Ethics, in: Nietzsche Studien 23, 50–62.

Shapiro, G. 1990: Translating, Repeating, Naming. Foucault, Derrida, and the Genealogy of Morals, in: C. Koelb (Hrsg.): Nietzsche as Postmodernist. Essays Pro and Contra, Albany 1990, 39–55.

Simon, J. 2000: Moral bei Kant und Nietzsche, in: Nietzsche Studien 29, 199–219.

Personenregister

Alkibiades 9
Andreas-Salomé, L. 94
Apel, K.-O. 66
Aristoteles 1, 2, 15 f., 69, 73 f., 78
Assoun, P.-L. 36

Baier, H. 82
Bataille, G. 25
Beam, C. 34
Beccaria, C. 109
Benn, G. 10
Bentham, J. 34, 109, 112
Bismarck, O. v. 157
Bittner, R. 52, 53, 55
Braatz, K. 158
Buddha 141

Camus, A. 1
Chamfort, S. R. N. 37 f.
Clark, M. 34
Conant, J. 44
Constant, B. 171

Danto, A. C. 1
Darwin, C. 6, 26, 74, 151
Deleuze, G. 1, 17 f., 24, 28, 112, 134, 161
Derrida, J. 1, 161
Donne, J. 171
Dostojewsky, F. M. 9
Dühring, E. 97, 106 ff., 147, 157

Epikur 142

Féré, C. 156
Feuerbach, L. 136
Fichte, J.G. 99
Foucault, M. 1, 17 f., 22, 52, 102, 112 f., 161
Freud, S. 1, 39, 77, 82, 126, 161

Gerhardt, V. 82 f. 86, 89
Geuss, R. 47, 61
Giesen, B. 161
Glatzeder, B. 34
Gracián, B. 7
Haar, M. 34

Habermas, J. 1, 82
Hales, S. D. 34
Hampton, J. 112
Hartmann, E. v. 147
Hegel, G. W. F. 2, 12, 43, 56-59, 61, 86, 102, 109, 140
Heidegger, M. 1 f., 56, 136, 138
Heraklit 19
Hesiod 17
Hobbes, T. 2 f., 69 f., 98
Höffe, O. 66, 83
Homer 3
Honneth, A. 52
Hume, D. 34

Irigaray, L. 1

Jaspers, K. 1, 94
Jhering, R. 90, 109
Joyce, R. 44

Kaerger, H. 90
Kain, P. J. 43
Kant, I. 1 ff., 8, 11, 15 f., 23, 65 f., 68, 76 ff., 81, 83, 86, 103, 109, 138, 150 f., 171
Kipling, R. 127
Klass, T. N. 90
Kofman, S. 34
Kohlberg, L. 66
Koselleck, R. 157

Lamarck, J.-B. P. A. de M. de 116, 122, 129, 131
Lange, F. A. 38, 82
Larmore, C. 172, 175
La Bruyère, J. De 7
La Rochefoucauld, J.-D. de 3, 7 f., 23, 36 f.
Lecky, W. E. H. 32
Leiter, B. 32, 176
Lévinas, E. 162
Lichtenberg, G. C. 7
Liszt, F. v. 109
Löwith, K. 1
Luhmann, N. 161 f.

Mablys, G. de 102
MacIntyre, A. 2
Merle, J.-C. 99
Mill, J. S. 35, 37 f.
Montaigne, M. E. de 7
Moore, G. 151
Moore, G. E. 170
Murphy, J. G. 112

Napoleon B. 9
Niemeyer, C. 44

Ottmann, H. 98
Orsucci, A. 101, 161

Parsons, T. 161
Pascal, B. 7
Paulus 157
Pestalozzi, K. 84
Pfeiffer, E. 40
Platon 3, 6, 8 f., 23, 76, 78, 109, 151, 154
Plutarch 7
Porter, J. I. 33

Railton, P. 32
Rawls, J. 69 f.
Recki, B. 82
Redding, P. 89
Rée, P. 8, 21 f., 26, 36, 39 f., 87, 89, 141
Rorty, R. 1

Schleiermacher, F. D. E. 161
Schopenhauer, A. 7, 10, 13, 23, 26, 82, 135 ff.
Seneca 7
Shakespeare, W. 153
Sidgwick, H. 40
Simmel, G. 82, 161
Sokrates 20, 93,
Spencer, H. 39, 89
Spinoza, B. de 3, 8, 29, 62, 93
Spir, A. 82
Stegmaier, W. 131, 151, 159
Steinmann, M. 82
Stendhal 144

Taylor, C. 57
Theophrast 7
Tongeren, Paul van 82
Tönnies, F. 82

Vattimo, G. 1
Volz, P. D. 94

Wagner, R. 11, 83, 134 ff., 145, 147, 158
Weber, M. 82, 161
Welshon, R. 34
Williams, B. 50, 54 f.
Wittgenstein, L. 49, 56
Wolf, J.-C. 35, 43

Sachregister

Aggression 119, 123, 126
Akteurorientierung 38
Altruismus 21, 23, 26, 31 f. 39, 42
Anthropologie 6, 11, 67–69, 71, 116, 120, 127 f., 131
Aphorismus 7, 12, 28, 65
Askese 13, 133–147, 154–156, 159 f., 166 f., 176
Aufklärung 4, 82, 150, 156, 167
Autonomie 1, 15 f., 72–77, 83

Böse 5, 8, 10 f., 19 f., 25, 27

Christentum 3, 5, 9, 11 f., 85, 153–157, 159, 165

Egoismus 32, 42
Empfängerorientierung 38
Erkenntnis 18 f., 33, 44, 82, 130, 160
Ethik 15 f. 32, 67, 72, 81, 83, 161
Europa 150–156, 167
Evolution 74, 151 f., 155

Fehlschluß
– genetischer 44 f.
– naturalistischer 44 f.

Gedächtnis 73, 77 f., 84
Geist
– freier 1, 82 f., 84, 93 f., 141, 164
Gemeinschaft 99, 101
Genealogie 4–6, 17 f., 21 f., 26, 28, 44 f., 83–88, 90, 113, 117, 125, 128–130, 151
Gerechtigkeit 67, 82, 92 f., 101, 105–110, 113
Gewissen 12, 77 f., 83–86, 94
– schlechtes 12, 62, 75, 84, 86, 92, 107 f., 112, 117–125, 127, 152, 164
Glück 1, 71 f., 140, 144, 159, 175 f.
Gnade 105 f.
Gott 19 f. 24, 27, 38, 125, 155, 158, 166 f.
Grausamkeit 12, 85, 93 f., 100, 105, 119, 123 f.
Gut 27, 38, 41 f., 154, 175

Hemmung 72, 120, 153
Herdenmoral 8, 32, 156
Herrenmoral 9, 11 f., 40, 42 f., 65, 69, 75 f., 118
Herrschaft 75–77

Ideal 6, 13, 133, 136, 154–156, 160, 164, 166, 175
Ideologiekritik 82, 87, 90 f., 94
Illusion 33 f., 39, 85, 103, 105, 109, 113
Interpretation 8, 41, 58, 82, 174
Instinkt 53, 77, 119 f., 122, 125, 143
Irrtum 40 f., 44

Kampf 52, 104, 108
Krankheit 84, 118, 153
Kultur 34, 41, 43, 116, 124 f., 129, 135, 149 f., 158
Künstler 133–137, 144–146, 158

Leben 10, 23, 33, 61, 126, 134, 146, 156, 159, 168, 172 f.
Leiden 34 f., 85, 92 f., 100, 108, 123, 159, 166, 175
Lust 85, 88, 92 f., 123

Macht 32, 35, 43, 61, 75, 98 f., 101 f., 104 f., 108, 110, 140, 157, 173
Mensch 4–6, 11, 13, 25, 60, 65, 67–69, 71 f., 74, 78, 83, 116 f., 152
Metaphysik 22, 33, 41, 48
Mitleid 3, 8, 23 f., 42
Mnemotechnik 78, 84 f., 100
Moral 2–6, 8–11, 15 f., 20, 22, 24–27, 31 f., 36, 38, 47, 53, 76, 78, 117, 131, 142, 150 f. 153, 165 f., 168
Moralkritik 1–4, 6 f., 8–10, 16, 25, 37 f. 40, 68, 160
Moralphilosophie 1 f., 11, 34, 65–70

Naturalismus 49–51, 53, 115–117, 125, 127, 130
Nihilismus 9 f., 23, 25, 33, 104, 152, 155, 160
Nutzen 22, 32, 35–40

Pathos der Distanz 38, 41, 142
Perfektionismus 32, 44, 69
Perspektivismus 34, 161, 168, 172 f.
Philosoph 13, 116, 134, 139 f., 144 f., 158
Priester 13, 143, 146, 149, 157–161
Psychologie 17, 31, 36, 47–54, 58, 83, 88, 94 f., 120, 127, 131, 160

Rasse 31, 117, 153
Recht(sgemeinschaft) 22, 100–102
Ressentiment 8, 12 f., 43, 50–52, 68, 101, 106 f., 122, 125, 159, 162, 166

Schönheit 123 f., 138, 144 f.
Schuld(gefühl) 62, 86 f., 97–100, 102, 106, 110–113, 115, 118, 125, 127, 129
Seele 116 f., 120 f., 128
Selbsterkenntnis 5, 31, 95, 125
Sinnlichkeit 135, 140, 145
Sittlichkeit der Sitte 40 f., 75
Sklavenmoral 5, 8, 12, 40, 47, 65, 68 f., 75 f., 118
Souveränität 72–77, 83
Staat 12, 67, 70, 101 f., 104, 112
Strafe 22, 78, 87–93, 97–113, 119
Subjekt 47–49, 51–63, 176
Sublimation 36, 93–95, 123, 126

Tat 47–49, 53–62
Tatsache 41, 116, 174
Tausch 90 f., 98, 113
Täuschung 165, 167–171, 173, 175
Theorie 160 f.
Transzendental(philosophie) 15 f., 82 f., 94

Übermensch 2, 25, 43, 75, 83, 124
Umwertung 8, 10, 17, 71, 83, 115 f.
Urteil
– moralisches 15 f., 18
Utilitarismus 2, 23, 26, 32, 34 f., 40 f., 65 f., 71

Verantwortlichkeit 57, 60, 62, 81, 83, 88 f., 92, 94
Vererbung 116 f., 122, 129
Vergessen, Vergeßlichkeit 39, 70–72, 77 f.
Verinnerlichung 52 f., 111, 118, 120 f.
Vernunft 16, 22, 27, 68, 78, 82, 85 f., 92, 160
Verpflichtung 165 f., 168–171, 173
Versprechen 6, 11, 65–70, 72–76, 86
Verstand 18 f., 27
Vertrag 70, 90

Wahrheit 33 f., 35, 39, 44, 87 f., 146 f., 163–176
Welt 9, 172
Wert 20, 23 f., 28, 38, 151, 154, 166, 170, 172 f.
Wille 19 f., 35, 50, 54, 70, 73, 78, 155
– freier 38, 50, 54, 62
– zur Macht 9 f., 16, 52 f., 54 f., 61, 70, 76, 86, 104, 110, 119, 121, 136
– zur Wahrheit 14, 163–176
Wissenschaft 35, 145, 163 f., 173–175

Hinweise zu den Autoren

Volker Gerhardt ist ordentlicher Professor für Praktische Philosophie an der Humboldt-Universität zu Berlin. Wichtige Veröffentlichungen: Vernunft und Interesse (Phil. Diss. Münster); Immanuel Kant (mit F. Kaulbach, 1980), Pathos und Distanz (1989); Friedrich Nietzsche (1992), Immanuel Kant: Zum ewigen Frieden (1995); Vom Willen zur Macht (1996), Selbstbestimmung. Das Prinzip der Individualität (1999), Individualität. Das Element der Welt (2000), Der Mensch wird geboren (2001); als Herausgeber: Friedrich Nietzsche, Also sprach Zarathustra (2000).

François Guéry ist Professor für Philosophie an der Université Jean-Moulin, Lyon. Wichtige Veröffentlichungen: Le corps productif (1972, zus. mit D. Deleule), Lou Salomé, génie de la vie (1978), La société industrielle et ses ennemis (1989), Heidegger rediscuté: nature, technique, philosophie (1995), Nietzsche: seconde considération inactuelle, traduction et commentaire (1996), Descartes: Discours de la méthode, texte et commentaires (1997), La politique de précaution (2001, zus. mit C. Lepage).

Otfried Höffe ist ordentlicher Professor für Philosophie an der Universität Tübingen. Wichtige Veröffentlichungen: Strategien der Humanität (1975/ ^{2}1985), Ethik und Politik (1979/^{3}1987), Immanuel Kant (1983/^{5}2000), Politische Gerechtigkeit (1987), Kategorische Rechtsprinzipien (1990/ ^{2}1993), Moral als Preis der Moderne (1993/^{4}2000), Aristoteles (1996/ ^{2}1999), Vernunft und Recht (1996), Gibt es ein interkulturelles Strafrecht? (1998), Demokratie im Zeitalter der Globalisierung (1999), „Königliche Völker". Zu Kants kosmopolitischer Rechts- und Friedenstheorie (2001), Gerechtigkeit. Eine philosophische Einführung (2001), Kleine Geschichte der Philosophie (2001), Medizin ohne Ethik? (2002); Kants Kritik der reinen Vernunft (^{4}2004), als Herausgeber: Lexikon der Ethik (^{5}1997), Lesebuch zur Ethik (1998). Er ist außerdem Herausgeber der „Zeitschrift für philosophische Forschung", der Reihen „Denker" und „Klassiker Auslegen" sowie zahlreicher Sammelbände.

Charles Larmore ist Professor für Philosophie und Politikwissenschaft an der University of Chicago. Wichtige Veröffentlichungen: Patterns of Moral Complexity (1987), Modernité et morale (1993), The Morals of Modernity (1996), The Romantic Legacy (1996).

Jean-Christophe Merle ist wissenschaftlicher Oberassistent an der Universität des Saarlandes. Autor von: Justice et Progrès. Contribution à une Doctrine du Droit Social (1997). Zahlreiche Artikel zur politischen Philosophie, insbes. des deutschen Idealismus. Herausgeber von: Johann Gottlieb Fichte, Grundlage des Naturrechts (2001). Globale Gerechtigkeit (im Druck). Mitherausgeber von: Weltrepublik. Globalisierung und Demokratie (2002), Modelle politischer Philosophie (2003).

Annemarie Pieper ist emeritierte ordentliche Professorin für Philosophie an der Universität Basel. Wichtige Veröffentlichungen: Sprachanalytische Ethik und praktische Freiheit (1973), Albert Camus (1984), Ein Seil geknüpft zwischen Tier und Übermensch. Nietzsches erster Zarathustra (1990), Einführung in die Ethik (1991/⁴2000), Selber denken (1997), Gut und Böse (1997), Gibt es eine feministische Ethik? (1998), Søren Kierkegaard (2000), Glückssache. Die Kunst, gut zu leben (2001); als Herausgeberin: Geschichte der neueren Ethik (2 Bde., 1992), Philosophische Disziplinen. Ein Handbuch (1998), (mit U. Thurnherr) Angewandte Ethik. Eine Einführung (1998).

Robert Pippin ist Professor of Social Thought and Philosophy an der University of Chicago. Wichtige Veröffentlichungen: Kant's Theory of Form (1981), Hegel's Idealism: The Satisfactions of Self-Consciousness (1989), Modernism as a Philosophical Problem: On the Dissatisfactions of European High Culture (1991), Idealism as Modernism: Hegelian Variations (1996), Henry James and Modern Moral Life (2000).

Richard Schacht ist Professor für Philosophie an der University of Illinois at Urbana-Champaign. Wichtige Veröffentlichungen: Alienation (1970), Hegel and After: Studies in Continental Philosophy Between Kant and Sartre (1975), Nietzsche (1983), Making Sense of Nietzsche (1995); als Herausgeber: Nietzsche: Selections (1993), Nietzsche, Genealogy, Morality (1994), Nietzsche's Postmoralism: Rethinking Nietzsches's Prelude to Philosophy's Future (2001). Er ist außerdem Herausgeber der Norton Anthology of Western Philosophy.

Werner Stegmaier ist ordentlicher Professor für Philosophie an der Universität Greifswald. Wichtige Veröffentlichungen: Substanz. Grundbegriff der Metaphysik (1977); Philosophie der Fluktuanz. Dilthey und Nietzsche (1992); Nietzsches ‚Genealogie der Moral'. Werkinterpretation (1994); Interpretationen. Hauptwerke der Philosophie: Von Kant bis

Nietzsche (mit H. Frank, 1997); Levinas (2002); als Herausgeber: Der Rat als Quelle des Ethischen (mit G. Fürst, 1993); Jüdischer Nietzscheanismus (mit D. Krochmalnik, 1997); Zeichen und Interpretation IV–VI (mit J. Simon, 1998); Europa-Philosophie (2000); Die philosophische Aktualität der jüdischen Tradition (2000). Seit 1999 Mitherausgeber der Nietzsche-Studien und der Monographien und Texte zur Nietzsche-Forschung.

Jean-Claude Wolf ist ordentlicher Professor für Ethik und politische Philosophie an der Universität Freiburg/Schweiz. Wichtige Veröffentlichungen: Sprachanalyse und Ethik. Eine Kritik der Methode und einiger Folgeprobleme sowie der Anwendung des universalen Präskriptivismus von Richard Mervyn Hare (1983), Verhütung oder Vergeltung? Einführung in ethische Straftheorien (1992), Kommentar zu Mills ‚Utilitarismus' (1992), Tierethik. Neue Perspektiven für Menschen und Tiere (1992), Utilitarismus, Pragmatismus und kollektive Verantwortung (1993), Freiheit-Analyse, Bewertung (1995), Analytische Moralphilosophie (1998, zus. mit P. Schaber).

www.ingramcontent.com/pod-product-compliance
Lightning Source LLC
Chambersburg PA
CBHW051118230426
43667CB00014B/2629